图书在版编目(CIP)数据

品读白鹭洲书院 / 刘黎霞著. —南昌 :江西人民出版社, 2022.9

ISBN 978-7-210-13850-1

Ⅰ. ①品… Ⅱ. ①刘… Ⅲ. ①书院-教育史-吉安 Ⅳ. ①G649.299.563

中国版本图书馆 CIP 数据核字(2022)第 070507 号

品读白鹭洲书院
PINDU BAILU ZHOU SHUYUAN

刘黎霞 著

责任编辑:李月华
装帧设计:游 珑

江西人民出版社 全国百佳出版社 出版发行

地 址:江西省南昌市三经路 47 号附 1 号(邮编:330006)
网 址:www.jxpph.com
电子信箱:270446326@qq.com
编辑部电话:0791-86898143
发行部电话:0791-86898815
承 印 厂:南昌市红星印刷有限公司
经 销:各地新华书店

开 本:720 毫米×1000 毫米 1/16
印 张:19.5
字 数:280 千字
版 次:2022 年 9 月第 1 版
印 次:2022 年 9 月第 1 次印刷
书 号:ISBN 978-7-210-13850-1
定 价:58.00 元
赣版权登字—01—2022—271

品读白鹭洲书院

PINDU BAILU ZHOU SHUYUAN

刘黎霞◎著

江西人民出版社
Jiangxi People's Publishing House
全国百佳出版社

白鹭洲鸟瞰图

1938年，竺可桢拍摄的书院照片

57届白鹭洲中学校友
乘渡船在兴贤渡码头时的合影

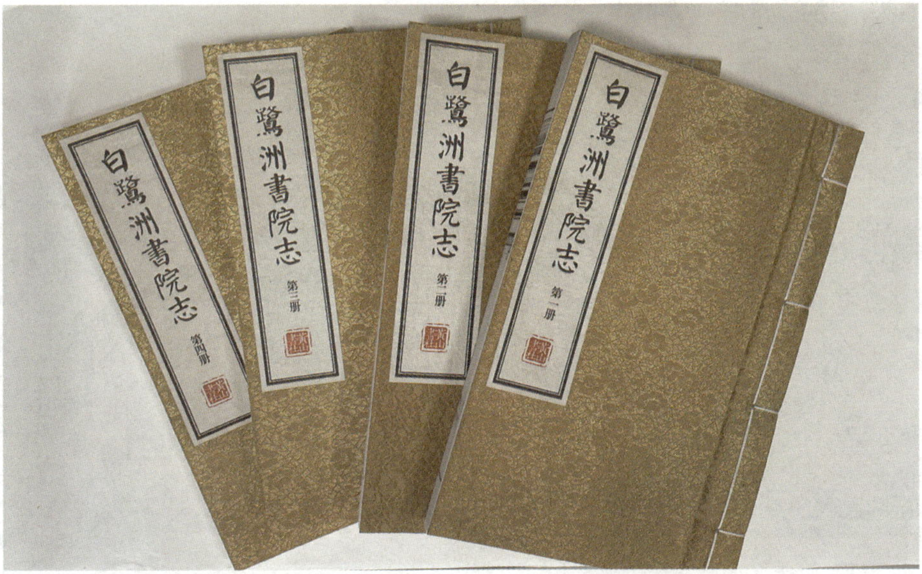

《白鹭洲书院志》

白鹭洲书院兴贤渡

白鹭洲书院古吉台和风月楼

棂星门广场

白鹭洲书院建筑群

修缮一新的白鹭洲书院

白鹭洲书院泮桥、泮池、中山院

■ 北京府学胡同文丞相祠内的枣树，相传为文天祥手植

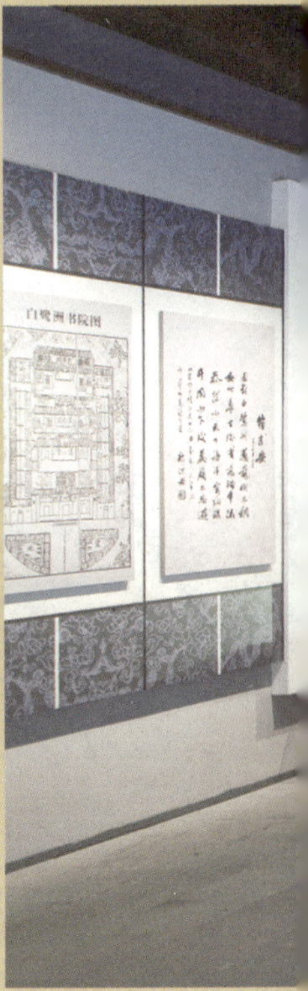

■ 书院桥

白鹭洲书院文化展览内景

北京府学胡同内的文丞相祠

序　一

我非常崇敬白鹭洲书院，这不仅仅因为她是江西古代四大书院之一，而且因为她特色鲜明，影响巨大，一直以卓著的成就彪炳于中国书院之林。

白鹭洲书院是弦诵不绝的典型。南宋理宗嘉熙四年（1240），朱熹再传弟子江万里出知吉州，次年，他见白鹭洲四面环水，峰映碧流，风帆沙鸟，烟云竹树，是读书讲学的好地方，于是创立白鹭洲书院，自任讲师，为诸生讲学。元、明、清三朝，书院虽屡有毁废与修复，但办学不辍。更加难能可贵的是，清末书院改制后，在白鹭洲书院原址上的办学，一直延续到了今天：吉安府中学堂、省立第六中学校、省立第五中学校、省立吉安中学校、省立吉安联合中学、江西省吉安中学、江西省吉安高级中学、吉安市第七中学、吉安市白鹭洲中学，学脉承继，薪火相传。这种在书院旧址上长期办学欣欣向荣的盛况，在江西教育史上是少见的，在全国也不可多得。

白鹭洲书院的教育成就举世瞩目。学生刻苦读书，出为世用是白鹭洲书院的一大传统。明吏部尚书罗钦顺在其所撰《城南白鹭书院记》中曾说："侯所望于诸生远矣！"他要求学生刻苦学习，

"将来以其有本之学,出为世用""迓天体而慰民望"。这番话语是很有代表性的。明清时期,吉安的地方长官每每亲临书院,或制定学规,或巡视巡考,或亲自阅卷,更是促进了书院严谨学风的提升。据统计,从南宋淳祐年间(1241—1252)到清末,吉安考取进士者近两千人,居江西之首,这多少受到白鹭洲书院学风的影响。到了近现代,白鹭洲办学更是成就斐然,涌现了曾延生、陈正人、王梓坤等高级人才两万余名。他们中间有革命先烈,还有科技、教育、医疗、艺术、军事等方面的翘楚。

白鹭洲书院是讲究气节的典范。宋代白鹭洲书院出现了一大批以气节著称的志士。书院的创始人江万里,力主抗战卫国,宋末隐居乡间,凿池芝山后圃,匾其亭曰"止水"。元军紧逼,饶州城破,江万里赴"止水"身亡,其家族两百余人殉国死节。文天祥在元兵南侵之时于赣州起兵勤王,因抗元被俘,至元十九年(1282)十二月,在大都从容就义,他的《正气歌》成为千百年来中国人民族气节的读本。邓光荐,与文天祥是同乡,又同在白鹭洲书院肄业,文天祥举兵勤王,他大力襄助,宋亡,誓不降元,一再投海,被元兵钩起,劝降,不从,与文天祥同被押赴大都。两人一路作诗唱和,后因染疾未行,归隐吉安,设法将文天祥文集流传于世。刘辰翁,与文天祥同学于白鹭洲书院,宋亡后,隐居不仕,是著名的爱国词人。

看到文天祥、邓光荐、刘辰翁三位同门的节义壮烈,我曾想,这与白鹭洲书院的教育有什么联系呢?我阅读书院山长欧阳守道的《巽斋文集》后,深感欧阳守道的节义教育观对文天祥们所产生的重大影响,于是与研究生周雪敏合作写下论文《白鹭洲书院朱子后学的气节修养思想》,发表在《教育评论》(2004 年 3 期)上。后来我又发现,白鹭洲书院的气节教育,何止是在宋代,元明清时期一直也在延续。反映在祭祀上,元代白鹭洲书院保留并修葺了宋代“古心祠”,祭祀江万里,并没有因为江万里抗元,而对他忽略。明代书院建立了“理学”“忠节”“名臣”三大坊,也被称为“三不朽”。明太常寺卿邹善在《鹭洲书院建坊记》中说:“吾吉自宋欧阳文忠公继韩宗孟,而以敢谏为忠,济时为贤,郡人士咸知三不朽为立身要道。”他认为,祭祀这些先贤,“见往哲之尽心立命,克配乾坤也,宁无立德之思乎?见往哲之效忠树节,争光日月也,宁无立节之思乎?见往哲之尊主庇民,建勋朝野也,宁无立功之思乎?”到了清代,祭祀江万里的古心祠改为“江公祠”,“理学”“忠节”“名臣”三大坊祭祀着著名的吉安先贤:欧阳修、周必大、杨万里、文天祥、刘辰翁、杨邦乂、胡铨、李邦华等。今天的白鹭洲书院,仍然保留了清代祭祀的部分建筑。每当我参观书院,瞻仰文天祥和众多节义之士的画像,“时穷节乃见,一一垂丹青”“是气所磅礴,凛烈万古存”的诗句总会脱口而出。

白鹭洲书院是学术交流争鸣的会堂。明代王阳明长期在江西活动,吉安成为其学说的重要基地,白鹭洲书院则成为江右王门讲会的重要场所,比如,嘉靖二十一年(1542),著名理学大家罗钦顺、邹守益等赴会开讲;嘉靖三十六年(1557),邹守益讲会白鹭洲书院,发明《学》《庸》合一之旨,学使王宗沐率儒生千计听讲。从嘉靖二十一年至清康熙初年的百余年间,在白鹭洲书院举办的影响重大的讲会就有上十次。从全国范围看,清代书院讲会不太盛行,但在康熙五年(1666),白鹭洲书院却在施闰章的主持下进行了一场著名的会讲,后被称为“庐陵辩论”,名闻天下。

20世纪80年代末,季啸风先生主编《中国书院辞典》(浙江教育出版社1996年出版),我承担了撰写任务,其中包括江西书院的讲会。记得撰稿之际,我就曾为明代吉安地区尤其是白鹭洲书院的讲会之盛而感到震惊，于是写下了依仁会、青原会、水西会等十几个讲会的词条。今天，当我读到当年参加讨论的油印稿时，不禁感慨系之！

白鹭洲位于赣江之中，书院建于岛洲之上，远山近水，风景独秀，是文人拜访、雅士题咏的胜地。伫立白鹭洲，东边是滚滚赣江，浩瀚澎湃，百舸争流，浪拍洲堤，演奏出深沉的乐章；西边是繁华的吉安闹市，高楼林立，车水马龙，林荫大道，鲜花锦簇。赣江是长江的主要支流之一，也是古代广东与京城之间货物流通的黄金水路。白鹭洲书院所在的吉安府，就是这条南北经济动脉的必经之路。书院位于赣江之中，官宦名士和商贾百姓取道江中，与书院擦肩，或登临凭吊，或文会雅集，这种江景风帆与书院人文的交融，使白鹭洲书院具有难以比拟的人文景观。

宋人徐俯《白鹭洲》诗云："山光浓复淡，江面落还收。不见飞凫舄，空看白鹭洲。台城久蔓草，宋玉又悲秋。欲羡释门秀，早从方外游。"元人周巽亨《白鹭洲》又云："吉士长怀古，来游白鹭洲。波分孤屿出，沙带一江流。渔火枫桥夜，书声竹院秋。矶头明月上，冷望意悠悠。"它们是古代诗人吟咏白鹭洲的代表。

当我读到这些古人在白鹭洲留下的诗作，发现绝大多数还是小众群体的悲愁感怀和自我排遣，很难看到他们对民众在白鹭洲活动的观察。然而，时代不同了，今天的白鹭洲书院，已用崭新的风采走上了为大众服务的道路。我们欣喜地看到，近年来，吉安市投入近两亿元，对白鹭洲书院进行整体改造，包含书院古建筑群修缮、书院复原、江岸防护、周边环境整治、书院桥建设等工程。2019年，文化景区建成，免费向公众开放，参观人数当年就达七十余万人次。书院还在古建筑内设置了几个主题展览，用多种方式生动展现了白鹭洲和吉安古代书院、科举的胜景。我曾想，那些吟咏白鹭洲的古代文人，如果看今天的画面，或许有的诗歌意境也会为之变化的吧！

我非常崇敬白鹭洲书院。1982 年至今，我去过书院十余次，每次都有新的收获和感悟。同时，对于白鹭洲书院的研究，也非常关注。近日，利用暑假之便，我拜读了刘黎霞馆长的《白鹭洲书院》第二稿，洋洋二十余万字，为我们展现了白鹭洲书院办学七百八十年来的历史风貌。掩卷之余，我深深感到这部书稿史料翔实，脉络清晰，慧眼独具，特色鲜明，具有很高的学术价值。

从史料上看，作者深入搜爬挖掘，运用了许多新的材料，提出了新的观点，填补了过去研究的一些空白。比如对书院山长的研究，从宋代到清末，书稿探讨了 40 位山长，其中既有借鉴清代《白鹭洲书院志》中的简述，也有参考当代的研究成果，更有作者本人的研讨探索，很具学术分量。

从内容安排和陈述脉络上看，书稿清晰连贯，另具一格。在书中，作者用全新的布局，叙述了书院的创办、历史发展、教学管理、前贤芳踪、建筑与遗存、百年风华，不但汇聚了古代白鹭洲书院厚重的成就，还阐述了书院改制后办学的历史，一卷在手，历历在目。书稿对书院人物叙述也是别具匠心，从名宦、名师、名生、名儒、义商来叙述古代，又从革命志士、国家栋梁来叙述近现代，考证精致，便于查考，对研究人员和一般读者都有很好的帮助。

刘黎霞女士担任白鹭洲书院博物馆馆长三年，研究白鹭洲书院，有天时、地利、人和的优势。近年来潜心研究白鹭洲书院历史，在当地媒体发表了一系列研究文章。2020 年积极加入江西省书院研究会，当选为常务理事，学术造诣日益精进。任馆长期间，她对白鹭洲书院文化有了新的体认，对如何“将固态的、暮气沉沉的古建筑赋予新的展示场景和文化意义”（见本书“结语”）有了新的思考，而这些体认和思考就融汇在她的这本著作之中。好在大作即将问世，相信读者一定可以在书中得到自己的收获。

是为序。

胡　青

2021 年 8 月于南昌 怡然斋

作者为第九届国家督学、中国书院研究会副会长、江西省书院研究会会长、江西省政府文史研究馆馆员、江西师范大学二级教授

序　二

在古称庐陵的吉安，历代先贤创造了丰厚而优秀的庐陵文化，这里遍布人文名胜，白鹭洲书院便是其中耀眼的明珠。像一块翡翠镶嵌在浩浩赣水之中的白鹭洲，因为有了书声墨香而享誉古今；古郡新城吉安，因为这座书院而增添了名气和雅气；人文兴盛的庐陵故地，因为这座书院而增加了底气和荣耀。自从淳祐元年(1241)吉州知州江万里创办书院以来，这里成为吉安的一个重要地标，一尊文化丰碑，一座教育殿堂。

白鹭洲书院是吉安崇文重教的典范。数百年来，书院屡次被战火或洪水毁坏，至少遭遇特大水灾6次，大的战乱3次。屡建屡毁，屡毁屡建，吉安人锲而不舍地修复、改建、重建书院二十多次。这在古代名书院中颇为罕见，堪称中华教育史上的奇迹。风月楼下有块祈阳石碑，刻着“古吉台”三字，这是书院最有价值的文物，见证了明万历年间由知府汪可受主持的最重要的一次修复。

在漫长的历史变迁中，多少古书院销声匿迹，白鹭洲书院却屡经劫难而存继七百八十年，至今书声琅琅。清同治版《白鹭洲书院志》里，记载了府县官员、乡绅名士、市民百姓捐献财物修建书院和资助办学的大量事例，从显官名儒到平民百姓，共同谱写了办学助学的佳话。这是吉安崇文传统的缩影，也带动了重教良风的兴起和传扬。

白鹭洲书院是庐陵人文精神的高地。“文章节义并重”，是庐陵先贤的追求和实践，成为地方文化最突出的特征，这在白鹭洲书院的办学理念和实践中得到充分体现。江万里在创办书院之初兼任山长，教导学子要立忠于国家和民族、胸怀天下的大志，要修炼良好的气节操守。书院的历任山长，都以培育志高气正的学子为己任。欧阳守道便是典型，他要求学子修养浩然之气，养气必先立志，不是富贵之志，而是圣贤之志，不能因为遇到困厄而改变。这“气”就是志气、骨气和豪气，“节”就是道德操守。立志、养气、修身，是书院的办学宗旨和鲜明特色，以此来塑造学生。这种教育思想，一直贯穿书院办学的始终，培育了一批批忠贞坚毅、匡时济世、才华横溢的庐陵俊杰。

同时，书院注重运用典范教化后人。明代重建书院时兴建理学、忠节、名臣三坊，祭祀本籍以欧阳修、周必大、文天祥为代表的26位理学名人，以杨邦乂、欧阳珣、邓光荐为代表的61位忠节之士，以胡铨、杨士奇、解缙为代表的37位重臣。力倡理学和忠节之风，高扬“文章节义并重”这一重要地方文化传统，对吉安士民的价值观和社会风气的形成产生了深远而积极的影响。

白鹭洲书院是古代教育的旗帜。吉安自古书院、学舍遍地开花，有的村落数座，至今许多遗迹尚存。白鹭洲书院便是这些书院的标杆和典范。官民共建的办学形式、立德育人的教育思想、灵活的教学方式和严格的馆规院约乃至刻书藏书，成为各书院学习的榜样。

历代以来吉安涌现科举进士三千余名，在全国名列前茅，白鹭洲书院无疑是其中坚。“自有书院以来，科甲踵接”“吉州元魁每由鹭院”“鹭洲书院兴废，与古之人文相盛衰”等记载，并非虚语。文天祥为吉州第一位状元，宋理宗皇帝亲赐院名，使书院更具有召唤力和影响力。

白鹭洲书院自古被誉为江西四大书院之一，吉安人为之骄傲，历代史志中均有浓墨重彩之记叙。但囿于史志存量较少和文言格式的局限，其地位、价值以及影响，当代人知之不多。虽然十余年前出版过点校的书院志和资料性的书籍，也有不少文章见诸报刊，但缺少全面系统的介绍和研究性的著述。黎霞女士对书院情有独钟，勇于担当，毅然撰写本书，弥补了这一缺憾。

白鹭洲书院原属县级吉安市所辖，2000 年撤地设市上划市里，但新设的吉州区仍有管理属地文物的职能。黎霞在吉州区文化局分管文物多年，并在省级非物质文化遗产保护项目“白鹭洲故事”时，研读史料，尽心尽责，加深了对书院的了解。市里前几年将书院按清代格局复建后，于 2017 年成立白鹭洲书院博物馆，黎霞被选调出任首位馆长，可谓知人善任。她撰写本书，既是职责所驱，更是热爱和兴趣使然。

黎霞所学虽非文史专业，但生长于书香门第，家学渊源绵厚，耳濡目染，求学不止，尤喜地方文史；她虽然一直在党政机关工作，但并不耽于繁杂事务，而是笔耕不辍，实属难得。我十几年间受市区单位所托主编几本地方文化书籍和期刊，她是主力作者之一，我们还合写了古村的书，对她的爱好和文化功底有一定的了解。

本书是她多年知识积累和对书院文化研究的结晶。从白鹭洲书院的历史变迁到富有特色的教学思想，从历代建筑到文化遗存，从名师名宦到杰出学子，从教育成就到产生的影响，旁征博引，条分缕析，系统地予以论述。尤其是几个疑难问题，一直令人困惑，我也为此茫然，如书院的科举成就如何？是官办还是民办？有哪些山长和模范学生？如何传播阳明心学？还有现代价值、当代复建和文化传承等，散见各种材料，有的语焉不详，还有不同说法，以前的研究不足，甚至空白。作者花工夫挖掘搜寻资料，归纳整理予以论证，澄清迷惑，并提出自己的观点，具有学术价值，难能可贵。

本书既有论著的严谨，又语言流畅易读；既是学术专著，又是普及性读物。我期盼，本书出版后，能提升白鹭洲书院的研究水准，又能扩大书院的对外影响；既是地方文化产品，又可做对外交往的礼品，为这座名胜增光添彩。

本人不才，然与作者为多年文友，受托作此拙文，勉为其难，权当为序。

李梦星

2021 年 9 月

作者系庐陵文化研究学者、吉州文化研究会会长

目录

第一章 书院的创办

第一节 白鹭洲由来 / 001
第二节 白鹭洲书院创办的历史背景 / 004
第三节 江万里创办白鹭洲书院 / 006
第四节 创办初期的成就及影响 / 008

第二章 书院的发展

第一节 宋元时期 / 012
第二节 明清时期 / 018
第三节 历代建置 / 037

第三章 教学与管理

第一节 办学形式 / 045
第二节 会讲与讲会 / 051
第三节 科举成就 / 061
第四节 学田院产 / 067
第五节 馆规院约 / 075
第六节 先贤崇祀 / 082
第七节 刻书藏书 / 085

第四章 前贤芳踪

第一节 名宦 / 092
江万里、纳速儿丁、黄宗明、何其高、钱一本、汪可受、尹学孔、吴士奇、龚道立、余玉节、林一柱、杨春育、晋承露、李兴元、郭景昌、施闰章、罗京、赵士骥、吴铨、徐亨时、吕肃高、沈作朋、王铭琮、卢崧、张敦仁、郑祖琛、铭德、刘体重、陈源兖、陈宗元、曾省三、定祥、贺良桢
第二节 名师 / 125
郭公度、刘南甫、欧阳守道、陈著、黄嘉、曹奇、余天民、杨本岩、郭庆传、李邦华、黄文则、符乘龙、冯秉忠、彭元瑞、孔兴浙、管嵩、丁杰、郭仪霄、周步骧、刘绎、周立瀛、龙文彬、王邦玺
第三节 名生 / 157
文天祥、刘辰翁、邓光荐、王岐瑞、姚颐、龙亨绣、金世英、郭绶光、郭缙光、王世业、黄赞汤

第四节 名儒 / 177

吴师尹、罗钦顺、邹守益、罗洪先、聂豹、欧阳德、尹台、王时槐、曾同亨、陈嘉谟、邹善、万廷言、刘应秋、邹元标、王汝坚、习孔教、彭应时、王命爵、邹德泳、甘雨、徐霞客、张贞生、毛奇龄、李绂

第五节 义商 / 211

欧阳成德、欧阳慎、孙明、胡日升、康桂林

第五章 建筑与遗存

第一节 历史遗存 / 221

第二节 复原建筑 / 232

第三节 现代景观 / 240

第四节 楹联匾额 / 243

第五节 志书编撰 / 253

第六章 百年风华

第一节 近代历程 / 260

第二节 红色华章 / 264

第三节 革命志士 / 268

第四节 国家栋梁 / 274

结语 / 279

参考文献 / 283

后记 / 284

第一章 书院的创办

白鹭洲书院，为古代江西四大书院之一。白鹭洲书院因坐落于风景秀美的白鹭洲上而得名，创办于南宋淳祐元年（1241），创办后仅15年，书院学子文天祥高中状元，宋理宗皇帝亲赐“白鹭洲书院”匾额。此后，书院科甲连踵，成为吉安教育文化中心，对吉安政治、经济、文化产生了深远影响。

第一节 ·白鹭洲由来·

白鹭洲，一个普通的名字。洲，河流中由泥沙淤积而成的陆地。白鹭洲，顾名思义，洲上必是水草丰茂，白鹭翔翥。全国各地，以白鹭洲为名的风景名胜不少，南京、厦门有白鹭洲公园，辽宁、新疆有白鹭洲景区，河南平顶山、浙江嘉兴也有白鹭洲。

吉安白鹭洲，是贯穿江西南北的黄金水道——赣江之中的一块沙洲。吉安，古称庐陵、吉州，有江南望郡、文章节义之邦的美誉。吉安城，自东晋开始临

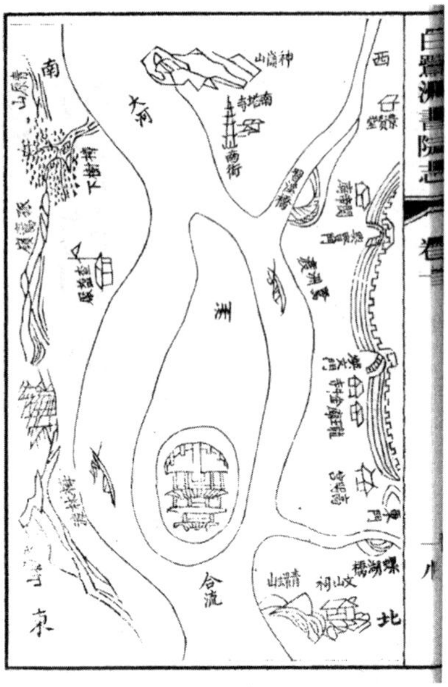
白鹭洲洲图

赣江而建,赣江自南而北从吉安城市东边蜿蜒而过,白鹭洲,就在这段江水之中,与吉安城隔江相望。

洲因何名白鹭?书中有记载。《白鹭洲书院志·洲图》对洲名由来如此描述:

前人见其双水夹流,取李青莲"二水中分"之句,名曰"白鹭洲"。①

李青莲,即唐代著名诗人李白,"二水中分句"即李白在《登金陵凤凰台》一诗的句子,诗曰:

凤凰台上凤凰游,凤去台空江自流。
吴宫花草埋幽径,晋代衣冠成古丘。
三山半落青天外,二水中分白鹭洲。
总为浮云能蔽日,长安不见使人愁。

"金陵"即现在的南京,诗中的"白鹭洲"指的是南京江东门外长江之中的白鹭洲,李白这首诗描写的是在金陵城外凤凰台上所见到的白鹭洲景色。古代的吉安人读了李白的这首诗,见吉安赣江之中这块沙洲与诗中描写的景色很像,于是取诗中的"白鹭洲"为洲名。可见,吉安白鹭洲之名源于南京白鹭洲,缘于李白的这首诗。

的确,吉安白鹭洲"面神岗,枕螺山,左右诸山环列",站在洲上环顾四周,三山半落,郁郁葱葱,南面神冈山翠峰秀丽,东边天玉山绵延起伏,北有螺子山巍峨耸立,似有横江截流之势。洲如船舰劈波斩浪,将赣江一分为二,二水于洲之东西汹涌奔腾,波澜荡漾。洲上草木茂盛,白鹭成群,江风习习,芦苇摇曳,鸟鸣啁啾,优美的景色引人入胜,一派生机和谐的自然风光。

---

① (清)刘绎:《白鹭洲书院志》,合肥:黄山书社2018年影印同治十年刻本,第一册,第18页。

吉安白鹭洲,洲名始于何时已不得而知。从上述记载及资料分析,应在唐末至北宋之间,因为洲名始见于文字,是在北宋宣和五年(1123),当时的吉州通判徐俯有诗云:

山光浓复淡,江面落还收。不见飞凫舄,空看白鹭洲。

台城久蔓草,宋玉又悲秋。欲羡释门秀,早从方外游。①

这首诗,有学者提出描写的不是吉安的白鹭洲,而是南京金陵的白鹭洲,因诗句中的"台城"是指古南京城。但徐俯还有一首诗描写白鹭洲,此诗在吉安广为流传。诗云:

金陵与庐陵,俱有白鹭洲。相看万里江,中同二水流。②

金陵为南京古称,庐陵则为吉安古称。作于北宋宣和年间的这首诗,则明白无误地指出,吉安白鹭洲在北宋时期就已经小有名气了。自徐俯之后,白鹭洲之名常见于吉安历代名贤的诗文之中。

白鹭洲如何形成的呢?对这个问题,学者各执一词,至今没有定论。有的认为是赣江之中泥沙堆积而成的沙洲,还有的认为洲原来是和西岸相连的陆地,相连部分地势低,后因水冲击逐渐与陆地分离。

从地理形势上分析,赣江在吉安城的这段恰好是一个大弯环,吉安城和白鹭洲又恰好位于这个弯环拱起的最高处,江面也是最开阔的一段,是比较容易形成沙洲的位置。所以,笔者认为白鹭洲是泥沙堆积而成的可能性更大。

白鹭洲有多大呢?《白鹭洲书院志·洲图》中有如下记载:

洲之形,若蜿蜒然。起青石码头,止梅林渡,修可五六里许,广二里有奇。面神岗,枕螺山,左右诸山环列,嵚崎历落,不可名状。春夏之交,东西

---

① (清)刘绎:《白鹭洲书院志》,合肥:黄山书社2018年影印同治十年刻本,第二册,第49页。

② 吉安市地方志编纂委员会编:《吉安市志》,珠海:珠海出版社1997年版,第三十四篇 艺文录,976页。

水涨，一洲中出，不见其底，及秋冬水涸时，始露石脚。①

从这段话我们可以知道，整座沙洲南起青石码头，北至梅林渡，南北长约3千米，东西最宽处约1千米。然而，丰水季节，我们只能看见白鹭洲中间突起的那部分，看不见洲周边的石脚，到秋冬枯水季节，才能看见洲的全貌。

如今，因为吉安城下游的赣江峡江段新建了水电站，吉安城赣江段成为水电站库区，水位常年稳定在一定海拔，所以我们现在看见的白鹭洲，只是洲中间突起的部分，给人感觉并没有志书中描写得那么大。

全国虽有如此多叫白鹭洲的地方，但大多以自然风光取胜，唯有吉安白鹭洲因为白鹭洲书院的建立，散发出耀眼的人文光环，是一处以人文取胜，人文与自然交相辉映的文化圣地。

第二节 · 白鹭洲书院创办的历史背景 ·

书院，这一机构的出现，始于唐代。清人袁枚在《随园笔记》中写道："书院之名，起唐玄宗时丽正、集贤书院，皆建于朝省，为修书之地，非士子肄业之所也。"②可见，唐代的书院并不是专门的教育机构，而是编辑书籍的地方。那时，印刷业并不发达，书籍的流传靠专人收集誊抄。唐玄宗开创的开元盛世，不仅经济繁荣，文化发展也是盛况空前。为将珍贵的古代文化遗产留传后世，也为了搜集整理历代的经史子集，唐玄宗设立丽正书院和集贤书院，汇集诸多文人名士，开展了大规模的修书行动。修书过程中，免不了有甄别选择和研究讨论，这些功能的出现，奠定了书院的雏形，一般认为，这是中国书院的发端。

唐末，社会动荡，战争频仍。为避战火，大量文人迁徙到远离尘嚣的僻静山野研习经史。为实现儒士的家国理想，也为赚得生计，一些学识丰厚的士人开

---

① （清）刘绎：《白鹭洲书院志》，合肥：黄山书社2018年影印同治十年刻本，第一册，第17页。

② 邓洪波：《中国书院史》，武汉：武汉大学出版社2017年重印，第1页。

坛讲学收徒育人，由此开启了书院的教育功能。

到了宋代，书院进入空前发展成熟的时代。宋代书院的发展，有其特殊的历史背景，从大势来看，主要有两点：

其一，朝廷养士政策的激励。宋太祖历经唐末战乱，希望国家能偃武兴文，以儒家仁义教化民众、统治国家，因而对文人特别优待。他一方面大力开科取士，广罗人才，每届科举录取人数是唐代的数倍。另一方面，重用文臣，立下“不杀士大夫”的规矩，并刻成秘碑藏于深宫，让皇子皇孙世代恪守遵从。于是，在经历五代十国学校教育备加颓废之后，宋廷急需大量人才，因这一大的社会需求，民间书院应运而生，顺时而为，主动担当起培育人才的社会使命，迎来了第一个创办高峰。

其二，理学兴起和传播的推动。宋代宽松的文人政策，使读书人获得了空前的言论自由。“程朱理学”“陆氏心学”正是在这样的大环境下产生并兴起。理学思想家们，为宣传自己的学术思想和理论体系，并期望思想理论体系成为人们普遍遵循的道德准则，因而不遗余力地创办书院，广收门徒，传播自己的主张。如宋代理学开山鼻祖周敦颐，每到一地任职，都要创办书院讲学，走到哪里，讲到哪里，是利用书院传播理学的积极倡行者。他之后的理学大儒，也都仿效他利用书院讲学，如长期在嵩阳书院讲学的程颢、程颐两兄弟，后又分别创办自己的明道书院和伊川书院；有南宋东南三贤美誉的张栻、朱熹、吕祖谦，分别在岳麓书院、白鹿洞书院、丽泽书院讲学，还经常互相邀请进行辩论以倡明道体，著名的“鹅湖之会”就是由吕祖谦发起，邀请观点相左的陆九龄、陆九渊兄弟与朱熹进行辩论，而后，又有陆九渊应朱熹之邀赴白鹿洞讲学。

理学大家们的这些行为，不仅使理学研究和传播空前兴盛，也推动了书院的发展。据学者统计，江西在北宋创建的书院有 50 余所，到了南宋，新建书院有 134 所。

白鹭洲书院，正是在这一历史背景下产生的。

第三节 · 江万里创办白鹭洲书院 ·

白鹭洲自古为禅林之所。大约从南北朝时期,洲上开始有僧人修行布道,后为佛教净土宗道场。南宋淳祐元年(1241),都昌人江万里知吉州,见洲上茂林修竹,清幽静雅,是办学育人之佳地,便劝导寺僧让出大片空地,在旁创建书院,是为“浮屠让地”故事,在后世广为流传。此后,白鹭洲上弦诵钟鼓相闻,书香檀烟缭绕,成为儒释同修之地。奔腾万古的千里赣江之上,始有斯文见于回澜之中。

江万里,字子远,号古心,江西都昌县人,南宋政治家、教育家和爱国者,官至宰相。其出身理学世家,幼年受祖父、父亲影响,青年时又在白鹿洞书院求学,为理学大家朱熹再传弟子,故一生以弘扬理学为己任,以树英育人为乐事。江万里的为官生涯中,先后推动创办了三所书院:分别为吉州的白鹭洲书院,隆兴府的宗濂精舍,南安军的道源书院。

嘉熙四年(1240),43 岁的江万里任吉州知州,此时,他已是声名卓著的当世名儒。他任职第二年,就创办了白鹭洲书院。创办之初的白鹭洲书院,已然是州城最气派的建筑群。清雍正时期,安福人王岐瑞在《白鹭洲书院记》中有这样的描述:“至于书院规模,在宋,则前有泮池,中甃石为桥。升阶为书院大门,悬理宗御匾。进步则有棂星门,有文宣王殿,有道心堂,堂上有楼,曰风月。后有山长厅,厅上有阁,曰云章、曰峻极。阁之上,书籍备藏,环以栏杆,倚槛四望,万象入目,前纳章贡,后汇文水,江天风月之景,有随四时而异观者。”①这亭台楼阁气势,这如画山水风光,真是一处令人向往的风景胜地,更是一方修身静读的风水宝地。

江万里创办白鹭洲书院后,一时找不到合适的人担任书院山长,便亲自为

① (清)刘绎:《白鹭洲书院志》,合肥:黄山书社 2018 年影印同治十年刻本,第四册,第 11 页。

诸生讲授,常“载色载笑,从容于水竹间,忘其为今太守”。① 江万里晚年,回首往事,常叹平生士气之乐唯鹭洲一事。可见江万里对吉州、对白鹭洲书院的至深情感。因为江万里的名气,白鹭洲书院创办之初,便声名鹊起。淳祐二年(1242),江万里迁直秘阁、江西转运判官兼权知隆兴府,依然关心书院的发展,推荐名儒为书院山长。

江万里创办书院的初衷不仅是为了弘扬理学,更想通过理学教育培养忠义之士和经邦济世之才。因为此时的南宋王朝,面对北方少数民族的入侵,以割地纳贡避战求和为对策,君臣大多偏安一隅,自我陶醉,整个国家消极萎靡、贪图享乐之风弥漫,振兴图强、正气凛然之风日下,民间佛道盛行,庙观林立,人人不思进取,唯求自保。面对如此世风,江万里身为理学大儒,深受儒家忧患意识影响,有着强烈的爱国情怀和民族气节,他曾忧虑地对皇帝说:“今世所少,惟节义。”因而,他创办书院,就是要培植忠节义烈之风,培养匡时救世之才。

咸淳十年(1274),自宰相高位致仕在家的江万里在自家宅院前凿了一口池子,池旁建亭曰“止水”。次年,当他听闻元军已经攻破饶州城,他拉着门人陈伟器的手说道:“大势不可支,余虽不在位,当与国为存亡。”②说完,带着全家老小及仆从投入池中自溺而亡。他希望以如此壮烈的殉国行为唤醒“天下忠义节烈之士闻风而起,保江山社稷不移腥膻,道德文章不堕宇内”。

江万里的思想品质和高迈气节对白鹭洲书院影响深远。祥兴二年(1279),书院山长曹奇在书院建“江文忠公祠”祭祀江万里,书院学子、南宋末年爱国词人刘辰翁在《白鹭书院江文忠公祠堂记》中写道:“自鹭洲兴而后,斯人宿于义理;自鹭洲兴而后,言义理者畅”“而后立身名节,一以先生台谏为风采,推论人才,长育之”“先生又以身殉,宇宙与之终始,虽康之山、鄱之水,同光而共洁,而

① (清)刘绎编:《白鹭洲书院志》宣纸影印本,卷五《白鹭洲书院山长厅记》,第三册,第3页。

② 《宋史》卷四百一十八,《江万里传》,北京:中华书局1977年版,第12525页。

其道隐然增鹭洲之重”。①

江万里之后，白鹭洲书院学子文天祥、邓光荐、刘子俊等应诏勤王，在吉州募兵抗元。三年艰苦抗元之路，无数吉州士子举家战死沙场，谱写了一曲雄浑激昂的爱国之歌，为吉州大地留下了崇尚气节的传统精神。正如刘辰翁所说的，江万里一生，“其志念在国家，其精神在庐陵”。

第四节 • 创办初期的成就及影响 •

白鹭洲书院创办伊始，因为江万里已经名播江南。数年后，又因理学名儒欧阳守道任山长十余年，培养了一批德才兼备之士，更是享誉海内。

欧阳守道，字公权，一字迂父，号巽斋，庐陵永和人。淳祐元年(1241)进士及第，历任秘书郎、著作郎等官职。欧阳守道以品行高洁名留《宋史》。他幼年丧父，家道中落，但他自强不息，刻苦自学，终成大才。在追求学问的同时，他严以修身，将儒家“五常”作为自己的言行准则，敬老爱亲，忠孝仁义，不到 30 岁，已经成为闻名乡里、备受尊敬的醇儒。

江万里任吉州知州这年，欧阳守道正好参加乡试，其道德文章备受江万里赏识，于是将其留在身边亲自教诲，成为自己的得意门生。

江万里对欧阳守道影响很大，不论是在理学思想上、教育理念上，还是为官生涯中，都是欧阳守道坚定追随的师长。大约从 1247 年至 1259 年，欧阳守道因江万里推荐任白鹭洲书院山长。这十余年里，欧阳守道秉承江万里开创的学风和办学理念，以培养经世致用之才、忠正节烈之士为宗旨，孜孜不倦，倾心育人，不仅树立了鹭洲学风，更培养了一批令后人无比敬仰，始终追比的庐陵先贤，其中最著名的是民族英雄文天祥。

宝祐三年(1255)，20 岁的文天祥来到白鹭洲书院求学，拜欧阳守道为师。

---

① (清)刘绎:《白鹭洲书院志》，合肥:黄山书社 2018 年影印同治十年刻本，第三册，第 4 页。

欧阳守道倡导“求为有益于世用，而不为高谈虚语以自标榜于一时”①的治学之风，提倡学以致用，针对时局弊端提出切实可行的政策和主张。他的学说使文天祥深受启迪，对其一生影响深远。宝祐四年(1256)，文天祥以一篇《法天地之不息》的御试策论，赢得了理宗皇帝的赞赏，钦点为状元。阅卷官王应鳞称文天祥这篇文章“古谊若龟鉴，忠肝如铁石”。文章充分显示出文天祥的爱国热情及面对国家危亡、民族兴衰的责任与担当，是文天祥一生的行动纲领。

这年科考，和文天祥同榜的进士中，有 39 人来自吉州，其中白鹭洲书院学子就有 4 人。一时间，白鹭洲书院名震朝野，理宗皇帝亲书“白鹭洲书院”匾额以示褒奖。此后，白鹭洲书院闻名天下，“庐陵士至二三万，挟策来游者，不于州学则于书院”②，来书院求学的士子多达数百人，一时文风蔚然。

文天祥有强烈的忧国意识和爱国精神。为官期间，他上书乞斩避战退让、建议迁都的权宦董宋臣，多次上书皇帝请其振作精神、兴利除弊，收复山河。1275 年，江万里在饶州投水殉国，在赣州任知州的文天祥则慨然应诏，起兵勤王。其时，有友人劝阻文天祥说：“今大兵三道鼓行，破郊畿，薄内地，君以乌合万余赴之，是何异驱群羊而搏猛虎。”文天祥说：“吾亦知其然也。第国家养育臣庶三百余年，一旦有急，征天下兵，无一人一骑入关者，吾深恨于此，故不自量力，欲以身殉之，庶天下忠臣义士将有闻风而起者。”其明知不可为而为之，愿以一人之举唤起华夏民族几近消失的民族气节的爱国之举，如煌煌日月，光耀③千秋。

祥兴元年(1278)，文天祥兵败被俘，押至元大都，面对元朝皇帝高官厚禄的许诺，文天祥毫不动心，只求以死殉国，留下了“人生自古谁无死，留取丹青照汗青”的忠义绝响。文天祥的同门师弟邓光荐，追随文天祥抗元，家有十二口死于

① (宋)文天祥著:《庐陵文丞相文山先生全集》文五桂堂世传藏版，雍正三年新镌，卷十一《祭欧阳巽斋先生》。

② (清)刘绎:《白鹭洲书院志》，合肥:黄山书社 2018 年影印同治十年刻本，第三册，第 1 页。

③ 《宋史》卷四百一十八，《文天祥传》，北京:中华书局 1977 年版，第 12534 页。

战火，大难不死的邓光荐在南宋灭亡后归隐庐陵，到处搜寻整理文天祥手稿，辑成《文丞相督府忠义传》，使文天祥事迹流传后世。书院学子刘辰翁在宋亡后持节不仕，将满腔爱国热情寄于诗词中，留下了一首首感人至深的词作，成为南宋末年著名的爱国词人。白鹭洲书院因此以忠节之风名震天下，也形成以弘扬理学、崇尚忠节的办学理念和特色，在全国众多书院中独树一帜。

文天祥、邓光荐、刘辰翁是白鹭洲书院创办早期最具代表性的忠义之士，他们受江万里的感染，受欧阳守道的教化，又恰恰身逢朝代更替，得以彰显风气。他们的民族气节和道德文章，树起了白鹭洲书院文章节义之大纛，使书院名声大振，而这，也是白鹭洲书院名重江南成为江西四大书院之一的重要原因。

第二章 书院的发展

白鹭洲书院自南宋淳祐元年(1241)创办后，历经宋末、元、明、清四朝，持续办学，直至光绪三十一年(1905)根据清政府诏令，改为吉安府中学堂，从此开启新式教育制度，书院教育终结。

位于江心洲岛上的白鹭洲书院，虽环境清新静雅，但也易受水患侵害，每遇兵事更是首当其冲，成为兵家必争要地。因此，书院664年的历史中，水患兵燹频仍，既有“青毡晨夕数，书声弦诵闻”的兴盛，也有险成“鱼龙之宫，与波俱逝”的衰败。但因创办初期的辉煌成就，又有江万里、欧阳守道、文天祥等杰出先贤的遗踪，所以备受世人关注，使得白鹭洲书院屡废屡兴，始终立于烟波浩渺之上，成为庐陵人文砥柱。

第一节 · 宋元时期 ·

宋

白鹭洲书院建成之时，南宋王朝已是风雨飘摇，大厦将倾。从 1241 年建成，到 1276 年元军攻占南宋都城临安（杭州），白鹭洲书院南宋时代仅有 35 年。

然而，这一时期，白鹭洲书院声名远播，闻名江南。慕名来学者成百上千，出现了"不于州学则于书院""可容诸生数百"①的盛况。在当时，能容纳数百名学生办学规模的书院并不多见，白鹭洲书院办学之盛可见一斑。

兴建山长厅 景定四年（1263），宋理宗诏吏部："诸授书院山长者，并视州学教授"②，诏令官办书院的山长与州学教授享受相同的政治、经济待遇。白鹭洲书院由于是官办书院，书院山长自然被纳入官员体系。时任书院山长是湖南严陵人黄嘉，虽然他志在育人，无意仕途，但听到这一好消息，还是非常感奋，他"闻之欣跃，曰：'上嘉惠斯文至矣'"③，于是，立即请示州守，请求兴建书院山长厅。

山长，即书院的主讲人和管理者。黄嘉任山长时，书院没有山长厅，且有数百名生员，院内的号舍都不够用，于是他只得"假私屋以居"，在城内租用民房作为自己办公、居住的场所。他认为这种办公环境与教授这一官职的待遇不匹配，有损书院形象，更有负于皇上对斯文的嘉惠，对书院山长的信任和恩宠，于是竭力请建。他的要求得到上级的批准，也拨出了一些银两给他建山长厅，他很快就将山长厅建好了。

---

① （清）刘绎：《白鹭洲书院志》，合肥：黄山书社 2018 年影印同治十年刻本，第三册，第 1 页。

② （清）刘绎：《白鹭洲书院志》，合肥：黄山书社 2018 年影印同治十年刻本，第三册，第 1 页。

③ （清）刘绎：《白鹭洲书院志》，合肥：黄山书社 2018 年影印同治十年刻本，第三册，第 1 页。

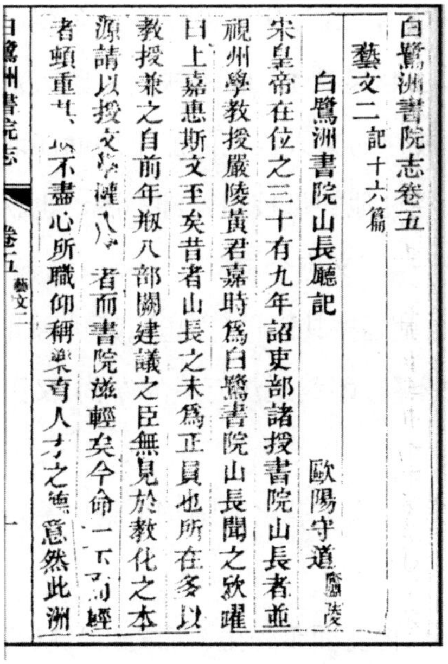
白鷺洲書院志卷五
藝文二 記十六篇
白鷺洲書院山長廳記　歐陽守道 廬陵
宋皇帝在位之三十有九年詔吏部諸授書院山長者並
視州學教授嚴陵黃君嘉時爲白鷺書院山長聞之欣躍
曰上嘉惠斯文至矣昔者山長之未爲正員也所在多以
教授兼之自前年[illegible]八部闕建議之臣無見於教化之本
源請以授文學[illegible]者而書院滋輕矣今命一下[illegible]
者頓重[illegible]不盡心所職仰稱樂育人才之意然此洲
白鷺洲書院志　卷五　藝文二　一

《白鹭洲书院山长厅记》

事情传到京城，有新中进士在委派其任府学教授一职时，竟然主动要求任白鹭洲书院山长。黄嘉听闻此事，更是高兴，于是请求德高望重的前任山长欧阳守道撰写《白鹭洲书院山长厅记》。

那时的山长厅建于何处？规模怎样？欧阳守道在《白鹭洲书院山长厅记》中记载："得地于境内之东南，出便门数步，即一苇至洲矣。材木瓦石，与凡工役百须之费，多方经营，铢积而寸累之，佐以俸给之余，为门厅、堂室、便坐数处，数月而成。高明宽洁，内外整整，无复欠缺。"①从这段话可以得知，书院山长厅初建时并不是在洲上，而是在城内东南角找了一块地，大约在今天的金牛寺附近。这块地临江，出城门就是码头，登船撑一竿就到了洲上。黄嘉如同建造自己的私宅那般尽心尽力，从设计施工到购买材料、组织工匠等，都亲力亲为，精打细算，府衙拨的钱不够了，他拿出自己的薪俸补贴。建成后的山长厅有门厅、厅堂和内室，还有厢房数间，高大明亮，宽敞整洁，山长办公、居住的各项功能和设施都齐整完备。

元

元代近百年间，元朝政府对书院教育尤为重视，大部分书院都收归官办。在这一政策的推动下，白鹭洲书院延续着南宋末年的辉煌，办学不断，名声依旧。元代中后期，由于政府采用儒家文化治理国家，开科取士，大力任用汉人，书院教育更日渐兴盛。元代，书院有记载的修建工程有四次，分别是：兴建江文忠公祠、兴建复古亭、顺帝至正二年(1342)维修和至正十五年(1355)维修。

① （清）刘绎：《白鹭洲书院志》，合肥：黄山书社2018年影印同治十年刻本，第三册，第1页。

祥兴二年(1279)兴建江文忠公祠 祥兴二年二月,宋元两军在广东崖山展开生死海战,随着南宋最后一个小皇帝7岁的赵昺被丞相陆秀夫背着跳入茫茫大海,南宋王朝彻底灭亡。这年六月初一,被俘的文天祥在囚船上顺赣江北上押往元大都时,绝食昏迷中经过家乡吉州,经过他的母校白鹭洲书院。也就在这一年,白鹭洲书院内立起了一座新祠堂——"江文忠公祠"。

江文忠公,即江万里。江万里以身殉国后,朝廷授其谥号"文忠",后人因此称其为"江文忠公",以示尊重敬仰。"江文忠公祠"即祭祀江万里的专祠,又因为江万里号古心,故后人又称该祠为"古心祠"。

江文忠公祠的兴建者是山长曹奇,书院学子、南宋著名爱国词人刘辰翁撰写了《江文忠公祠堂记》①以传后世。

刘辰翁在记中写道:"自斯文一变而至欧公,再变而至先生。而先生又以身徇,宇宙与之终始,虽康之山、鄱之水,同光而共洁,而其道隐然增鹭洲之重,与欧公而并。其好士似欧公,论谏似欧公,变文体似欧公,而又得谥似欧公,受乡人毁似欧公。欧公老颍,而先生祀吉,老颍者有所避,而祀吉者以其思。呜呼!岂偶然哉!"

欧阳修是北宋政治家、文学家,自北宋之后,吉州城内有三忠祠、四忠祠,祠祀对象第一个就是文忠公欧阳修,他在后世吉州士人心目中,犹如圣贤,备受尊崇。曹山长以欧阳修配祀江万里,可见江万里在南宋遗民心目中的地位和意义。他代表的不仅是道德文章,更是民族精神和气节。所以刘辰翁在文中赞颂江万里:其精神与天地长存,其气节与山水同辉。

江万里谥号"文忠",欧阳修谥号也是"文忠",他们两人的道德文章都高迈前贤,又都直言敢谏,爱才敬贤。欧阳修是吉州人,却老死于颍州,江万里是都昌人,却祀在吉州。这是偶然吗?刘辰翁认为,这不是偶然。他曾经跟随江万里15年,深切体会到江万里对欧阳修的景仰,对吉州、庐陵的厚爱,"某事先生

① (清)刘绎:《白鹭洲书院志》,合肥:黄山书社2018年影印同治十年刻本,第三册,第4页。

十有五年，日所见之，犹史独为庐陵言，则言之先生玉立如山，和气在眉，睫间如柳……"①

吉州，因为江万里创办了白鹭洲书院，他的教育理念和精神气质影响了一大批庐陵学子，使他们本就融于血脉中的忠正之气更加浓烈，才有了宋末在庐陵大地上进行的不屈不挠的抗元斗争，在华夏民族的历史长河中，演绎了一段悲壮感人的爱国史诗。而在南宋刚刚灭亡之时，曹山长建祠祭祀江万里，不仅仅因为他是白鹭洲书院的创办者，更多的是对消失的王朝的怀念，彰显的是江万里感召日月的爱国主义精神和民族气节。

"祠成，闻者垂涕。"江文忠公祠建成后，郡城里的百姓听闻，个个泪流满面。这是怀念的眼泪，是悲愤的眼泪，更是感动的眼泪，是振奋的眼泪。虽已改朝换代，但教育不能废，儒学不能丢，民族精神不能弃！振作起来，发奋图强，是对先贤最好的告慰。

此后，江文忠公祠一直矗立在白鹭洲书院里，直到古代书院教育制度结束。2013年，吉安市委、市政府为加强对文物的保护和利用，对白鹭洲书院进行整体改造，全面恢复清代书院建筑规模，并将逢源堂辟为纪念江万里的专厅，让后人永远铭记这位书院开创者。

延祐年间(1314—1320)兴建复古亭　白鹭洲，最早为佛教场所，大约东晋末年始，洲上就有僧人修行弘法。江万里在洲上创办书院，劝说僧人让出大块地方修建书院。书院建成后，白鹭洲上一直是佛儒双修，士子与僧人相安无事。宋末，随着书院名气日增，寺庙香火日见式微。

到了元代，因统治阶层崇尚佛教，洲上寺庙香火又日益兴旺起来。到元中期仁宗延祐年间(1314—1320)，寺庙长老甚至想弘佛抑儒，于是大张旗鼓开展传教活动。这样一来，来来往往的香客，严重干扰了书院的办学。时任山长余天民在忍无可忍的情况下，请求当时的吉安路总管，撤掉洲上的净土庵。

① (清)刘绎:《白鹭洲书院志》，合肥：黄山书社2018年影印同治十年刻本，第三册，第4页。

余山长的请求在当时的社会环境下是需要很大勇气的，因为元代统治者信奉的是佛教中的藏传佛教。在余天民的努力下，吉安路总管同意撤走洲上的寺庙。僧人撤离后，为防止再有僧人来此修行，余山长将庙宇也都拆除了，并在拆除之后的空地上立了一座亭子，额曰“复古亭”，为“敦复古道”之意。意思是告诫士子不要信奉异教，中华传统的儒家礼教应成为唯一信奉。山长余天民，也因“勇撤浮屠”，兴建“复古亭”，在白鹭洲书院历史上留下了闪光的一瞬间。

后世，白鹭洲书院屡遭洪灾，复古亭亦时有时无。明万历二十年(1592)书院重修时，当时的知府汪可受同意了僧人请求，在书院旁边重新建了佛教寺庙。此后，白鹭洲上又恢复了书院初建之时的儒佛双修气象，乾隆时期的书院山长孔兴浙有《复古亭》一诗就此曾抒发心中感慨：

江汪开大业，胡尹亦功臣。
复古亭何在，苍茫气象真。①

到清代末年，书院重建之时，又修建了复古亭，一直留存至今。

至正二年(1342)维修 白鹭洲书院有记载的第一次被水冲毁和重建，在至正二年(1342)。《白鹭洲书院志·建置沿革》记载：“元至正二年壬午，鹭洲书院圮于水，吉安路总管李珏修复。”②需要指出的是，此处“至正二年”为元顺帝至正年间。《光绪吉安府志·秩官志》中亦有“李珏，顺帝二年任”相印证。

顺帝元统二年(1334)，李珏任吉安路总管，至正二年(1342)，赣江发大水，白鹭洲书院被水冲毁，之后，李珏便组织重新修葺。这次维修，没有详细的文字记载，只在至正年间永新人吴师尹所作《重修白鹭洲书院记》中有一句话“前至元(应当至正)壬午，洪水漂没，太守李珏重葺之”③可证之。

---

① (清)刘绎:《白鹭洲书院志》，合肥:黄山书社 2018 年影印同治十年刻本，第二册，第 63 页。

② (清)刘绎:《白鹭洲书院志》，合肥:黄山书社 2018 年影印同治十年刻本，第一册，第 23 页。

③ (清)刘绎:《白鹭洲书院志》，合肥:黄山书社 2018 年影印同治十年刻本，第三册，第 7 页。

至正十五年(1355)维修 至正十二年(1352),红巾军起义的战火蔓延到吉安,起义军沿水路进攻,占据白鹭洲驻扎屯兵。其间,将书院建筑大部毁坏,只有夫子庙不敢染指。此时,由于战乱,书院暂停办学。两年之后,即1354年,白鹭洲又遭受洪水,本就废弃的书院被大水一冲,更是荡然无存。但奇怪的是,书院夫子庙中的孔子造像竟"俨然不坏"。

当时吉安路最高行政长官名叫纳速儿丁,见此情形,他心里暗自揣摩:这恐怕是天意不绝斯文啊!得赶紧想办法筹钱,将书院重新建起来。可是,刚刚平定红巾军叛乱,收复了城池,修葺了府衙官署,哪里还有钱修书院呢?恰巧这时,书院山长郭庆传、训导曹中一起上书强烈请求复建白鹭洲书院,吉安府众僚属也纷纷附和,纳速儿丁感慨道:"三代之学,所以明人伦也。书院亦讲学明人伦之地,若废驰不葺,牧守责也。修葺而耗民财,殚民力,又非圣贤意也。"①

这段话意思明了,作为地方官,兴教助学义不容辞,但是官府现在没钱啊!如果让民众出钱出力,又会增加民众的负担,这也违背了圣贤之意。怎么办?思来想去,这位大人想到了一个办法:"命西昌欧阳成德捐赀特力修之。"②

西昌,位于今天泰和县境内,那么欧阳成德是何人?为何官府命其独力承担复建书院的费用?这些信息尚无资料可考。可以肯定的是,这个欧阳成德一定家财万贯,富甲一方,因为复建书院花了很多钱。总共花了多少钱呢?"凡用楮币至五万缗",楮币,是元代发行的纸币,也是基本流通货币。五万缗在当时可不是个小数目,元代初期"天下茶课不过五万余缗尔"③,即相当于元代初期全国一年的茶叶税收。

有了钱就好办事。复建工程于至正十五年(1355)二月开工,四月二十五日

---

① (清)刘绎:《白鹭洲书院志》,合肥:黄山书社2018年影印同治十年刻本,第三册,第7页。

② (清)刘绎:《白鹭洲书院志》,合肥:黄山书社2018年影印同治十年刻本,第三册,第8页。

③ 吴小红著:《江西通史·元代卷》,南昌:江西人民出版社,2008年,第92页。

就完工了，两个多月就建成了，真是神速啊！这次维修，所有建筑及门额均恢复旧制。永新籍进士吴师尹撰写了《重修白鹭洲书院记》，详细记载了书院自建成后的毁废情况和此次修缮情况，并将书院所有建筑列出。从文中，我们了解到，书院当时的建筑有：正殿、两庑、棂星门、云章阁、道心堂、万竹堂、六君子祠、三贤祠、古心祠、风月楼、斋舍、庖廪、复古亭、浴沂亭和夫子庙，共十五处。这也是第一篇对书院所有建筑进行详细记载的文章，让后人对书院始建时的建置有了清晰的了解。

纳速儿丁重建书院，功德固然昭著。但是，我们也不应该忘记那位独力捐助的商人——欧阳成德。古代社会，阶层分明，“士农工商”，士人最受尊敬，商人却不那么受待见。所以吴师尹在《白鹭洲书院记》中也只有“命西昌欧阳成德捐赀特力修之”这一句话带过这位义商。我想，无论欧阳成德是否自愿，他毕竟独力重修书院，是吉安商人捐资助学义举的典范，值得后人铭记。

吴师尹的文章中还提到了理宗皇帝的赐额：“今御书石刻尚存。”这句话第一次明确指出理宗皇帝御书的“白鹭洲书院”题额，是被刻石留存在书院的，且经过百年之后，这块碑石依然保存完好。直到清代乾隆年间，这块“御书石刻”还在书院大门上，当时的山长孔兴浙有诗为记。

第二节 · 明清时期 ·

明

有明一代，白鹭洲书院的发展可以说是沉寂与辉煌相伴，波折起伏，历经劫难，浴火重生。

元至正十五年（1355）书院重修之后没几年，各地相继爆发了农民起义，元末明初的战火再次将白鹭洲书院摧毁。此后，白鹭洲书院一直沉寂无声，弦歌中断，白鹭洲上只有芦苇沙鸥与残垣断壁相伴。直到明代中期，白鹭洲书院才在官府的重视下得到重建。建成后的书院又连年遭受洪水，不得已，书院被迫迁出洲岛。迁出洲岛的书院有过理学大会的辉煌，也有生员稀少的凋敝，并险些在张居正“禁毁天下书院”运动中被废。直到万历二十二年（1594），书院才获得重生。

从明初，直至嘉靖初年，书院处于毁废状态。清康熙年间吉安知府罗京撰写的《重建白鹭洲书院碑记》一文中有记载：“明初毁于兵，嘉靖丙戌，郡守黄公宗明复之。”嘉靖丙戌，即嘉靖五年（1526），也就是说从明初（1368）至 1526 年，这期间共 158 年，白鹭洲书院中断办学。这一状况，在明初文人的诗作中亦有反映，如永乐二年（1404）进士、庐陵人李昌祺《访鹭洲书院遗址》一诗云：

宋家书院但空名，二水中分草树平。
陵谷变来基亦废，野人耕处草还生。
落花细雨文鱼上，残柳西风白雁鸣。
临眺不堪怀往事，城头画角更凄清。①

为什么明朝立国之后，白鹭洲书院迟迟未能恢复呢？这和明代前期的教育政策息息相关。明太祖朱元璋的教育政策是兴学校抑书院，他认为：“治国以教化为先，教化以学校为本。”而在宋代，大多数书院是以学术思想交流、士大夫传播个人理论思想为主的，这种言论“独立自由之精神”是朱元璋极力排斥的。因而，他在洪武元年（1368）下令“改天下山长为训导，书院田皆令入官”；在洪武二年（1369）“诏天下郡县立学”，要求郡设府学，县设县学；洪武三年（1370），又规定：“科举必由学校”；洪武五年（1372），进一步“革罢训导，弟子员归于邑学”。一系列教育制度改革，加上“科举必由学校”这一指挥棒作用，优秀士子纷纷涌到府学、县学接受教育。正是在这一政策的压制下，白鹭洲书院和全国其他书院一样，进入发展低谷时期，且持续百余年。这一教育制度发展到明代中后期，造成了学校的严重腐败。学校教育备受诟病，士子在校学习，只知背诵八股文或剽窃文章而获得科举，不知修身正己、道德仁义。士阶层的坏风气影响

① （清）刘绎：《白鹭洲书院志》，合肥：黄山书社 2018 年影印同治十年刻本，第二册，第 71 页。

了政风、民风，百姓不知孝悌，官者不知忠义。正是在这一背景下，忧国之士纷纷重振书院教育。

嘉靖五年(1526)重建 嘉靖四年(1525)，黄宗明任吉安知府。面对荒草废墟的白鹭洲书院，为不负书院创办人江万里的育人造士之心，次年，黄宗明主持重建书院。书院建好后，拨给书院必需的办学经费和学田院产，选召九县才俊到书院学习，恢复了白鹭洲书院中断158年的办学之路。正是因为黄宗明这一举动，这个几乎被人遗忘的著名书院，续写了新的篇章。所以，后人将黄宗明以及元代的李珏、纳速儿丁并祀于江文忠公祠，与江万里一同祭祀。

嘉靖二十一年(1542)迁建仁寿山 嘉靖五年维修之后，赣江连年大水，书院办学断断续续，刚修好的建筑也在一次次水患中几近倾圮。嘉靖二十一年(1542)，吉安知府何其高接受吉郡士绅的建议，决定将书院迁出洲岛。

书院为什么要外迁呢？明代兵部尚书聂豹为这次迁建撰写的《道心堂记》，告诉了我们答案。他在文中写道："盖螺川在九江上流，旧无水患，即有之，十数年而后一见。正德以来，或一年而再见，是书院之在所当复，而洲之不可基。"①"螺川"指赣江在吉安城的这一段。这段话的意思是说：赣江原来水患不多，十多年偶尔见一次，但从正德年间(1506—1521)开始，赣江开始连年水患，书院无法正常教学，洲上已不适应办学。水患频繁是白鹭洲书院迁出的根本原因。

几经勘查，士绅们相中了城南仁寿山这块风水宝地。仁寿山位于今天吉安城阳明路与吉安大桥连接处路北，原吉安采茶剧院所在地。这块地"凭高而宅胜，严城翼其左，通衢亘其右，赣江绕其前，其隆然盘礴江中者，白鹭洲也"②。仁寿山地势高坦，吉安城在其东，通达的驿道在其西，面临赣江，视野开阔，白鹭洲风光尽在眼底。

---

① (清)刘绎:《白鹭洲书院志》,合肥:黄山书社2018年影印同治十年刻本,第三册,第16页。

② (清)刘绎:《白鹭洲书院志》,合肥:黄山书社2018年影印同治十年刻本,第三册,第10页。

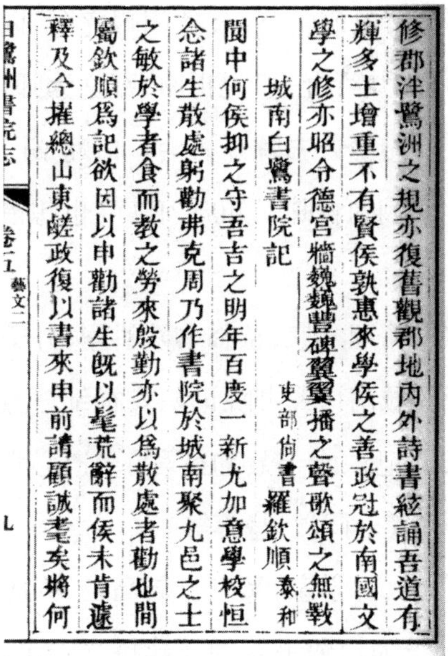
修郡泮鷺洲之規亦復舊觀郡地內外詩書絃誦吾道有
輝多士增重不有賢侯孰惠來學侯之善政冠於南國文
學之修亦昭令德宮牆巍巍豐碑翼翼播之聲歌頌之無斁

城南白鷺書院記

吏部尚書 羅欽順 泰和

閩中何侯抑之守吾吉之明年百度一新尤加意學校恒
念諸生散處躬勸弗克周乃作書院於城南聚九邑之士
之敏於學者食而教之勞來殷勤亦以爲散處者勸也間
屬欽順爲記欲因以申勸諸生既以耄荒辭而侯未肯遽
釋及今攉總山東鹺政復以書來申前請顧誠耄矣將何

白鷺洲書院志 卷二五 藝文二

《城南白鹭书院记》

但此时，山上有座慈恩寺，怎么办呢？何知府效仿当年江万里劝说浮屠让地故事，也说服了慈恩寺僧人将山中平地让出，把白鹭洲书院迁建于此。

这次迁建规模宏大。明代著名理学家、思想家泰和人罗钦顺为这次迁建撰写的《城南白鹭书院记》中写道：“为屋大小凡数百楹，名虽仍旧，而实则新作也。其制：绰楔前起，表其书院之名，次为聚秀楼，下设关键，即大门也；次为仪门，门内有廊，中为崇正堂，后为适轩、为云章之阁，阁与堂皆为夹室；仪门外，两序各启侧门，左达尊德斋，右达集义斋，附斋两旁是为书室。堂、斋门阁以间计者各三，而深阔不等；书室以间计者二百，则广狭如一。仪门左右及两斋之后，皆有憩厅。阁后隙地，则为江文忠公祠，为道心堂、时雨亭，皆因地势而面南。庖湢稍近适轩，左右分置。基周围总若干丈，其费凡若干千金，皆收诸公帑之余，罚锾之入。”①

从这段文字看，此次迁建规模宏大，堂室斋舍，井然有序，亭台楼阁，鳞次栉比，蔚为大观。因书院已经不在洲上了，所以门额为“白鹭书院”，以示与“白鹭洲书院”的渊源与区别。迁建工程“经始于嘉靖壬寅（1542）仲夏，逾年，工乃告完”②。历时近一年，嘉靖二十二年（1543）完工。

正德、嘉靖年间，阳明心学在吉安盛行。明代心学集大成者——王阳明，于

---

① （清）刘绎：《白鹭洲书院志》，合肥：黄山书社 2018 年影印同治十年刻本，第三册，第 10 页。

② （清）刘绎：《白鹭洲书院志》，合肥：黄山书社 2018 年影印同治十年刻本，第三册，第 11 页。

正德五年(1510)任庐陵县令,此后又常年在南昌、赣州做官,公务闲暇之时,以收徒讲学、化育人心为乐。一大批吉安士子为其“知行合一”说折服,拜之为师,并终身以传播心学、化育人心、移风易俗为己任,纷纷办书院开讲会。白鹭书院是久负盛名的理学传播中心,自然会受到理学家们的青睐。知府何其高也想借白鹭书院重建之东风,再现吉安理学盛况。

于是,他邀请了十余位当时闻名全国的吉安籍理学家,莅临书院讲学,并请他们为书院迁建撰写文章。泰和罗钦顺撰写了《城南白鹭书院记》、安福邹守益撰写了《聚秀楼记》、泰和欧阳德撰写了《集义堂记》、永丰聂豹撰写了《道心堂记》、永新尹台撰写了《学田记》、庐陵胡经撰写了《乐育堂记》等等。

这些吉安人既有闻名全国的思想家、教育家、哲学家,又有身居高位、为国建功者,说明这一时期吉安人文鼎盛。他们纷纷为白鹭书院的迁建撰文记录,也充分说明白鹭书院在他们心目中的位置,在吉安教育界、理论界的地位。

在此之后的嘉靖二十五年(1546)和嘉靖三十六年(1557),邹守益、罗洪先、聂豹等在白鹭书院先后举办了两次大型会讲,千名学子与会聆听,江西提学副使王宗沐亦慕名率众而来,开创了白鹭书院会讲参与人数之最。白鹭书院,也当仁不让成为这一时期江右王学传播交流中心,有力地助推了阳明心学在吉安的蓬勃发展。

迁至城北庐陵县学　隆庆六年(1572),在白鹭书院迁至城南仁寿山30年后,江西巡按任春元“从诸生请,改仁寿山白鹭书院为庐陵县学”,万历元年(1573),又“改旧学明伦堂为书院,于是,白鹭书院迁郡城北隅”。①

白鹭书院在仁寿山办得好好的,为什么要和庐陵县学互换呢?事情总是有原因的。

隆庆元年(1567)开始,张居正为相,柄持朝局十余载。张居正为相的十余年间,对王阳明的心学理论很是反感,认为是旁门左道,与程朱之学背道而驰。

① (清)刘绎:《白鹭洲书院志》,合肥:黄山书社2018年影印同治十年刻本,第一册,第24页。

加上王门后学发起的聚众讲学之风尤盛，张居正更是倍加打压。受朝局影响，这一时期书院发展亦陷入低谷，才有白鹭书院和庐陵县学的互换事情。

主持这件事情的江西巡按任春元，是浙江余姚人，王阳明的老乡。有意思的是，他在完成这件事之后，请时任副都御史的泰和人曾于拱写记，但被拒绝了。任春元调走后，时任郡守雷以仁又请曾于拱写记，且对曾说“记事备训，郡人职也，宜勿固辞”，不得已，曾于拱为此次迁学写了《城北白鹭书院记》。①

他在记中写道：“考书院之再建也，先正罗、邹、欧阳三文庄公皆有《记》。”说书院重建在仁寿山，他的老师罗钦顺，还有他的师友邹守益、欧阳德都给书院写了记文。随后，他在文中大段地引用三位前贤记文中的话，以阐明罗钦顺的理学与邹守益、欧阳德的阳明心学“可谓同得圣学之正传也”，诸多前贤兴建白鹭书院、在书院讲学的目的亦是为了“光绍前哲，乐育英才”“其所以属望吾党之士，必不外于二先生之学矣”。最后他引用曾子“尊其所闻，则高明矣；行其所知，则光大矣”之句感慨：“高明光大，在乎加之意而已，此希贤希圣之实功也，愿相与共勉焉。”

通观这篇记文，对迁学过程没有只字片言，只用前贤的理论阐明理学与心学其实同宗同源，希望不要有学派之分。

白鹭书院由此迁至城北县学内，这一迁就是20年。这20年，白鹭书院生员锐减，景象萧萧，还差点遭受毁废之难。万历年间，首辅张居正要求禁毁书院，《明纪》载：“七年（1579）正月戊辰，诏毁天下书院，自应天府以下，凡六十四处，尽改为公廨。”②这64处书院，包括吉安白鹭书院。万历七年，书院改为“湖西公署”，万历十年（1582），张居正死后，又改回“白鹭书院”。由此可见，张居正毁天下书院并不得人心，或许，当时地方官只换书院门额以应对，也未可知矣！

---

① （清）刘绎：《白鹭洲书院志》，合肥：黄山书社2018年影印同治十年刻本，第四册，第1页。

② 邓洪波著：《中国书院史》，武汉：武汉大学出版社，2017年重印，第401页。

万历十四年(1586)修缮 万历十四年(1586),庐陵知县钱一本对位于城北的白鹭书院进行了修缮,并在院内增设道心堂。这次修缮,安福人王时槐写了《重修白鹭书院记》①。

王时槐在文中对白鹭洲书院的历史沿革做了简要介绍,并谈道:"书院在郡城内之北,然规制未甚备也,诸生亦无复讲肄于其中者。"一句话,道出书院惨淡之状。

王时槐在文中讲述了钱知县重修书院的原因、经过和效果。"邑侯昆陵启新钱公潜心正学,重念诸生徒以剽掠枝蔓、缀饰浮词以侥进取,不知反躬以自尽人道而一尊孔孟之道矩。是以士习日污,民俗愈敝,家鲜孝弟廉靖之风,人恣争攘嚚险之行,有足悲者。以移风易俗当自士始。"夸赞钱知县是个潜心正学、正直清廉的好官,对当时读书人为应对科举而抄袭剽窃的学习风气很不满意,认为儒士风气不好,把民俗民风也带坏了,孝悌清廉之家越来越少,愚顽奸佞之人越来越多,认为,要移风易俗,必须从士人开始。于是,钱知县"政暇则临学宫,横经讲授,命题课艺,第其等差,复集两庠博士诸生月再聚于院中,示以正心修身之学,俾实体力行,以追迹濂洛而上溯周鲁"。亲自给诸生讲课、批改课业,希望能端正学风,学子们能诚心修习孔孟程朱之学,修身正心以涵养品格。

钱知县见书院只有一阁一堂,且败落凋敝,竭力振兴,县衙没钱,他捐出自己的俸禄扩建修缮书院。他还在书院内增设了阳明祠,祭祀王阳明,并以邹守益等十二位著名的阳明后学配祀,书院环境焕然一新,庄严肃穆之气立现。"入是门、与是会者,皆肃然饬敬慎之容,而恍然脱凡近之志,或默坐澄心,或质疑请益,礼静而不烦,故尘襟自敛,言简而义晰。"在钱一本的教育引导下,庐陵文风学风大变,士子们不再以科举为目的,而是相互砥砺,以"正心修身为学",而后,"果有出于词章科目之外"的贤达之士。

文章最后,王时槐感慨道:"窃惟国家定制,俾诸生治六经四书,以圣贤之言

① (清)刘绎:《白鹭洲书院志》,合肥:黄山书社2018年影印同治十年刻本,第三册,第22页。

反诸身心而实践之，且联师儒以督其成，以为士能。是则，退而处为乡之善人君子，出而仕为世之良臣名吏，此国家造士之本意也。世降道衰，士之所学直曰"以文词博进取"云尔，不知有所谓反身实践者；师之所教亦姑听，诸生自为文词已耳。甚则诸生有累年不见其师长者，即月课犹为旷典，又安能责其反身而实践也？教学之法名存实亡，是以士退而处或败类于乡，出而仕或播恶于国。有道君子位兼治教者，恻然忧之故既临黉舍以课艺文，复集书院以劝德义，庶孔门四教、周家三物之学不致偏废。若朱子之知南康军用此道也，江文忠公为吾创白鹭书院，实本朱子之意。而今邑侯启新先生重修书院，以续江公之遗迹，盖亦与朱子之意同，庐陵人士何其幸哉！"①言辞之间，对当下"以文辞博进取，不知反身实践"的教风学风深感不满，对钱知县躬身实践、言传身教，教育学生要"以圣贤之言反诸身心而实践之"的教育理念，培育"退则为乡之善人君子，出则为世之良臣名吏"的教育目的大加赞赏，称此法为庐陵士子之福，庐陵百姓之福！

万历二十二年（1594）迁回白鹭洲　就在书院看似与白鹭洲缘分将尽之时，一个关键人物的出现，让书院重新回到洲岛之上，这人就是明朝万历间吉安知府汪可受。

汪可受，湖北黄州人，万历进士。万历十九年（1591）任吉安知府，次年，倡议官绅商贾捐款，决定在白鹭洲上重建书院。

这次重建，为根本解决书院的水患之害，汪可受听取了府司马尹学孔的建议，在洲北"增庳垫欹，垒石为台"。啥意思呢？就是用石头砌筑高台，在高台上建房子，将洲北整个儿垫高来，以防建筑遭受水淹。这个台子有多大呢？"崇九尺，修三十五丈，广视修十之六"，即高有九尺，长三十五丈，宽二十一丈，换算成如今通用的单位，这个台子高约 3 米，长 116 米，宽 70 米。同时，为了最大限度减轻洪水对书院的冲击，还在台子的南边建了一圈宽阔的防护堤，"极台而南，聚土筑堤以捍冲决，广三十丈有奇，周五十丈有奇"，后人称此台为"吉台"，此堤

① （清）刘绎：《白鹭洲书院志》，合肥：黄山书社 2018 年影印同治十年刻本，第三册，第 24 页。

为“永堤”。此后几百年，在吉台、永堤的护佑下，白鹭洲书院水患锐减，书院办学因此得以延续至今。①

重建于洲上的白鹭洲书院，规制更完备，建筑更恢宏，风景更绮丽。吉水人刘应秋为此次重建撰写了《重修白鹭洲书院记》，他在记中对书院的恢宏建筑和宜人风光进行了详细而生动的描述：“南有重门，北为巍阁。有堂有楼，有池有亭。堂曰道心，楼曰风月，阁曰云章，其下曰山长厅，亭曰浴沂，皆仍宋时故额，而总署其名曰‘白鹭洲书院’云。阁高五丈，翼以栏楯，可俯可眺，沓嶂环青，万顷一碧。朝旭夕映，花雨涛雪，千姿万态，靡不呈奇献秀于棂栊几席之间，书院之大观备矣。前乃为楼五，莚祀二程夫子，而以一峰、整庵二罗先生配之。又前莚为大堂，则所谓道心堂也。阁之后植竹万竿，洲水支流绕出其下，可濯可风，是为浴沂亭。门以外为月池，环池左右翼为舍百楹……当两翼夹路中，为坊者三，曰理学、忠节、名臣。”

此次重建工程，始于万历二十年(1592)十月，建成于万历二十二年(1594)二月。包括筑吉台、永堤，建书院，如此浩大工程，在当时全靠人力作业的条件下，一年半时间就完成了，不得不说是一个奇迹。这次重建的资金都是由府衙募集而来，官府一声号召，十县士绅踊跃捐款，捐来的钱不仅重建了书院，还给书院置办了丰厚的学田院产，可以保障书院长久的运转。由此可见，复建书院于洲，亦是民心所向。

在这次重建过程中，除了知府汪可受的鼎力支持，还有一个人值得后人铭记，那就是提出建吉台、永堤的尹学孔。尹学孔，吉安府永新人，时任吉安府别驾，亦称司马，即协助知府主管文事工作。他不仅学识渊博，还出身堪舆世家，懂营造和风水。他详细考证了白鹭洲历年洪水的最高水位，提出了吉台的合理高度。经过历史检验，他提出的这个高度非常精准，百年一遇的大洪水才会漫过吉台。新中国成立 70 年来，据白鹭洲中学年长的教职工讲述，只有 1962 年

---

① (清)刘绎:《白鹭洲书院志》,合肥:黄山书社 2018 年影印同治十年刻本,第三册,第 26 页。

的大水，漫过了吉台，进入了建筑内。

尹学孔还负责了整个工程的实施。实施过程中，他精打细算地使用每一两银子，天天守在工地上督工，几个月没有回家。后来，他提出在吉台之南再建永堤，以防洪水直接冲击吉台，当时筹集的银子不够了，他就动员家族捐款，尹氏家族全族动员，“义助700余金充堤费”，这才将永堤建好。吉台、永堤，成为白鹭洲上的永固工程，如今已经与洲合为一体。

白鹭洲书院重建后，立即成为吉安文化教育的旗帜，江右学术中心和人才培养中心。书院自此讲会不断，诸多名贤大儒来书院讲学，讲学盛况一直持续到清代康乾时期，前后百余年。

值得一提的是，汪可受还答应了僧人东晖的请求，在洲上重建了净土庵。岁月轮回，时隔三百余年，白鹭洲又重回“儒佛双修”气象，从此，白鹭洲上，风声雨声波涛声，声声入耳；钟声鼓声读书声，弦诵相闻。

崇祯八年(1635)维修　天启年间(1620—1627)，权宦魏忠贤为排除异己，发起了禁毁天下书院之祸，白鹭洲书院声名卓著，未能免遭罹难，毁废于时。直到崇祯七年(1634)，福建莆田人林希有任吉安知府时，才得以兴复，时隔十余年。

其时，学生们在城内塔水桥的依仁会馆学习。依仁会馆为名儒李邦华创建，李邦华是当时闻名全国的硕儒邹元标的弟子，本就对弘扬正统儒学有着强烈的责任感。天启、崇祯年间，李邦华两次罢官回乡，闲居十余载，在郡城内创办了依仁会，常在会馆讲学。

依仁会会馆驻于吉安城塔水桥旁，吉安十县俊秀因白鹭洲书院毁废，全都汇聚在会馆中求学。林知府刚一上任，十分关心白鹭洲的兴废状况和学子们的学习情况，他亲临会馆看望并考校生员，又登临白鹭洲，实地考察书院残损现状。他看到书院内杂草丛生，荒凉凋敝，感叹道：“白鹭洲书院百余年育才造士，声名籍籍，如今数年任其湮沉破败，以至圣道不明，士习日下，这是官府的责任、官员的责任啊！”于是，立即决定修复书院。

他责令庐陵知县核查书院账目，用现有可用资金启动修复工程，同时号召官员捐俸，民众义输，尚有的资金缺口，衙门想办法补足。崇祯八年（1635）书院修复工程启动，只用了4个月时间，书院即修葺一新，并新建了几排号舍，满足学子住宿需求。

李邦华听闻白鹭洲书院重修，非常高兴，慷慨倡议为书院捐输，并带头给书院捐助数十亩学田，连同学田上的33户佃户，以及菜园、水塘、房屋等一并用于膳学。诸生十分敬仰李邦华的学识品德，又见其对书院如此关心，感奋异常，于是联名写信给林知府，希望能请李邦华任书院主讲。

李邦华是邹元标高徒，深得理学精义。知府林一柱也是一位以“兴贤育才、阐扬圣道为守土第一事”的有识之士，对圣贤之学极为推崇，也正有此意请李邦华任白鹭洲书院主讲。于是，林知府“从诸生之请”，挑选良辰吉日，备好请帖，派出府中官员、城中名士和白鹭洲书院诸多学子敲锣打鼓登门拜访，以显恳切之情。

李邦华欣然答应了大家的请求，赴白鹭洲书院开坛讲学。林知府亲自提前到书院扫室布席，张罗准备，其对李邦华的尊崇敬仰之情由此可见。讲学当日，各方名士云集，堂内堂外，廊前廊后，听者众多，盛况空前。这天，李邦华讲的是《孟子·万章上》中《伊尹耕于有莘之野》，整堂课程“清言楚楚，名理娓娓，环桥观听，肃肃雍雍”，听者“欣洽”，谓公“以内沟之真心，抒知觉之实事，尧舜君民事业，此稍露其一斑乎！”①

讲课之后，林知府又陪同李邦华登云章阁，观水光山色，谈国事民生，诗词唱和，欢声笑语。直至日落西山，林知府又设宴答谢，酒过数巡方整肃衣冠拜别圣像，再互相揖别。这次李邦华赴白鹭洲书院开坛主讲，堪称吉安士林一次盛会。

时人感慨道：“鹭洲十余年来会事不举，人心风俗亦稍自异，识者每以为忧。

---

① （清）刘绎：《白鹭洲书院志》，合肥：黄山书社2018年影印同治十年刻本，第四册，第7页。

此番盛典，自公首倡，规制仪节备极情文，将来必无废坠之虑。”①

此后，李邦华担任盟主、主讲多年，此事亦有李邦华的诗作为证：

白鹭洲书院得举学会，余忝司坛坫，喜而有作：

后死谁人是，斯文任仔肩。经营还故址，类萃步前贤。

堂奥亲周孔，羹墙见峻元。高山流水在，千载续灯传。②

另外，《白鹭洲书院志》中还有《十学启请李忠肃公讲公呈》（因标题为后人补录，故用李邦华谥号“忠肃”）可以佐证此事。

清

有清一朝，白鹭洲书院重建次数最多，办学也曾有短暂中断。但书院一直是吉安书院的翘楚，士林心中的圣地，其主要表现为历届科考中，鹭洲书院上榜人数较多，仅咸丰元年（1851），吉安中举者 15 人，而鹭洲书院就有 8 名。清代历任吉安知府，只要是科甲出身的有学之士，都对白鹭洲书院的教育教学倾注了热切的关注，亲自登坛教学育人。清代，白鹭洲书院有记载的维修迁建共有 16 次，也正是在官府的重视下，白鹭洲书院才得以留存至今。

顺治三年（1646）重修　在明末清初朝代更替的战火中，位于洲岛的白鹭洲书院再次被毁。顺治三年，时任湖西道守杨春育来吉安视察。身为士林俊秀，杨春育非常仰慕白鹭洲书院历代先贤，而书院在明末理学教育的辉煌亦让杨春育不胜敬仰，“得门升堂，必最白鹭洲书院，即慕者不能时至，犹企以梦”。他见书院毁于战火，至今尚未修复，不由怆然。于是，和吉安知府晋承露一同倡议募集资金重修书院。

这次重修得到庐陵人、监军黄鼎象的慷慨捐助，工程于顺治三年（1646）冬季动工，知府衙门里的几位官员，都在工程现场亲自张罗督战，两个月就得以完

① （清）刘绎：《白鹭洲书院志》，合肥：黄山书社 2018 年影印同治十年刻本，第四册，第 8 页。

② （清）刘绎：《白鹭洲书院志》，合肥：黄山书社 2018 年影印同治十年刻本，第二册，第 72 页。

工，“雄丽如旧观”。湖西道守杨春育非常高兴，欣然为此次维修撰写了碑记。

顺治十二年(1655)重建　顺治八年(1651)，河北遵化人李兴元出任吉安知府。李兴元早就听闻庐陵白鹭洲之名，读史之时，常梦想登临白鹭洲与江万里、文天祥等诸位先贤时空对话。当他得知朝廷任命他为吉安知府时，心情激动，乘船一路南下，连路过南京白鹭洲时，也不停留，一心盼望早日到达庐陵。

可是，此时的白鹭洲因连年遭受洪水，已是荒草萋萋，渺无人烟。史书记载，顺治四年(1647)大水，此后连续十年吉安水旱交替，顺治三年(1646)刚修好的白鹭洲书院，在连年水患中已荡然无存，只剩吉台孤零静卧，沙碛磷磷。李兴元见此景象，久久叹息。他很想重建书院，可一是水患不断，二是官府连年赈灾，拿不出银子，只好暂时搁置。

顺治十一年(1654)，江西巡抚蔡士英下令各地，将省内知名的书院尽快修复，白鹭洲书院亦在名单之中。湖西道兵备观察鲍公是位重视教育的有识之士，他“捐俸首倡”，组织湖西道三府各级官员士绅纷纷为白鹭洲书院重建捐款，将筹集到的银两交给吉安府，责令李兴元尽快将书院修复。

所捐银两不多，连年水旱灾害，哀鸿遍野，李知府不忍心再增加百姓负担，于是“拮据图之”。他亲自谋划实施重建工程，亲力亲为，精打细算使用每一两银子，不足部分，拿出自己的积蓄补贴，没有向民间摊派一两银子、一个劳力。李兴元拳拳爱民之心令人泪目。

修缮完成后，李知府感触尤深，自己撰写了《重建白鹭洲书院记》，他在记中写道：“自乙未仲春营卜，至孟冬落成，凡九阅月，一如前规，阁之崇约五仞，轮奂之美，稍弗逮于古昔。而余手足之所经营，良劳苦矣。”又道：“恐藉名贤之笔或失之夸，乃自为之记。”①真是一位谦虚实干、清廉爱民的好官啊！

康熙三年(1664)维修　此次维修由知府郭景昌提议，官府拨专款维修。郭景昌是辽宁沈阳人，贡士出身，清正廉洁，一心为民，乐于造士。他康熙三年

---

① (清)刘绎：《白鹭洲书院志》，合肥：黄山书社2018年影印同治十年刻本，第三册，第70页。

任吉安知府，同年就组织修缮书院。在吉安任职期间，他还修缮了学宫，为仁寿山景贤书院捐膏火聘山长，厘正各民间书院祀典，弘扬正学。

当时的湖西道守施闰章是理学家，二人志趣相投，皆以造士为乐，政务闲暇之余，常在鹭洲书院交流学问，为生员讲学，其乐融融。施闰章不仅自己在书院讲学，还邀请诸多知名学者来书院讲学辩论，康熙五年（1666）邀请浙江名士毛奇龄，湖南名士杨洪才到白鹭洲书院就“是否宜舍事物求心情”为题进行学术论辩。论辩进行了三天三夜，吸引了方圆几百里近千名士人参会聆听，时称“庐陵辩论”，成为一时佳话，亦再现明末之后白鹭洲书院讲会盛况。

康熙二十九年（1690）重建　康熙十四年（1675），吴三桂叛军占领了吉安城，白鹭洲书院又毁于兵祸。此后，书院十余年未能恢复。康熙二十七年（1688），浙江会稽人罗京任吉安知府。上任伊始，见白鹭洲之上“止有振鹭于飞”，感慨：“何白鹿常盛，而白鹭洲可中坠乎？”乃“毅然复之”。这次重建白鹭洲书院，罗知府“自捐其费，一丝一粒不以取民，一事一役不以烦士”。府、县衙门里的官员，在罗知府的感召下，也都“各随其力”，纷纷踊跃捐款。康熙二十九年，白鹭洲书院“遂幸告成”，重新屹立于洲岛。①

书院建成后，罗知府亲自订立《罗太守馆规十三则》，从书院管理、学习任务、学习方法、品德修养、膏火供给等方面进行了详细的规定，还规定每月初二、十六，自己亲临课会，给生员讲课督学。罗知府渊博的学识，引得九县才俊纷纷来书院拜师求学，一时间，白鹭洲书院又恢复往昔欣欣向荣的育人之风。

雍正二年（1724）修缮复建　康熙五十二年（1713），赣江大水，将白鹭洲书院大部分建筑冲圮，唯剩洲北的云章阁独存于古吉台上。此后书院办学中断。雍正二年（1724），上海人吴铨任吉安知府。吴铨上任当年，见闻名于世的白鹭洲书院如此情形，立即与庐陵知县涂宗震共同谋划筹款，复建圮废的堂舍，修缮欲坠的楼阁，使其规制如旧，恢复办学。时任江西巡抚张楷听闻，欣然书写“化

① （清）刘绎：《白鹭洲书院志》，合肥：黄山书社 2018 年影印同治十年刻本，第三册，第 74 页。

雨维新”匾额以旌表两位守官的兴教之举，可惜此匾后世被毁。

这次维修，安福人王岐瑞撰写了《白鹭洲书院记》以赞。他在记中写道：“白鹭之胜，不独胜于水、胜于山、胜于轮奂之美，盖胜于六君子之过化，胜于各名守之振作也！”①是啊！白鹭洲书院虽然山水风光绮丽，建筑美轮美奂，但如果没有历代先贤的过化，没有历朝吉安郡守的兴复，如今，恐怕只是一片滩涂之地，何来弦诵千年的人文胜景呢！

乾隆三十九年(1774)建逢源堂　雍正二年(1724)白鹭洲书院复建后，恰逢雍乾太平盛世，既无天灾也无人祸，得天时地利人和，书院的办学呈现勃勃生机。乾隆初期的几任知府，亲自到白鹭洲书院讲课，延请名师任书院山长。乾隆二十年(1755)任吉安知府的南京上元人王铭琮，还选拔了几位优秀的少年英才带在身边亲自教诲，其中就有乾隆三十一年(1766)的榜眼——泰和人姚颐，成为一段佳话。

乾隆三十八年(1773)，奉天镶黄旗人卢崧任吉安知府，他上任当年，就为书院解决了一系列问题：修缮道心堂，重新订立书院学规，增设必备器具，延请名师任书院山长等。不仅如此，每月还亲临书院开坛设讲。各县学子听闻卢知府如此重教，纷纷来书院求学。第二年，他见学子越来越多，而号舍又不够用，于是又增立号舍十一间，且在云章阁前新建了一座讲堂，门额“逢原”。

取名为“逢原”，大有深意，也寄托了卢知府对书院学子的厚望。卢知府在《逢原堂记》中写道：

“诸生过是洲而悟智者之乐、求观澜之术，其于道也，居安而资深，左宜而右有，将无所往而不逢其原矣。抑余闻百川学海而必至于海，章贡之源过洲沿湖入江以达于海，亦其原之裕耳。诸生诚体江公特奉二程子之意，因以绍吉前贤之道脉，取有本而耻过情，务循序而戒猎等，则由鹭洲推之鹿

---

① (清)刘绎：《白鹭洲书院志》，合肥：黄山书社2018年影印同治十年刻本，第四册，第10页。

洞、鹅湖，又推之洙泗、邹峄，莫非学海之所必至者。”①

大意是：学海有源，希望学生们在追求学问的过程中，要追根溯源，循序渐进，体悟智者之道，海纳圣贤之学。只有自己足够丰盈，才能在问道寻理、进取功名的进程中左右逢源。（注：原，古同“源”）

嘉庆十八年（1813）修葺 嘉庆十八年（1813），知府张敦仁主持修葺书院，当时的山长黄州进士宋治写了记文，可惜散佚了，今天的我们无法从文字记载去了解当时修缮的过程。

《白鹭洲书院志・建置》中记载：“嘉庆十八年癸酉，知府张敦仁修葺书院。院长黄州进士宋治咸记，文佚。庐陵监生曾成训捐修道心堂旁号舍九间。”②张敦仁是山西阳城人，乾隆五十八年（1793）任庐陵县令，嘉庆年间，多次复任吉安知府，为官期间，爱民造士，廉能实干，深得士民爱戴。这次修葺，得到庐陵监生曾成训的捐助，将九间号舍修缮一新。

道光三年（1823）修葺 此次修葺为知府郑祖琛倡议。他捐出自己的俸禄修葺书院并为书院增置了器具。在他的动员下，当地绅士、富商纷纷为书院捐输，郑知府将捐输的银两存入钱庄生息，息银收入作为书院膏火费，长久保证了书院的办学经费。有了经费保障，郑知府又增加了书院生员名额，正、副生名额各增二十人，让更多的优秀学子能进入白鹭洲书院读书。另外，他还提高了生员膏火费标准和优秀生员的赏银，以激励生员奋进之心。

道光八年（1828）重修 道光八年（1828）春，风雨大作，绵延不绝，强风暴雨导致书院许多房屋倒塌，时任吉安知府刘体重捐出自己的俸银重修了云章阁。道光六年（1826），刘体重任吉安知府，为官期间清廉爱民，尤为重视教育，悉心育人，他每月都要到书院讲课，“谆谆以敦品相勉”，培养了一批国之栋梁。

---

① （清）刘绎：《白鹭洲书院志》，合肥：黄山书社 2018 年影印同治十年刻本，第四册，第 15 页。

② （清）刘绎：《白鹭洲书院志》，合肥：黄山书社 2018 年影印同治十年刻本，第一册，第 26 页。

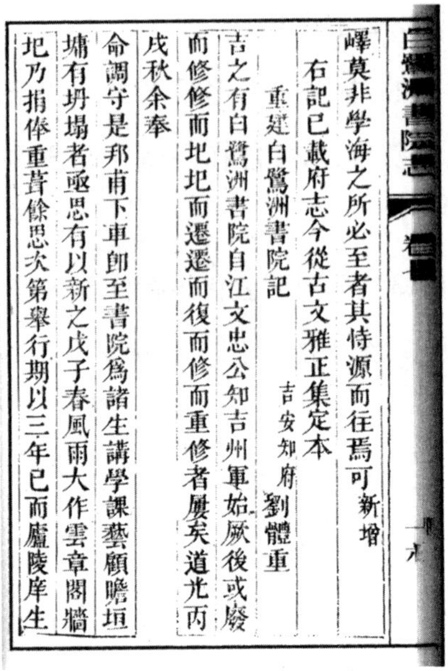
白鷺洲書院志　卷七

嶧莫非學海之所必至者其恃源而往焉可　新增
右記已載府志今從古文雅正集定本
重建白鷺洲書院記　吉安知府　劉體重
吉之有白鷺洲書院自江文忠公知吉州軍始厥後或廢
而修修而圮圮而遷遷而復而修而重修者屢矣道光丙
戌秋余奉
命調守是邦甫下車即至書院爲諸生講學課藝顧瞻垣
墉有坍塌者亟思有以新之戊子春風雨大作雲章閣牆
圮乃捐俸重葺餘思次第舉行期以三年已而廬陵庠生

刘体重《重建白鹭洲书院记》

道光八年乡试，吉安 9 名学子中举，而白鹭洲书院就有 4 名，其中就有道同年间三朝重臣一代帝师的黄赞汤。刘体重自撰的《重建白鹭洲书院记》中有：“自有书院以来，科甲踵接，顷者功未告竣，戊子与鹿鸣者四人。”清晰记录下了这次辉煌。

面对书院倾圮的房屋，刘体重想尽快全部修复，但苦于府库空虚，又不忍向民众捐输，增加百姓负担，自己的俸禄修缮云章阁后已是捉襟见肘。他本打算用三年时间，用自己的俸禄将书院房屋全部修缮，没想到庐陵钓源欧阳慎听闻此事，慷慨解囊，“捐赀巨万，独修逢原堂、道心堂、古心祠、景贤祠、东西号舍、头门两廊、斋夫庐舍、庖湢、鹭池、桥路，一一增广重新，又云章阁后起崇构，下曰浴沂亭，上曰风月楼”。① 将书院修缮一新。

庐陵县钓源村是吉安有名的富裕村，在清代中后期号称“小南京”。欧阳慎家族又是村中望族，祖上在湖南一带做生意发了财，于是送后辈到郡城求学。欧阳慎屡试不中，后捐了个兵部郎中，在朝廷任了几年官职。辞官回乡后，他受祖父、父亲影响，好行义举，友善待人，为乡人敬重。他的儿子欧阳笃，此时正在书院读书，他听闻书院面临困境，遂慷慨捐助。工程历时近一年，于道光九年(1829)六月竣工。

道光二十年(1840)建六君子祠和三坊　《白鹭洲书院志 · 建置》记载：“二十年庚子，知府戈其迈谕庐陵县衙职员刘作政于院门外东隅捐建六君子祠一间，又建三坊于鹭池前。”知府为什么要命令一个小职员捐建六君子祠？因为没

① (清)刘绎:《白鹭洲书院志》,合肥:黄山书社 2018 年影印同治十年刻本,第一册,第 27 页。

有文字记载,原因不得而知。

六君子祠,是祭祀周敦颐、程颢、程颐、张载、邵雍、朱熹这六位理学大家的祠堂。这六人在宋代理学研究传播领域,建树高品行优,因此被人称为“理学六君子”。

三坊,即理学、忠节、名臣三座牌坊。“三坊”始建于明代万历二十年(1592),由知府汪可受倡建,时任司经局洗马的吉水人刘应秋有记云:“门以外为月池,环池左右翼为舍百楹……当两翼夹路中,为坊者三,曰理学、忠节、名臣。”①三坊之上,分别刻有吉安历代先贤姓名共计124人。明万历二十年(1592)至清道光二十年(1840),历时二百余年,三座牌坊何时倒塌的,志书中没有记载。戈知府此次重建三坊,其崇敬先贤诚心可鉴。

咸丰二年(1852)修永堤 《白鹭洲书院志·建置》记载:“咸丰二年壬子,泰和职员孙明,以鹭洲东堤大水冲溃,逼近浴沂亭畔,独力捐修堤岸,赀费万金。”

白鹭洲永堤始建于万历二十年(1592),与吉台一起成为护航书院的双翼。此后二百余年,史料上没有永堤冲决的记载,直到这次才有“鹭洲东堤大水冲溃”之记,可见当时永堤修筑得非常坚固。泰和人孙明捐款近万两,将被洪水冲决的永堤重新修好,为白鹭洲书院做了一桩泽被后世的大好事。

同治七年(1868)迁建城西仁山,同治八年十二月(1869)落成 这是白鹭洲书院第二次外迁,也是无奈之下的应急之举。咸丰六年(1856),太平军占领吉安城,咸丰八年,清军收复吉安城,十一年,又复失再复收。经年战火荼毒,白鹭洲上楼阁树木尽被烧毁,白鹭洲变成一片荒洲。

同治二年(1863),知府曾省三倡捐,想修缮书院,不料母亲逝世,曾知府回乡丁忧,书院重修被搁置。同治七年,吉安知府定祥决意恢复书院办学。但此时洲上沙石裸露,野草丛生,生态环境恶劣,暂不适于办学。于是定知府和山长刘绎商量,暂时将书院迁建至城西仁山。迁建工程于同治七年十月启动,同治

---

① (清)刘绎:《白鹭洲书院志》,合肥:黄山书社2018年影印同治十年刻本,第三册,第26页。

八年十二月落成,门额仍如前朝迁建仁寿山时为“白鹭书院”。

仁山即今天仁山坪以西的高地,白鹭书院就位于这片高地上。书院在此办学16年,直至光绪十一年(1885),才迁回洲上。书院迁回白鹭洲之后,城西仁山上的白鹭书院改名为阳明书院,民国时期改为省立第七师范学校。省立第七师范是吉安共产主义的摇篮,在此成立了吉安第一个党小组。如今为吉安市中心医院所在地。

此次迁建,知府定祥、山长刘绎都撰写了文章予以记录。刘绎在《重建白鹭书院记》中写道:“白鹭洲书院毁于丙辰丁巳,越数年乱定。前太守曾公始兴课士之费。然废院荒洲,榛芜瓦砾,肄业生童靡所栖止,矧异端之教方煽,势将迫而为敌。余忝居讲席,心滋惧焉。倒澜谁挽,筑室道谋,此事岂能姑待者?爰不得已为改建之计,请于太守,定公倡集众议,择城西仁山废寺而奠基焉。”“嗟乎!舍洲而陆,名存而实未尽亡已,令人有沧桑之感。”①无奈之情,沧桑之感溢于言辞之间。

迁建工程完成后,山长刘绎仍组织学生在洲上修建环洲护堤,沿堤广植树木,培固洲基,以盼书院重回洲上。光绪五年(1879),刘绎去世,壮志未酬身先去,令人唏嘘不已。

光绪十一年(1885)迁回白鹭洲　光绪九年(1883),新任吉安知府贺良桢一到任,便慕名寻访白鹭洲书院故址,见洲上“荆榛瓦砾,恻然心伤”。贺良桢为湖北人,与万历间吉安知府汪可受同乡,遂决意效仿汪可受复建书院于洲。于是,他“乃设局集资,个人捐千五百金为之倡。数月间,铭官绅所输约万金”。

民间有传说,贺知府当时请了吉安几大富商来府商议此事,并设宴招待,但是来赴宴的富商都只是略表心意,重建书院的资金缺口仍旧很大。贺知府正为筹款之事发愁时,曲濑大富商胡日升拍案而起,慨然表示个人独力重建书院。胡日升,名品高,乡人称其为品老爷,是吉安有名的义商。这次重建书院于洲共耗白银一万余两,均由胡品高一个人出资。其他乡绅捐的万余两则主要用于白

① (清)刘绎:《白鹭洲书院志》,合肥:黄山书社2018年影印同治十年刻本,第四册,第21页。

鹭洲书院和城西仁山白鹭书院(后改名为阳明书院)膏火费。

光绪十年(1884)书院重建工程动工,次年(1885)落成,书院"自云章阁、风月楼、浴沂亭、道心堂、逢源堂、六君子祠、景贤祠,颜额仍旧,规制加深广焉,前后夹室,左右斋舍,共百余间。严严翼翼,廓如秩如,见者咸称江右书院一巨观云"。

光绪三十一年(1905),白鹭洲书院改为吉安府中学堂,古代书院教育华丽落幕,开启了新的教育时代。

几百年水吞浪噬,二十余次修缮再造,历经沧桑的白鹭洲书院仍然立于白鹭洲头。"莫道狂澜无砥柱,斯文有幸伴回澜。"这砥柱是庐陵人对先贤的崇敬,对儒家正学的向往,对教育的重视,是历任官员和本地士绅倡修书院振兴斯文的决心和行动。因为这坚实的砥柱,才成就了白鹭洲书院数百年不衰的奇迹。

第三节 • 历代建置 •

白鹭洲书院因其特殊的地理位置及其在创办初期的卓著声名,兴废异常频繁。据《白鹭洲书院志》①记载,书院自创办至清末,有记载的因水患兵燹被毁,后又大规模维修兴复,共二十余次,其中还有两次不得已的外迁。

在洲上的白鹭洲书院,虽历经多次维修,建置格局基本新旧相沿,变化甚微,仅个别建筑在门额名称上稍有调整。明嘉靖二十一年(1542)和清同治七年(1868),白鹭洲书院两次舍洲而陆,外迁至郡城外的山林之间,故此时的书院建置,依山势而建,与洲上迥异。

资料显示,白鹭洲书院建筑群均集中在白鹭洲北端,即今天泮池以北区域,为三进或四进中轴线对称的庭院式建筑群,砖木结构,花格门窗,青瓦覆顶,飞檐翘角,具有典型的中国传统建筑风格。

中轴线上布列的主要建筑为书院大门、讲堂、山长厅和祠庙,两侧与中轴线平行的建筑为号舍、副斋、庖湢和碑廊,中间有回廊相连,亭台楼阁点缀其中。中轴线上的主体建筑均坐北朝南,东西两侧的建筑则是东西相向,将中轴线建

① (清)刘绎:《白鹭洲书院志》,合肥:黄山书社2018年影印同治十年刻本。

筑拱卫其间。建筑一般面阔三间,层高六米,中轴线最北端的建筑则为多层楼阁式,或为云章阁,或为风月楼,是书院内最高的建筑,也是师生登楼赏景之地。登楼倚槛,万象入目,江天风月之景尽收眼底。

讲堂是书院必备的功能性建筑,为山长授课之所。古代书院教学与今天上课完全不同,学生以自学为主,一般情况下,书院只有一名固定的老师,既负责教学也负责管理,称为山长。山长每日升堂一次,只讲一课,因而古代书院,讲堂一般只有一间,白鹭洲书院的讲堂最多时有三间。

书院讲堂初始只有道心堂,明嘉靖二十一年(1542)迁城南仁寿山新增崇正堂、乐育堂,迁回洲岛后,仅留道心堂。清乾隆三十八年(1773)重修,增设逢源堂,后一直沿用。

号舍为书院学子起居和学习之所,相当于今天的学生宿舍。所不同的是,古代的号舍是学生学习的主要场所。白鹭洲书院因其声名卓著,前来求学者众多,号舍最多时达二百余间,有序布列在中轴线建筑东西两侧。明代万历二十年(1592)重建书院时,按县域每县建有一栋学房,九县再加郡城共十栋学房,又在泮池两边建号舍供四方游学者居住。明代礼部侍郎庐陵人习孔教有《十学号房记》将这一盛况做了详细记录。

祠庙也是书院内常见的功能性建筑,祭祀是书院的重要功能。"志圣贤之志,学圣贤之学"是生员修习的重要内容。祭祀活动,通过仪式教育激励学生追比圣贤,立志为学。古代书院大多设有孔庙,亦称孔圣殿,是祭祀至圣先师孔子的场所。白鹭洲书院创办之始,不仅有孔圣殿,还有二程祠,祭祀宋代六位理学大家,也称为六君子祠。元代增建江文忠公祠,祭祀书院开创者江万里,后世也称为古心祠、江公祠。明代又建四公祠、贤侯祠,纪念有兴复书院之功或政治清明的地方官员。明代万历十四年(1586),设阳明祠,祭祀理学大儒王阳明及其吉安弟子。明万历二十年(1592),始设理学、忠节、名臣三坊,祭祀吉安籍124位理学家、忠节之士及名臣名宦。清同治七年(1868),城西仁山白鹭书院设景贤祠,将理学、忠节、名臣合祀其中,后一直延续至书院制废除。

除了堂舍祠庙等主要建筑,书院内还有亭台楼阁等景观建筑。亭有浴沂、复古、时雨、万竹等,楼有风月、聚秀,阁有云章。古吉台和永堤是白鹭洲书院特有的建筑,始建于明代万历二十年(1592),书院所有建筑均建在吉台永堤之上,可抵御50年一遇的大洪水,是书院坚实有力的保卫者。

泮池是书院标志性建筑,环泮池,南北有牌坊,东西有号舍,四周环翼。书院内外景致优美,风光怡人,楼宇间,曲径回廊通幽,楼宇外,桃红柳绿飘香,有桑园、柳径、竹坞、桃溪等园林景观。

书院建置变化是书院历史沿革的有力证明。清同治十年(1871)编撰的《白鹭洲书院志》仅绘制了清代三张书院图,之前各个朝代的书院图缺失。为了让读者从书院建置视角,更清晰地了解书院发展脉络,笔者依据《白鹭洲书院志》上相关文字记载,补充绘制了历代书院建制图,以供后人研究参考。

一、宋代书院建置图

据清雍正白鹭洲书院生员、安福举人王岐瑞在雍正二年(1724)重修书院时撰写的《白鹭洲书院记》文字记载绘制而成。文字摘录如下:"至于书院规模,在宋,则前有泮池,中甃石为桥,升阶为书院大门,悬理宗御匾,进步则有棂星门、有文宣王殿,有道心堂,堂上有楼,曰'风月',后有山长厅,厅上有阁,曰'云章'、曰'峻极'。阁之上,书籍备藏,环以栏杆,倚槛四望,万象入目,前纳章贡,后汇文水,江天风月之景,有随四时而异观者。"①

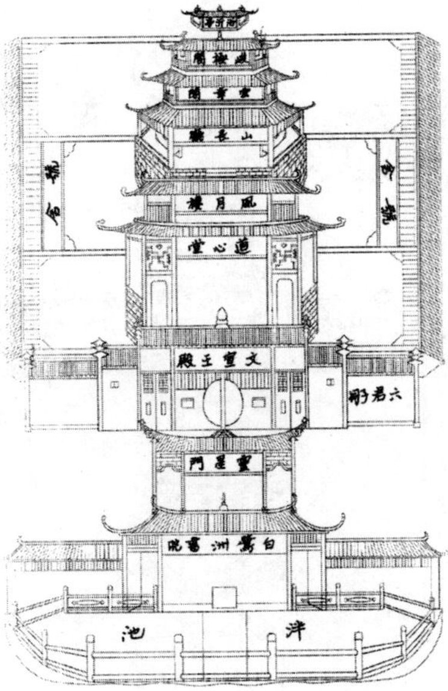

宋代白鹭洲书院图

二、元代书院建置图

据元代进士永新人吴师尹至正壬辰(1352)《重修白鹭洲书院记》中文字记载

① (清)刘绎:《白鹭洲书院志》,合肥:黄山书社2018年影印同治十年刻本,第四册,第11页。

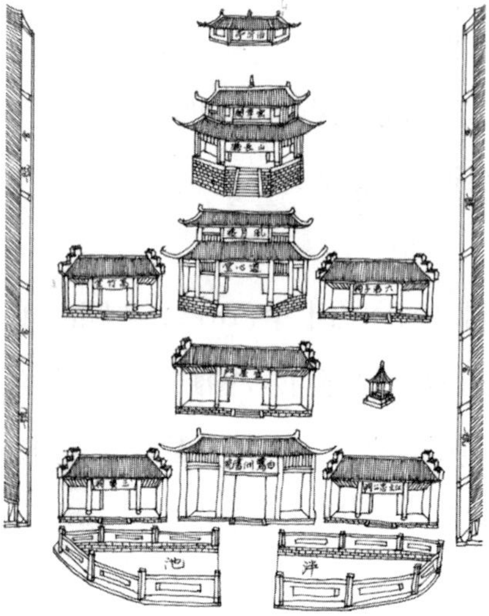

元代白鹭洲书院图

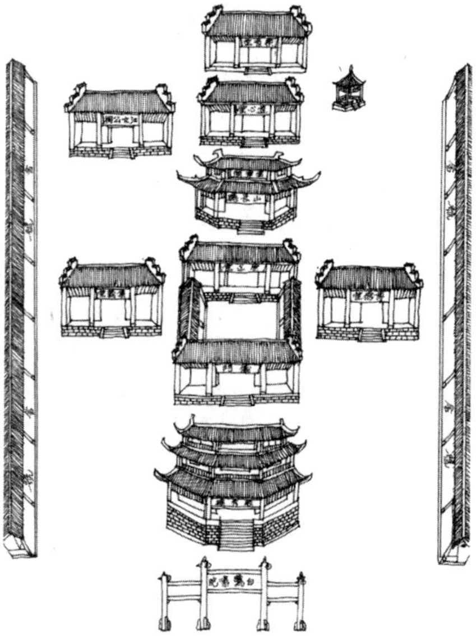

嘉靖二十一年城南仁寿山白鹭书院图

绘制而成。相关文字摘录如下:“慨自正殿、两庑、棂星之门、云章阁、道心堂、万竹堂、六君子祠、三贤祠、古心祠、风月楼,以至圣贤像设、斋舍、庖廪、田界碑、复古亭、浴沂亭,悉沦劫灰烬,惟儒宫如鲁灵光,则圣人在天之灵,斯文未丧之福,于是可见。”①

三、明代书院建置图

1. 嘉靖二十一年(1542)仁寿山白鹭书院图

据明代著名理学家、思想家泰和人罗钦顺撰写的《城南白鹭书院记》记载绘制而成。相关文字摘录如下:“为屋大小凡数百楹,名虽仍旧,而实则新作也。其制:绰楔前起,表其书院之名,次为聚秀楼,下设关键,即大门也;次为仪门,门内有廊,中为崇正堂,后为适轩、为云章之阁,阁与堂皆为夹室;仪门外,两序各启侧门,左达尊德斋,右达集义斋,附斋两旁是为书室。堂、斋门阁以间计者各三,而深阔不等;书室以间计者二百,则广狭如一。仪门左右及两斋之后,皆有憩厅。阁后隙地,则为江文

---

① (清)刘绎:《白鹭洲书院志》,合肥:黄山书社2018年影印同治十年刻本,第三册,第8页。

忠公祠，为道心堂、时雨亭，皆因地势而面南。庖湢稍近适轩，左右分置。”①

2. 万历十四年(1586)城北白鹭书院图

据著名理学家、安福人王时槐撰写的《重修白鹭书院记》记载绘制而成。文字摘录如下：“顾兹院仅一阁一堂，侯乃捐俸市材，增道心堂于阁南，而旧堂之前增蔽亭宇，中设门屏，揭匾于堂曰‘尊德’，门曰‘万古道脉’。奉安先圣牌位于阁中，以示学的。移祀江公祠于西厅，以使瞻礼。布席、授几，皆有位序。”②

明万历十四年城北白鹭书院图

3. 万历二十二年(1594)白鹭洲书院图

据司经局洗马、吉水人刘应秋撰写的《重修白鹭洲书院记》记载绘制而成。相关文字摘录如下：“南有重门，北为巍阁。有堂有楼，有池有亭。堂曰道心，楼曰风月，阁曰云章，其下曰山长厅，亭曰浴沂，皆仍宋时故额，而总署其名曰‘白鹭洲书院’云。阁高五丈，翼以栏楯，可俯可眺，沓嶂环青，万顷一碧。朝旭夕映，花雨涛雪，千姿万态，靡不呈奇献秀于棂栊几席之间，书院之大观备矣。前乃为楼五，筵祀二程夫子，而以一峰、整庵二罗先生配之。又前筵为大

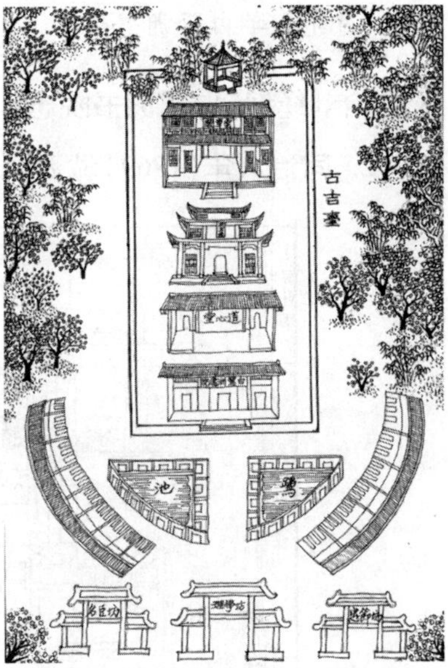

明万历二十二年白鹭洲书院图

① （清）刘绎：《白鹭洲书院志》，合肥：黄山书社 2018 年影印同治十年刻本，第三册，第 10 页。

② （清）刘绎：《白鹭洲书院志》，合肥：黄山书社 2018 年影印同治十年刻本，第三册，第 23 页。

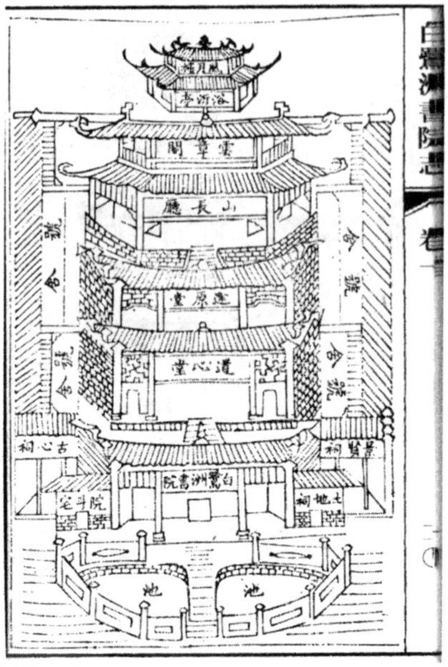

道光八年白鹭洲书院图

堂，则所谓道心堂也。阁之后植竹万竿，洲水支流绕出其下，可濯可风，是为浴沂亭。门以外为月池，环池左右翼为舍百楹……当两翼夹路中，为坊者三，曰理学、忠节、名臣。”①

四、清代书院建制图

1. 道光八年(1828)白鹭洲书院图

有清一代，书院在白鹭洲上持续办学，偶见水害，但建筑无有大碍。道光八年春夏，风雨大作，绵延数月，书院多处房屋倒塌。当年秋，知府刘体重带头倡捐，钓源欧阳氏独力捐资重建书院。该图见于同治刘绎编《白鹭洲书院志》。

2. 同治八年(1869)城西仁山白鹭书院图

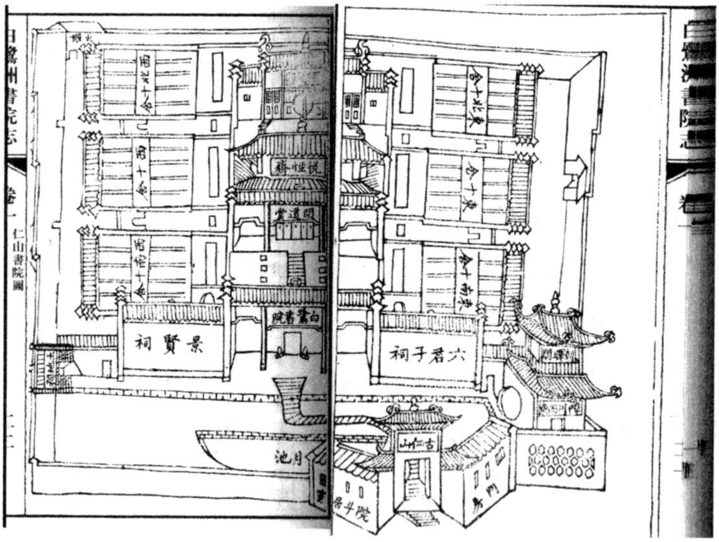

同治八年城西仁山白鹭书院图

① (清)刘绎:《白鹭洲书院志》，合肥：黄山书社2018年影印同治十年刻本，第三册，第26页。

咸丰六年(1856),太平军占领吉安城,白鹭洲书院毁于兵事,白鹭洲草木成灰,荡为荒洲。同治八年,知府定祥、山长刘绎决定将书院迁至城西仁山。该图见于同治刘绎编《白鹭洲书院志》。

3. 光绪十一年(1885)白鹭洲书院图

据清光绪年间江西学政龙湛霖撰写的《重修白鹭洲书院记》记载绘制而成。文字摘录如下:“自云章阁、风月楼、浴沂亭、道心堂、逢源堂、六君子祠、景贤祠,颜额仍旧,规制加深广焉。前后夹室,左右斋舍,共百余间。严严翼翼,廓如秩如,见者咸称江右书院一巨观云。”①

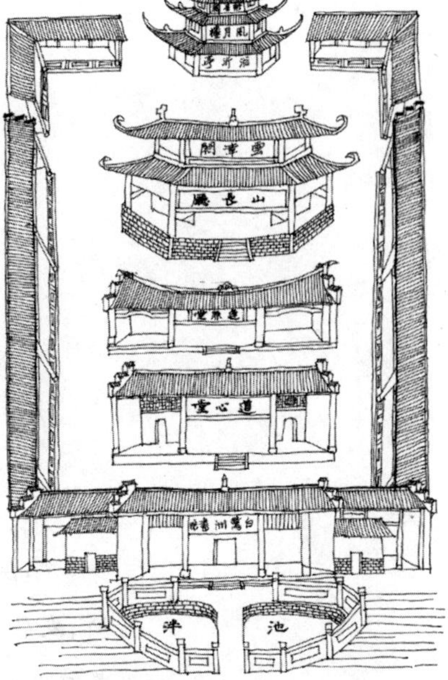

光绪十一年白鹭洲书院图

① 汪泰荣编:《吉安书院志》,北京:中华书局,2013年,第210页。

第三章 教学与管理

书院，自唐末在民间兴起，从私人藏书修身之所，发展成为具有教育研究、刻书藏书及祭祀功能的教育文化机构，得益于两宋时期理学的兴起和发展。理学家在探索学以致用、学以修身、化民成俗的过程中，不断建立完善书院教育教学和管理制度，形成了一套行之有效的书院自我运行基本制度。其主要内容：聘请山长以为学之师，设立学田院产以保障书院日常运行，制定馆规院约以规范师生德行，崇祀先贤以倡明教育宗旨和育人方向。

创办于南宋后期的白鹭洲书院，在创办之时，民间书院已然形成一套较为完备的教育管理制度和科学的运行机制。如朱熹制定的《白鹿洞书院揭示》，已是天下书院范本。故，白鹭洲书院创办之初，就已经借鉴其他书院的做法，完善了教育功能和运行制度。

后世，经历代官员、山长不断丰富完善，加上创办初期卓越的成就和影响，白鹭洲书院自然地成为吉安书院的标杆，其办学形式、教育思想和理念、管理制度、文化风尚成为吉安各书院学习的榜样，也是古代江西书院教育的典范。

第一节 • 办学形式 •

书院始于民间，为民间教育需求的产物，故绝大多数书院都属民办性质，自生自灭，自我运营。就吉安而言，民办书院的形式多样，大致可分乡贤办学、家族办学、都坊办学、商人办学四种形式。

北宋中期，在理学大儒的推动下，官办形式的书院开始出现。南宋末年，一些官办书院山长纳入朝廷官员体系，由朝廷任命，使官办书院这一形式愈加稳固。元代，书院完全纳入官府管理，使之成为学校教育的有益补充，一些名气大的书院甚至代替学校成为一州、府培育人才的主要基地。明清时期，书院仍以民办为主，官办书院极少，吉安在阳明心学的推动下，民办书院得到了充满活力的大发展大繁荣。

一、吉安书院丰富的办学形式

吉安，是江西书院发展主力军，据学者统计，吉安历朝书院累计近五百处，数量惊人。吉安书院的蓬勃发展，与吉安崇文重教的习俗有关，民间创办书院的热情高涨，主要推动者为乡贤名儒。

吉安民间创办书院形式丰富多样。主要有以下几种形式：

1. 乡贤办学。即乡郡贤达之士怀着培育人才的责任情怀而创办的书院。宋明两代，吉安人才辈出，文化发达，涌现了无数朝廷大臣和理学家、思想家。在乡人眼中，他们就是乡贤。不论是在朝为官的大臣，还是潜心研究的理学家、思想家，他们都热衷于创办书院，以培育人才、化育民风。如明代嘉万时期，阳明后学邹守益建安福东廓山房、连山书院，罗洪先建崆峒书院、石莲洞书院，聂豹创求志书院，邹元标建泷江书院，尹台创办永新崇正书院等，不胜枚举。

2. 家族办学。吉安历史上涌现出了不少世家大族，这些氏族有个共同特点，即非常重视教育，家族各房各支都热心办学，代有人才。如吉水谷村李氏，自宋至清先后建有经训书院、义方书院、桂林书院等 13 所书院，有 68 人中进士，127 人中举人，其中都御史 2 人、六部尚书 3 人、布政使 3 人，有著述者 71 人，著述 150 余部，是全国著名的教育、科举、文化名村。再如泰和蜀口欧阳氏，文风鼎盛，人才辈出，明清两朝中进士 21 人，在朝为官 100 余人。

3. 都坊办学。即几个村的百姓共同发起，自行筹资兴办书院，村中子弟均可在内读书。如永丰崇正书院由"清乾隆间，滁溪宋、大园陈、社洲萧、双溪傅、道堂黄、巷西萧、西坪谢七姓文会公建"。蔚起书院亦由"都人共建"。

4. 商人办学。古代社会阶层"士农工商"四等，商虽位于末等，但商人大多富有士子情怀、仁善之心，其善行义举的主要对象就是办学兴学。

丰富的办学形式，使得书院在吉安乡村普遍兴起，"盘箕晒谷，教子读书"成为传承几百年人人知晓的有名谚语。书院的蓬勃发展有力地促进了地方文化教育事业的发展，形成了崇文重教的民风。

二、白鹭洲书院的办学形式

创办于南宋末年的白鹭洲书院属于何种办学形式呢？对此，吉安学界一直存有争议，一种认为属于民办，一种认为属于官办。

自宋代始，尤其是南宋时，在理学家的推动下，官办书院越来越多，官府不仅投入资金兴复书院，还赐田赐额赐书等，保障书院运行，提升书院档次。最典型的是朱熹任南康知军时兴复白鹿洞书院，其复建书院所需的费用均为官府所拨，且朱熹亲立学规，亲自讲学，并向皇帝申请赐额，得到朝廷对官办书院的认可。在理学家们的推动下，在此之后的宋理宗皇帝，给数十家书院赐额赐田赐书。因为朝廷对书院的褒奖之举，书院在这一时期得到飞速发展。

审视白鹭洲书院的办学形式，可确认为官办，因其官办特征非常显著，主要表现在以下三个方面：

1. 官府创办并拨给学田院产

白鹭洲书院创办之初，志书中没有民间捐款建书院的记载，加上创办人江万里为吉州州守，由此可以推断，书院创办经费应是官府全部出资。不仅如此，《白鹭洲书院志》中还有如下记载："宋知军江万里，置田捌佰石及绕城濠租，均以赡学。"①这句话的意思是说,江万里创建书院之后,还给书院置办了可产800石粮食的学田,以及吉州城城濠租金收入,作为书院的资产,即官府不仅创办了书院,并保障了书院长久运行所需的经费。

2. 得到理宗皇帝赐额

据《白鹭洲书院志·建置》记载:"宋淳祐元年辛丑,知吉州军江万里建,理宗御书'白鹭洲书院'以赐。"②此外,《志》书中还常常能看到理宗御书匾额的记载,如彭殿元《罗公重建白鹭书院遥赋》诗云:"白鹭原同白鹿尊,九重颁赐御书存。"又有清乾隆年间山长孔兴浙《赐额门》一诗,诗序曰:"门临鹭池,相距咫尺。上有宋理宗书'白鹭洲书院'五个大字。字甚遒逸,屡经俗手重镌,迹非其旧。"③

3. 山长列入官员体制

白鹭洲书院的山长,也不同于民间书院。民间书院的山长,都是书院自己聘请。白鹭洲书院从创办以来,就是由官府聘请或委派。尤其宋景定三年(1262),宋理宗皇帝"召吏部,诸授书院山长者并视州学",把由官府聘请的书院山长列入官员体制内,并享受与州学教授同等的待遇,白鹭洲书院山长自此纳入官员体系。之后历朝,白鹭洲书院山长或是官府聘请,或是府学教授、学正兼任。如乾隆年间书院著名山长符乘龙,任吉安府教授十二年,一直兼掌书院。

4. 书院享有科举名额

明清时期,在民间书院修习的生员,是不能直接参加科举考试的。他们要经过考试选拔,先进入府学、县学或有科举名额的书院内修习一年以上,方可参加科举考试。在府学、县学或有科举名额书院内学习的学子称为庠生、廪生,庠

① (清)刘绎:《白鹭洲书院志》,合肥:黄山书社2018年影印同治十年刻本,第二册,第28页。

② (清)刘绎:《白鹭洲书院志》,合肥:黄山书社2018年影印同治十年刻本,第一册,第23页。

③ (清)刘绎:《白鹭洲书院志》,合肥:黄山书社2018年影印同治十年刻本,第二册,第59页。

生廪生是有名额限制的，由省级教育机构核定名额，府学、县学根据名额按成绩优劣排名录取参加选拔的童生。

白鹭洲书院自创办初期开始，就和府学、县学一样，有科举考试名额。《白鹭洲书院志》有这么一篇文章，标题为“请增白鹭洲书院科举详文并学道行知文”，文中写道：“夫有书院即有科举，所以先朝二百七十余年，吉州之鹭院科举与南康之白鹿洞、南昌之澹台祠俱有定额。而吉州之元魁科举，每由鹭院，班班可考。我朝顺治年间尚存其例，但或多或少，未有定额。”“自遭楚逆，书院毁，而书院科举竟废。”“敢恳师台上请府宪，转详学宪，请于正额科举三等前十名外，另取鹭洲一、二等科举，照新进例府学二十名、大学十五名、中学十二名、小学八名，以宏文教。”文章落款时间为“康熙二十八年十月二十九日”①。

这篇文章的意思非常明了，就是向学道请求恢复白鹭洲书院科举名额。从文中我们可以得到以下信息：

一是书院创办之初就有科举名额。明朝时，鹭洲书院和庐山白鹿洞书院、南昌澹台祠三所书院有科举定额，且吉州的元魁，即乡试中吉州的第一名，每次都是由白鹭洲书院学子摘得。

二是清朝顺治年间，书院科举名额时多时少，没有定额，由官府分配。因康熙十四年(1675)吴三桂叛军占领吉安，白鹭洲书院在这次兵燹中被毁，白鹭洲书院的科举名额因书院毁废而被废除。

这一请求得到江西省督学道的同意并给予批示：“今据该府申详请增科举，具见怜才念切。本道今科试，该属除正案三等前大学十名、中学五名、小学三名，俱照例，准取科举入闱。此外，再增大学八名、中学四名、小学二名，以为鹭洲书院科举，永为定额，合檄行知。”②

---

① (清)刘绎:《白鹭洲书院志》，合肥：黄山书社2018年影印同治十年刻本，第四册，第37页。

② (清)刘绎:《白鹭洲书院志》，合肥：黄山书社2018年影印同治十年刻本，第四册，第40页。

由此，我们可以看出白鹭洲书院的特殊。从书院创办之初，历经明清，始终有科举名额，选拔进入书院的优秀学子，在书院学习一年之后，就可以参加科举考试了。仅凭科举名额这点，即可将白鹭洲书院确定为官办书院。这一结论在2008年出版的《江西通史》中也得到映证，书中认为庐山白鹿洞书院和吉安白鹭洲书院是官办书院的典型代表。

三、民众捐输是白鹭洲书院持续发展的重要支撑

白鹭洲书院虽是官办书院，但书院教育毕竟不等同于学校教育。学校教育以科举为目的，培养学生的目的是为国家储备官员，而书院在教育内容和方式上则有更多的自由性。两宋时期，书院更是为纠正“学校科举之教”而设立，不以科举为主要目的，更注重士人修身正心，涵养正气，以挽救日益颓废阿谀的士风。

由于时代赋予书院教育这一特殊的使命，使书院教育总是游离于朝廷与民间之间，故也难以像学校那样得到官府的全部保障。加上白鹭洲书院因其特殊的地理位置，历史上无数次被大水冲毁，官府不可能总是投入大量资金进行重建兴复，故其在后世发展过程中，得到了民间极大的支持。主要体现在两个方面：

一是书院历次维修资金来源，大多来自民间筹集。据统计，书院自创办以来，大规模的维修有近20次。虽然每次维修都是官府牵头，发起者也都是郡守，但大多次维修，都是靠官绅、民众捐款才得以完成。如《白鹭洲书院志·义储》①记载：明万历二十年（1592），知府汪可受倡修书院，召各县官员士绅乐输，捐输官员士绅600余人，上至江西巡抚、湖西守道等二、三品大官，下至吉安府下辖九县衙门里的主簿典史等无品小吏，以及部分府县生员和乡绅，均有实名捐银或捐物的记载，没有动用府库一两银子；清乾隆十八年（1753），合郡绅士共350人捐输，修复白鹭洲书院，捐者姓名均收录于《志》中；同治七年（1868），合郡士绅捐输建仁山白鹭书院，姓名及捐款数额均收录《志》中。

---

① （清）刘绎：《白鹭洲书院志》，合肥：黄山书社2018年影印同治十年刻本，第二册，第1页。

《白鹭洲书院志》收录的多篇文章中，也有很多这方面的记载。如顺治十一年（1654），湖西道兵备观察鲍公组织湖西道三府官员士绅捐款重建白鹭洲书院，不足部分，知府李兴元拿出自己的积蓄补贴；康熙二十九年（1690），吉安知府罗京重建白鹭洲书院，“自捐其费”，府、县衙门官员“各随其力”，纷纷踊跃捐款；道光八年（1828），知府刘体重捐俸廉重修云章阁，钓源欧阳慎“捐赀巨万”独修书院；清光绪九年（1883），吉安曲濑富商胡日升独力捐二万金修复白鹭洲书院等。

上述资料向我们有力地证实了民众捐输对白鹭洲书院发展的影响。如果没有民众的支持捐输，面对频频被水冲毁的书院，官府即便想兴复，也是心有余而力不足。由于书院久负盛名，培养了无数人才，故民间视其为“吉安文脉”，谁都不愿任其湮灭，只要官府一声号召，大家都会慷慨解囊。

二是维持书院运行的学田院产大都来自民间捐输。资料显示，白鹭洲书院发展的后阶段，尤其是在清代，书院学田院产来源主要依靠民间捐输。如万历二十二年（1594），甘雨撰写《白鹭洲书院义田募疏》，向民间倡捐学田。同治元年（1862），知府曾省三亲自倡议重捐白鹭洲书院膏火，吉安士绅积极响应。《白鹭洲书院志·义储》一章，将历朝历代士绅捐输情况，都进行详细记载，如：

> 同治元年壬辰，曾太守创捐膏火名数：
>
> 庐陵县 江苏候补道刘锡绶续捐田租壹仟担；童生刘芳桂捐钱贰仟串；童生王大鳌捐钱贰仟串；童生李应奎捐钱壹仟伍佰串。
>
> 泰和县 生员孙汲捐钱贰仟串；童生萧拱辰捐钱贰仟串；童生孙志钟捐钱壹仟伍佰串。
>
> 龙泉县　童生黄云章捐钱壹仟贰佰串；童生张葆元捐钱壹仟贰佰串。①
>
> ……

---

① （清）刘绎：《白鹭洲书院志》，合肥：黄山书社 2018 年影印同治十年刻本，第二册，第 31 页。

经梳理统计，名单中绝大部分都属民众捐输。这些历史文献，是白鹭洲书院在发展进程中得到民众支持的有力证明。

但必须指出的是，书院并未因此成为民办书院，依然是官办。因为书院山长还是官府任命，馆规院约由官府制定，学田院产也由官府打理，包括其科举名额，一直保留。

基于上述事实，我们将白鹭洲书院办学形式定义为官办民助比较恰当，即官府倡导，民众支持。位于烟波浩渺中的白鹭洲书院，至今依然存世，且延续办学，这可以说是个文化奇迹。谱写这一传奇的，固然有历朝吉安郡守，但更多的是吉安的士绅商贾，是他们不吝财富，鼎力襄赞，才有白鹭洲书院“陵谷几迁依然为砥柱”的800年传奇。

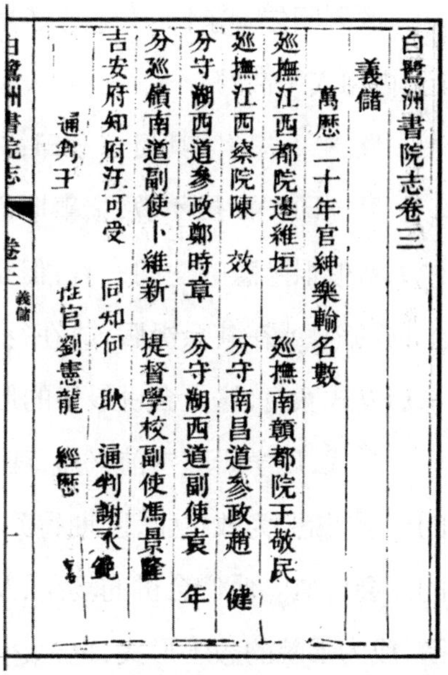
白鷺洲書院志卷三
義儲
萬歷二十年官紳樂輸名數
巡撫江西都院邊維垣　巡撫南贛都院王敬民
巡撫江西察院陳　效　分守南昌道參政趙　健
分守湖西道參政鄭時章　分守湖西道副使袁　年
分巡嶺南道副使卜維新　提督學校副使馮景隆
吉安府知府汪可受　同知何　耿　通判謝永鏗
通判王　推官劉憲龍　經歷[illegible]
白鷺洲書院志　卷三　義儲

万历二十年官绅乐输名数

第二节 • 会讲与讲会 •

会讲和讲会，是中国书院发展历史中两个不同时段且各具特色的教学形式。两者之间，有一脉相承的共性，也有明显的区别。共性在于，其呈现方式都是由主讲者和听众构成，既有讲，也有论，甚或还有辩；其区别在于，会讲不固定时间、场地、人员，形式较自由活泼；讲会则有鲜明的制度化特征。

一、会讲

会讲是中国古老的学术研讨及教育形式。春秋时期，从老子到孔子再到墨子，都采用会讲的方式传道授业，教育弟子。读一读《论语》就能深切体会到这种教育形式的自由活泼及强烈的启发性。如：

颜渊问仁。子曰:“克己复礼为仁。一日克己复礼,天下归仁焉。为仁由己,而由人乎哉?”

颜渊曰:“请问其目。”子曰:“非礼勿视,非礼勿听,非礼勿言,非礼勿动。”

颜渊曰:“回虽不敏,请事斯语矣!”

看似很随意的一问一答,但是蕴含了孔子对仁、礼的思考见解。这种学习不拘场地,或在茶余饭后,或在行旅途中,大家围坐在一起,就某个问题展开讨论启发式教育,这是会讲最早的形式。

宋代,理学研究空前兴盛,理学家们沿袭先圣教育形式,通过会讲宣传自己的理学思想、为政主张,以期得到朝廷的认可,实现儒者的政治理想,体现个人的社会价值。他们会讲的场所,从最初的山林旷谷到名刹宝殿,最后锁定在书院,成为书院的教学形式,也称之为讲学。

宋代的会讲,形式自由活泼,充满学术自由之精神。有一人主讲,有两人甚至多人轮番上台论讲,也有问答与讨论。主讲者学识渊博,是当世的名儒大家,听者也都具有较高的文化修养。

最著名的会讲,是南宋乾道三年(1167)以岳麓书院为主场的“朱张会讲”。时任岳麓书院山长张栻与理学大家朱熹就各自的理学思想体系进行长达两个多月的阐述和讨论,吸引了全国众多名儒学士前往听讲,盛况空前。故而在两宋及之后很长一段时间,会讲是理学传播的主要方式,推动了理学发展,也推动了书院的发展。

创办于南宋后期的白鹭洲书院,创办人江万里建书院的初衷就是为了弘扬传播理学。他是朱熹的再传弟子,当时已然是著名的理学家。创办初期,他一时找不到合适的人担任书院主讲,便亲自为诸生讲学。师生徜徉在风景秀丽的白鹭洲上,优游于山水竹林间,载色载笑,时而席地而坐,问辨经义明道求仁;时而沉思格物,体察道法自然;时而顿悟感怀,吟诗作赋抒发胸臆。

江万里虽是朝廷命官,但他更喜欢培育人才,因此陶醉在为人师表的传道授业中,忘记自己是吉州的父母官了。一生倾情教育,珍爱人才的江万里,晚年回忆自己一生时,常叹:“平生士气之乐,惟鹭洲一事。”

书院的会讲在江万里之后，得到山长欧阳守道的赓续。欧阳守道中进士之前，已是乡里德高望重的醇儒，又受到江万里及朱熹再传弟子刘月涧的点拨栽培，理学思想自成一体，主张学以致用，与时政利弊密切结合，提出治理国家的良策。

他前后任白鹭洲书院山长十余年，在书院传播自己的为学主张，深得学生认可，声名广播，被天下第一的岳麓书院聘任为副山长。他的理学思想影响了一大批庐陵学子。民族英雄文天祥、爱国名臣邓光荐、爱国词人刘辰翁等均出自他门下。这一时期的白鹭洲书院成为理学会讲圣地，吸引了诸多俊杰之士来书院游学，出现了“来游挟策者，不于州学则于书院”的盛况。后人将欧阳守道的理学思想及其培养的文天祥等门人，称为“理学巽斋派”。巽斋，是欧阳守道的字号，以他的字号命名一个学派，可见他在理学领域的影响。

元代，书院纳入官学体系，程朱理学亦官学化，成为书院和学校教育的主要学习内容。受时风影响，不论是书院还是学校，师者、学者均奉程朱理学为圭臬，不敢置疑，宋代书院自由活泼的会讲辩论之风渐衰，独立自由之精神日见萎靡。

二、讲会

讲会，是盛行于明代中后期及清代前期的一种组织形式，如惜阴会、依仁会、崇正会等。讲会的形成和阳明心学的传播密切相关。

明正德五年（1510），心学大师王守仁由贵州龙场驿升庐陵县知县。王守仁在庐陵为政虽只有七个月，但他首次以其刚刚悟到的心学理论为支撑，展开政务实践活动，为政以教化为重，在庐陵城建旌善亭、申明亭以扬善去恶。政暇他常聚众讲学，一批吉安士儒，被其思想理论所折服，从此终身追随王阳明，研习并传播阳明心学，使阳明心学在吉安迅速传播，对吉安产生了极为深远的影响。

吉安士儒研习、传播心学的主要方式就是办讲会。这一时期的讲会有两层含义，一种是指传统的讲学授课；另一种则是指传播理学思想的社团组织，其中以阳明心学社团为主。

嘉靖五年(1526),安福人刘文敏、刘邦采等率先在安福成立惜阴会,每双月望日而聚,互相切磋学问,尽五日而散。在惜阴会的引领下,阳明弟子纷纷在吉安成立讲会组织,他们依托书院,定期开展讲会,传播阳明心学。嘉靖十二年(1533),邹守益、罗洪先、聂豹、欧阳德在吉安城外的青原山创办青原惜阴会,邹守益不间断主持大会近30年,每次青原大会都盛况空前,江南各省阳明学子纷纷赴会,吉安成为全国阳明心学传播交流中心。

本就以学术引领著称的白鹭洲书院在这一文化浪潮中当仁不让,勇立潮头,积极参与阳明心学、程朱理学的学术大讨论当中,为阳明心学的传承与发展,起到了重要的推动作用。

自明代嘉靖二十一年(1542)开始,在知府何其高的推动下,迁至城南且修缮一新的白鹭书院,邀请吉安各派理学大儒齐聚书院,开展了一场盛大的理学研讨会。著名理学大家罗钦顺、心学大家邹守益等纷纷应邀赴会,布席开讲,从此拉开了白鹭洲书院持续长达百年的心学讲会活动。

从嘉靖二十一年至清康熙初年的百余年间,在白鹭洲书院举办的影响较大、参与人数较多的大规模讲会活动共有10次,每次大会,参与的学子常达千人,盛况空前。十次大规模讲会活动分别是:

1. 嘉靖二十一年(1542),白鹭洲书院为避水患迁建至城南仁寿山慈恩寺,改名为白鹭书院。吉安知府何其高邀请当时闻名的理学家、心学家罗钦顺、邹守益、欧阳德、聂豹、罗洪先等,齐聚书院,阐述各自的学术观点,论道讲学,重启书院学术论辩之风。

2. 嘉靖二十五年(1546),邹守益、罗洪先、聂豹等组织第五次青原大会,江南各省与会者数百。会场先设在青原山,后移至白鹭书院,再移至安福复古书院。

3. 嘉靖三十六年(1557),白鹭书院举办大型会讲,邀请邹守益主讲《大学》《中庸》合一之旨。这次会讲吸引了省内近千名学子与会聆听,江西提学副使王宗沐慕名率众而来。

4. 万历元年(1573),白鹭书院由城南仁寿山迁至城北庐陵县学,特邀尹台、胡直、曾于拱等理学大家来书院会讲。

5. 万历二十二年(1594),知府汪可受复建书院于白鹭洲上,当时著名心学家南昌万廷言、吉水曾同亨、安福邹善、庐陵习孔教、陈嘉谟等积极倡建,先后在书院举办会讲。

6. 万历二十三年(1595),王阳明第三代弟子代表邹元标与贺沚、罗大紘、甘公亮等人先后会讲于白鹭洲书院,听者云集,江西岭北道参承龚道立亲临大会,书院学术之风大兴。

7. 万历三十三年(1605),邹元标主讲青原大会,南昌章潢应邀参会,庐陵刘教、刘日升,泰和郭子章、安福邹德溥、吉水罗大紘、刘同升等心学传人各率弟子与会,后移会于白鹭洲书院。

8. 崇祯八年(1635),邹元标弟子李邦华应知府林一柱邀请,会讲于白鹭洲书院,"踵至者多,以不及领略为恨",鹭洲讲会停滞十余年后再次重开。之后,李邦华创办的依仁会驻会于白鹭洲书院。

9. 康熙二年(1663),湖西道守施闰章会讲于白鹭洲书院,各地学者赴会者近千人,使吉安城中断四十余年的讲会又重新兴起,郡中耆老见之皆欣喜得泪流满面。施闰章闻见亦感慨万千,作《鹭洲讲会歌》抒怀,歌曰:

西江讲学之会,吉州最盛。中辍者四十年矣。余以癸卯十月复修旧事,布衣野老皆许以客礼相见,与会者近千人。

秋兰被洲渚,霜至皆落英。
春风一夜吹,又见丛兰生。
可怜天地留此洲,潜蛟宿鹭成荒丘;
谁开草昧置讲席,狂澜独障砥中流。
哲匠经营相继起,飞甍画栋临江水;
弦歌终岁白蘋边,冠盖连镳碧云里。
百年聚散等飞蓬,或争腐鼠矜雕虫;
今日何日复良会,再陈俎豆考鼓钟。
庞眉黄发集耆旧,深岩邃谷来章逢;
谈天耻作稷下士,习礼依稀洙泗宫。

老夫顾影一何有，皇皇生垢敢开口；
先民诱我升此堂，骏奔左右惟恐后。
往事销沉四十年，父老重闻皆泣然；
蜉蝣旦暮谁不朽，竦身策足追前贤。
清光为照远来客，向夕洲前月如雪；
请看万古螺江水，日夜长流无断绝。①

10. 康熙五年(1666)，湖西道守施闰章再次在吉安城组织大型会讲活动，先在城南仁寿山景贤书院举办，后移会于白鹭洲书院。这次会讲，他专门邀请湖南名士杨洪才来讲姚江之学，与会的浙江名士毛奇龄因与杨洪才观点相左而展开激烈辩论，他们围绕着“是否宜舍事物求心情”之论，辩论了三天三夜，就连吃饭的时候，两人还在辩论。最后以杨洪才“不”之辨胜出，毛奇龄对杨洪才的学说心悦诚服。这次辩论，史称“庐陵辩论”，名噪一时，载入史册。

除大规模讲会活动之外，书院在日常教学中经常邀请心学大家担任书院主讲，不定期开展讲会活动，心学教育贯穿于教育教学之中。

如万历十四年(1586)，庐陵知县钱一本与当时闻名全国的心学大家王时槐，两人常一起探讨学问，常召府、县生员齐聚书院，办讲会，两人轮番主讲。

阳明心学殿军人物邹元标也常到书院布席会讲。有一次会讲，邹元标因身体欠佳不能到会，深感遗憾，在家中作《鹭洲胜会以病阻赴漫占》，诗曰：

懒慢山中学耦耕，丁丁伐木忆同声。
天开章贡千年会，人卧衡庐百感生。
未许春风分半席，独将明月拥孤城。
从来鹭水澄澄绿，好向江头共濯缨。②

---

① (清)刘绎：《白鹭洲书院志》，合肥：黄山书社2018年影印同治十年刻本，第二册，第67页。

② (清)刘绎：《白鹭洲书院志》，合肥：黄山书社2018年影印同治十年刻本，第二册，第50页。

将其对白鹭洲书院及讲会活动的向往尽付诗中。

在讲会活动的推动下，一个方圆不足九里的吉安城，一时间齐聚江南名儒。他们以化育人心为使命，奉知行合一为圭臬，学圣人之学，志圣人之志，终其一生不遗余力弘扬致良知，在白鹭洲书院教育史上留下了浓墨重彩的华美篇章。

庐陵辩论之后，白鹭洲书院延续百余年的讲会渐衰。

三、白鹭洲书院讲会的影响

前后持续百年的白鹭洲书院心学讲会，对阳明心学发展和地方风气产生了较大影响。主要表现在以下两个方面：

一是助推江右王门学派的形成与发展。众所周知，阳明心学是王阳明在按程朱理学为指导的学习实践中，因产生了困惑和疑问而研究出的一套修习儒家经典、达到成仁成圣的方法和路径的理论体系。因其注重“本心”和“良知”，与理学思想“三纲五常即天理道德”的理论相违背，故在当时并不被官方所认可，甚至遭到打压禁止。正是在这样的背景之下，阳明心学的发展几番沉浮，步履艰难。加上其理论本身的缺陷，后学在研究过程中产生了诸多分歧，导致阳明心学在发展过程中形成了诸多流派。

以青原讲会、白鹭洲书院讲会为主的吉安讲会活动，以追根溯源、正本清源、开放包容的学术精神，吸引各派理学家参与到对阳明心学理论的讨论研究中来。在不断地讨论研究中，以邹守益为代表的吉安籍心学大家对阳明心学理论有了更准确的认识，廓清流弊，认清主体，使阳明学的真精神得以传承和弘扬，形成了江右王门学派。

江右王门学派是以吉安人为主体的一个阳明心学流派，《明儒学案》作者黄宗羲如此评述：“姚江之学，惟江右为得其传。东廓、念庵、两峰、双江其选也。再传为塘南、思默，皆能推原阳明未尽之旨。是时，越中流弊错出，挟师说以杜学者之口，而江右独能破之，阳明之道赖以不坠。盖阳明一生精神，俱在江右。”①他认为王阳明一生真精神俱在江右。

文中所提“东廓、念庵、两峰、双江”，即江右王门学派的代表人物邹守益、罗洪先、刘文敏、聂豹。四人均为吉安人，其中邹守益多次在白鹭洲书院开坛讲学。而文中所提再传弟子“塘南”“思默”即安福王时槐、南昌的万廷言，两人为王阳明第二代弟子，也均在白鹭洲书院内讲过学，王时槐还担任白鹭洲书院主讲多年。

基于白鹭洲书院卓著的声名，阳明弟子在书院内的讲学活动，无疑对阳明心学在吉安的发展、对江右王门学派的形成，起到了强有力的助推作用。

二是影响了当地价值观的形成。白鹭洲书院是官办书院，其讲课内容引领社会价值观导向。在书院内举办阳明心学讲会，就是代表着官方对阳明心学的认可。不仅如此，白鹭洲书院还聘请王时槐、邹元标、李邦华等担任书院主讲，实际上是将阳明学理论作为施教的重要内容，对书院学子价值观的形成产生了深刻影响。

白鹭洲书院是吉安人才培育基地。书院学子学成后，或科举入仕，或回乡教书，将这种价值观付诸社会实践之中。他们用心学理论实现自己人生理想，用心学理论指导社会实践，用心学理论教育村族子弟。他们像是一株株蒲公英，走到哪里，就把学术思想传播到哪里，使阳明心学深深根植于民间。正因如此，才使得阳明心学在吉安有着广泛的群众基础和顽强的生命力。

明末，以心学家为代表的东林党备受朝廷打压，讲会活动在全国沉寂下来。就在这样的艰险时期，白鹭洲书院依然聘请心学大家在书院内开展讲会活动。明末天启年间，朝廷重臣吉水人李邦华，因替老师邹元标打抱不平而辞官回乡。回乡期间，他在白鹭洲书院讲学三日。崇祯二年（1629），在魏忠贤禁毁天下书院的逆流中，李邦华还在吉安城内创立依仁会馆，传播阳明心学。崇祯八年（1635），又在修复一新的白鹭洲书院内再次举办了一次大规模的讲会活动。在

---

① 方志远、谢宏维著：《江西通史·明代卷》，南昌：江西人民出版社，2008年，第337页。

朝廷下诏禁止讲学，毁废书院的风口浪尖之时，白鹭洲书院依然大张旗鼓地开展讲学活动，代表书院对学术精神的崇尚和对阳明学的高度认可。

清代康熙年间湖西道守施闰章，重启书院讲会活动，使几近被人遗忘的阳明心学，又重新点燃起来，成为吉安士子心中闪亮的明灯，照亮了他们修身齐家治国平天下的人生路途。

从明代末年至清代初期，白鹭洲书院成为阳明心学传播、传承的重要基地，正是因为白鹭洲书院的坚守和推动，向广大士人传递了阳明学实现修身齐家治国平天下的方法和途径，也影响了吉安民风、政风的形成。

四、白鹭洲书院留下大量心学家的思想论述

《白鹭洲书院志》中收录了50余篇历代名士撰写的文章，其中一半以上由王门后学所撰写。从王阳明第一代弟子邹守益、欧阳德等，至第二代领军人物王时槐、陈嘉谟、万廷言、邹善，再到第三代殿军人物邹元标等，都在鹭洲书院留下了他们的名篇佳作。他们留下的文章不仅文辞优美，显现了他们满腹才学，更蕴含了丰富而深奥的阳明心学理论，给后人留下了宝贵的哲学思想财富。

如邹守益为书院撰写的《聚秀楼记》①，阐发“聚秀”之义理：“秀之义，其取诸禾乎！松柏以操，桃杏以华，兰桂以馨，而非禾，则无以饫民生。管、商以权谋，申、韩以刑名，仪、秦以纵横，老、佛以清净寂灭，而非圣学，则无以立民彝……是以恂恂而儒，庄庄而士，自由而君子，肥于家以肥于天下，是谓聚秀之极。”他就“聚秀”二字，从古至今，由万物至圣贤，由天子公卿至师儒君子，洋洋洒洒进行了详尽阐述。其学识之渊博，令人高山仰止。

聂豹为书院撰写《道心堂记》②，将“道心”二字详尽阐述：“道心，其未发之中乎？未发故微。微故显，君子知微之显也，戒慎乎其所不睹，恐惧乎其所不

① （清）刘绎：《白鹭洲书院志》，合肥：黄山书社2018年影印同治十年刻本，第三册，第11页。

② （清）刘绎：《白鹭洲书院志》，合肥：黄山书社2018年影印同治十年刻本，第三册，第15页。

闻，所以立天地之心，造生民之命，开万世之太平……心，一也。以言乎体，寂然不动是也。寂然者，未发之中，千变万化皆由此出，故曰‘道心’名堂者。”

他认为“道心”是对未知的敬畏之心，见微知著的戒慎之心。道心惟微，千变万化。君子因为懂得“道心”之微之显，所以戒慎，所以立天地之心，以造生民之命，树立为万世开太平的伟大理想。

欧阳德撰写《集义堂记》①，以告子、孟子关于义、性的论述就“义”字做了深刻而详尽的阐发，认为义集而德至，一个有义气，有节义的人，就是一个德行至高无上的人。有了优良的品德，就有无穷的能量，圣人就是这样而成就的。

尹台在《学田记》②中指出士者该学什么？那就是要以“周程朱氏数大儒与吾圣人仁义中正之道”为学之根本，不要受“二氏”之学影响，“二氏”即指佛教与道教的学说。他特别告诫士子要小心甄别佛教禅宗与儒家学说的根本不同。

王时槐留下的学术思想更为丰富，他说：“人性至善，万古如一。即倡之而悟，导之而趋，亦不过触吾固有之善，万古不泯者也。以诸生固有之善，宁有倡之不悟、导之不趋者乎？诚悟而不趋，不越子臣弟友之常，以全根衷复性之理，退则善乡，出则善世，夫然后不愧孔门之后裔，足称是院之良士。”③认为每一个人的内心都是善良的，老师的作用就是帮助学生去体悟心中的善，发现心中的善，并用自己的行动去践行心中的善，从而使学生们退则为一乡之贤达，出则为社会有用之人才，这样，才不愧孔子门生这一称号，不愧为白鹭洲书院培养的贤良之士。

他还在《道心堂记》④中对“人心惟危，道心惟微。惟精惟一，允执厥中”这

---

① （清）刘绎：《白鹭洲书院志》，合肥：黄山书社2018年影印同治十年刻本，第三册，第13页。

② （清）刘绎：《白鹭洲书院志》，合肥：黄山书社2018年影印同治十年刻本，第三册，第17页。

③ （清）刘绎：《白鹭洲书院志》，合肥：黄山书社2018年影印同治十年刻本，第三册，第24页。

④ （清）刘绎：《白鹭洲书院志》，合肥：黄山书社2018年影印同治十年刻本，第三册，第35页。

儒学“十六字心传”做了详细的阐发:“道心者性也。性先天而统万物,非有我之得私,故强名之曰‘道’。道则冲乎寂乎,莫知其端倪,可谓‘微’矣! 人心者情也,性动为情,形生神发,乃属于人,故直名之曰‘人’。人则涉形气而纯驳分,由薰习而理欲判,可谓‘危’矣。精一者,慑情复性之功也。研几以造于极深,洗心以入于藏密,是谓‘惟精’。精则垢尽天全,情归性初,致一不二,是谓‘惟一’。一则中矣,凡分寂感、歧内外、见生灭,皆二也。二则有对而为偏。不二则无寂感、内外、生灭之相,一也。一则无对而为中。执之云者,贞夫一之谓执,而曰允,言非造作矜持以为执,而适得其性之本然也。”

这些论述充分展示了王时槐对“人性”“人情”深入研究后的体悟,及精一、执中在修炼性情中的重要作用,是心学理论的重要组成部分。

邹元标则在《陈柱史观风白鹭洲记》①中表达了教化风纪乃为政之本的思想,他说道:‘圣人以神道设教,而天下服。’三代之时,天子亲为巡狩,陈诗以观民风。因风以知俗,因俗以立教,当时事治,民安后世。”他认为刑法治理的只是人们的表象行为,不能深入人心,从根本转变社会风气。他说“惟士人君子,知澄清有本,风化有源,未可以刑法威令整齐之也”,表达了自己对教化风纪与刑法治理的鲜明态度。

还有陈嘉谟撰写的《白鹭洲书院庐陵号房记》,邹善撰写的《鹭洲书院建坊记》,万廷言撰写的《道心堂记》等,都在文中或多或少表达了他们为学为教的思想理论。

第三节 · 科举成就 ·

有很多人问,白鹭洲书院历史上考出了多少举人? 多少进士? 姓甚名谁? 这个问题要确切回答有点困难。原因有三:其一,官方各类《志》书中,对历史名

① (清)刘绎:《白鹭洲书院志》,合肥:黄山书社 2018 年影印同治十年刻本,第三册,第 28 页。

人鲜有读书经历的记载；其二，古代科举考试，考生只需在试卷上写清楚自己的姓名、籍贯，并不需要注明自己的学习经历；其三，民间族谱、人物年谱、诗文集等资料中，或许有些记载，但要逐一查证，非常困难。

那么，白鹭洲书院的科举成就难道是一团迷雾吗？非也！白鹭洲书院科举历史状况如何？在吉安科举历史中的地位、影响如何？这些问题，是完全可以进行探寻、分析和总结的，因为资料中不乏这方面的描述，从中，我们可以得到一些答案。

一、白鹭洲书院科举历史状况："自有书院即有科举"

"自有书院即有科举"，这是白鹭洲书院有别于其他民办书院最鲜明的特点，也是白鹭洲书院科举历史发展的基础。

北宋庆历四年(1044)，宋仁宗采纳范仲淹新政，诏令天下兴学，令各州、县设立学校，规定士须在学 300 日，才能参加科举考试，以确立学校教育的权威性。

因此，此时的书院均由民间创办，书院学子没有直接参加科举考试的资格。南宋之后，在朱熹等理学大家的推动下，经皇帝同意，一些知名书院成为官办书院，书院学子和州、县学生一样，在学 300 日即可参加科考。

白鹭洲书院创办之初，就是官办书院。创办者江万里是吉州太守，所以，自创办之初，书院学子就有科举资格，文天祥就是最有力的例证。根据《文天祥年谱》①记载，文天祥于 1255 年春进入书院拜欧阳守道为师，当年秋，参加乡试，获得好成绩，第二年参加会试、殿试，结果高中状元。

元代，朝廷更加重视思想教化的一统性，将全国大部分书院列为官办，白鹭洲书院的官办性质更加得到强化。明代前期，朝廷规定"科举必由学校"，全国书院因此陷入沉寂。白鹭洲书院因在明初毁于水患，在这一政策背景下，一直没有修复，中断办学 150 余年。明代嘉靖之后，因"科举必由学校"制度导致的

---

① 丁功谊、李仁生著：《文天祥年谱》，南昌：江西人民出版社 2016 年版，第 47 页。

教育腐败越来越严重，学校教育日益萎靡，经世致用人才日渐稀少。此时，“阳明心学”应运而生，书院教育因“匡冀学校之不逮”的社会使命而得以迅速复苏，在这一社会背景下，白鹭洲书院再次振兴。

明代后期兴起的民间书院，同宋朝一样，学子不能直接参加科举考试。那么这时的白鹭洲书院有没有科举呢？可以肯定是有的，因为《白鹭洲书院志》中有明确记载：清代康熙年间，吉安知府向上级呈报了一篇题为“请增白鹭洲书院科举详文并学道行知文”①的请示，文中写道：“夫，有书院即有科举。所以先朝二百七十余年，吉州之鹭院科举与南康之白鹿洞、南昌之澹台祠俱有定额。”

这段话意思非常明了，将白鹭洲书院科举历史状况清晰勾勒：书院创办之初就有科举的资格，明朝270多年，江西仅有白鹭洲书院和白鹿洞书院、南昌澹台祠这三所书院有科举定额。

《请增白鹭洲书院科举详文并学道行知文》这篇文章还将清代白鹭洲书院科举历史状况进行了阐述：“我朝顺治年间尚存其例，但或多或少，未有定额”“自遭楚逆，书院毁，而书院科举竟废。”这段话意思是说，进入清朝后，书院科举虽没有定额，但多少总是有的，谁知遭“楚逆”（吴三桂叛乱）后，书院科举竟废，这太不应该了，特向上级请求恢复白鹭洲书院科举名额：“敢恳师台上请府宪，转详学宪，请于正额科举三等前十名外，另取鹭洲一、二等科举，照新进例府学二十名、大学十五名、中学十二名、小学八名，以宏文教。”

吉安知府向上级强烈请求恢复白鹭洲书院科举名额，理由充分，上级没有理由拒绝，于是，江西省督学道批示如下：“本道今科试，该属除正案三等前大学十名、中学五名、小学三名俱照例准取科举入闱，此外再增大学八名、中学四名、小学二名，以为鹭洲书院科举，永为定额，合檄行知。”

不仅恢复了白鹭洲书院的科举名额，且名额数和府学相差无几。

综上，白鹭洲书院的科举历史状况非常清楚。书院自创办以来，就是官办，

---

① （清）刘绎：《白鹭洲书院志》，合肥：黄山书社2018年影印同治十年刻本，第四册，第37页。

有科举考试名额。由于书院教育承载着“匡冀学校之不逮”的使命,追求独立自由的学术精神,再加上又有科举名额,所以白鹭洲书院在儒者心目中的地位非同一般,各县优秀学子“不于州学则于书院”。这一特殊性质,造就了白鹭洲书院人才辈出的辉煌历史。

二、白鹭洲书院科举历史地位:“自有书院以来,科甲踵接”“吉州元魁每由鹭院”

康熙年间《请增白鹭洲书院科举详文并学道行知文》中还有这么一句话:“吉州之元魁科举,每由鹭院,班班可考。”道光年间,吉安知府刘体重在其撰写的《重建白鹭洲书院记》①中又写道:“自有书院以来,科甲踵接。”

元魁,是指乡试的第一名,乡试,即由各省组织的举人考试,只有考中了举人,才有资格进京参加进士考试。“吉州之元魁”,则是指吉州府参加乡试的第一名。这两句话意思是说,书院自创办后,科甲接踵,每次乡试,吉州府的第一名,大都是白鹭洲书院的学子。这句话将白鹭洲书院在吉安科举历史中的地位清晰勾勒出来:白鹭洲书院是吉安科举的中流砥柱。

正因如此,吉安人特别重视白鹭洲书院的建设,将白鹭洲书院的兴盛与吉安人文兴盛紧密联系。明代著名理学家陈嘉谟在《白鹭洲书院庐陵号房记》②中就发出了“鹭洲书院兴废,与古之人文相盛衰”的感叹。

陈嘉谟这样说是有原因的。明代嘉靖年间,白鹭洲书院因水患频仍而迁出白鹭洲,此后,吉安科举一蹶不振,士绅纷纷向官府建言,要把书院搬回洲上。这在明代学者、官至湖广参政的永新人甘雨撰写的《重修白鹭洲书院募劝疏》③中也得到印证:“文忠即洲建院,据揽其胜而置之几砚之间,地与人相得而章,盛

---

① (清)刘绎:《白鹭洲书院志》,合肥:黄山书社 2018 年影印同治十年刻本,第四册,第 16 页。

② (清)刘绎:《白鹭洲书院志》,合肥:黄山书社 2018 年影印同治十年刻本,第三册,第 47 页。

③ (清)刘绎:《白鹭洲书院志》,合肥:黄山书社 2018 年影印同治十年刻本,第三册,第 64 页。

有由矣！厥后院徙洲芜，水冲气泄，阖郡人文一蹶而不复振。”

综上，可以看出白鹭洲书院在儒者心中的神圣地位，在吉安科举历史中的重要性，它就是吉安的文脉所在。书院大门有副楹联保存至今：“陵谷经几迁，此地依然为砥柱；江河同万古，斯文有幸见回澜。”指出书院几经迁徙，至今依然是吉安的文脉砥柱。

三、白鹭洲书院举人、进士数量：“名硕云蒸，几当宇内之半”

明代进士永新人甘雨在《白鹭洲书院志序》①中写道：“自文忠创书院，而后制科飙举，名硕云蒸，几当宇内之半。”

这句话意思是说，白鹭洲书院创建后，科举兴盛，人才辈出，书院培养的科举人才相当于吉安科举人数的一半。再结合之前的“吉州之元魁，每由鹭院”描述，可以得到的信息是，白鹭洲书院的进士、举人数量不仅多，而且都非常优秀。

根据上述信息，我们或可大致推算出白鹭洲书院考取的举人数及进士数。

白鹭洲书院664年历史中，除元末至明嘉靖初这150余年中断办学外，前后办学均较为稳定。在其稳定的办学期内，共有科举考试180科，吉安共有登科进士931人（不含宗室子弟、副榜及特奏名等恩科）。以此基数保守估算，白鹭洲书院自创办始，考出的进士大约有400余人。

前面已经谈到，因为资料缺失，白鹭洲书院考出去的进士，姓甚名谁，大多无法考证。近些年来，经学者们研究，已经确认的进士仅4人，即宋代的文天祥、刘辰翁、邓光荐及明代的榜眼姚颐。

宋代3位是吉安人耳熟能详且引以为豪的先贤。他们是白鹭洲书院的学子，除了人们的口口相传之外，在一些资料中也得到印证，如《光绪吉安府志·邓光荐》②中有“文天祥门友”之句，指出其和文天祥师出同门。清代乾隆年间

① （清）刘绎：《白鹭洲书院志》，合肥：黄山书社2018年影印同治十年刻本，第一册，第13页。

② （清）定祥、特克绅布修，刘绎、周立瀛纂，汪泰荣点校，吉安市地方志办公室辑：《光绪吉安府志》，北京：中华书局2014年版，第1273页。

的榜眼姚颐,知者不多,《白鹭洲书院志》中留有其诗作《春晚登云章阁二首》,诗中有"三年曾此倚嵯峨,春晚登临意若何"之句,故可以确定。

除此四人之外,笔者在研究白鹭洲书院历史时,还有以下发现:

清代末年朝廷重臣黄赞汤极有可能是白鹭洲书院生员。道光八年(1828),吉安知府刘体重撰写的《重建白鹭洲书院记》中有:"戊子与鹿鸣者四人"之句。经查阅资料,这年正是戊子乡试,吉安共 8 人中举,其中 4 人是庐陵县籍,分别是:晏纯一、康孔昭、黄赞汤、黄志云,因为白鹭洲书院位于庐陵县境内,所以这 4 人极可能就是文中所指的"鹿鸣者四人"。

这 4 人中,黄赞汤、康孔昭又同为道光十三年(1833)进士,晏纯一为道光十五年(1835)年进士。

再如《光绪吉安府志·金世英传》①中有:"与姚颐、龙亨绣、郭绥光、缙光相砥砺。"指出金世英、龙亨绣、郭绥光和郭缙光与榜眼姚颐同在白鹭洲书院读书。这 4 人中,金世英、龙亨绣只是举人,郭绥光和郭缙光两兄弟则双双中了进士。

上述例子,有力印证了前贤留下的"自文忠创书院,而后制科飙举,名硕云蒸,几当宇内之半""吉州之元魁,每由鹭院"等对白鹭洲书院科举成就的描述及赞誉,白鹭洲书院培养的人才占吉安科举人才的半壁江山并非虚言。

"圣人教泽书千卷,士子弦歌声满楼。莫道狂澜无砥柱,从兹桃李盛江头。"这是清代学者章绂留下的吟咏白鹭洲书院的诗句。正如诗中所说,白鹭洲书院自创建以来,"弦歌传圣教,桃李盛江头"。从这里走出去的国士贤达,能臣干吏不计其数。所以,白鹭洲书院科举历史是辉煌而灿烂的,是庐陵文化的核心代表,对吉安乃至江西的文化教育产生了重大而深远的影响。

---

① (清)定祥、特克绅布修,刘绎、周立瀛纂,汪泰荣点校,吉安市地方志办公室辑,《光绪吉安府志》,北京:中华书局 2014 年版,第 1260 页。

第四节 · 学田院产 ·

学田院产制度是中国古代书院最基本、最重要的制度，是古代劳动人民在书院教育的探索实践中形成的，一套科学的、可使书院永久存继的运行制度，是书院办学经费来源，是书院发展的重要支撑和基本保障。

学田院产，是指保障书院日常运行的田地、山塘、店铺及银两等固定资产。学田，指用以赡学的田地。田地一般请人耕种，收获的粮食是书院师生一年的口粮，如有富余则用来发放书院教职工的工资、奖励优秀学生膏火费等；院产指的是书院所有的山地、水塘、店铺等资产，书院将这些资产出租，收取租金，将租金放入钱庄生息，租金或所得息银用于书院日常必备开支，购买教育教学必需用品，完善设施设备，甚至修缮破旧院舍等。

由于书院生发于民间，为了维持书院持久办学，故在开设书院的同时，要为书院置办学田院产。民办书院学田院产全部来源于民间，凡有子弟需要在书院读书的家庭，一般都要认捐，富裕家族可以多捐，贫困家庭可以少捐，以充抵子弟学资。官办书院学田院产来源除了向民间募捐，还有官府拨给，固有更好的保障，更充足的办学资金。

白鹭洲书院是官办书院，其创建初期，直至明代中后期，学田院产大多是官府划拨。清代之后，则基本靠民间捐输。

一、白鹭洲书院学田院产的历史状况

1. 宋元时期

书院创办之初，官府拨给可观学田院产以保障书院运行。《白鹭洲书院志》中载有："宋知军江万里置田捌佰石及绕城濠租，均以赡学""白鹭洲书院田租，岁入捌佰石有奇，周城濠池租银，岁伍拾两"①等。历史文献明白无误地告诉我

① （清）刘绎：《白鹭洲书院志》，合肥：黄山书社2018年影印同治十年刻本，第二册，第28页。

们,江万里在创办书院的同时,为书院购置了学田,学田一年有800石粮食收成,还将城濠出租所得每年50两纹银作为书院的院产。

欧阳守道《白鹭洲书院山长厅记》中记载,景定四年(1263),书院有生员数百人。由此可知,当时白鹭洲书院的学田院产,可保障数百名学子一年学习生活费用。

元代,书院学田院产没有明确记载。但从书院办学情况看,其延续了宋代的规模且持续办学。因此可以推测其学田院产应保留了宋时的规模。

2. 明代

明朝前期,白鹭洲书院处于毁废状态百余年,其宋元时的学田院产亦烟消云散。嘉靖二十一年(1542)书院重建于仁寿山之后,学田院产随着书院的重建,渐渐丰盈。《白鹭洲书院志》载:

> 嘉靖壬寅,何侯既迁书院于仁寿山。丙午,乃斥公帑银贰佰两有奇,买青原寺僧方缁等官民田贰佰壹拾捌亩叁分柒厘贰毫,塘壹大口,银壹拾玖两;买祥符寺僧清志等官民田壹拾玖亩肆分柒厘八毫,溉田水圳小塘肆口,银贰拾壹两;买南塔寺僧圆洁等官民田塘贰拾伍坵口,计贰拾贰亩零伍厘……后书院既废,前项租银悉隶学道为学租。①

这段话的意思说:嘉靖二十一年(1542),知府何其高将白鹭洲书院迁至城南仁寿山。为保证书院正常运行,嘉靖二十五年(1546),何知府从府库中共拨出公款350两白银,分别从青原寺、祥符寺、南塔寺、青华观购买了田地400余亩、大小水塘13口,作为白鹭洲书院的学田院产。

何知府兴教育人之心得到郡中士人大加赞颂,南京礼部尚书永新人尹台专门写了一篇《学田记》赞扬他。他在文中写道:“太守嘉陵何公,既兴复白鹭书院。成,于是大召九邑之士,使咸业游其中,以相观道艺于有就也。乃九邑士应牒挟策来者,亦罔不欣欣然,慕类而簪合矣。公曰:‘盛哉!士之聚于学也!夫

① (清)刘绎:《白鹭洲书院志》,合肥:黄山书社2018年影印同治十年刻本,第二册,第15页。

吾居之弗能食，学将累焉，聚庸可久乎？'乃出罚籍之金若干锾，创田若干亩，以饩士之来学者，命曰学田，令有司岁榷掌之。"①

有了学田的保障，书院办得有声有色，诸多阳明弟子先后在书院讲学，声望卓然。隆庆壬申(1572)，江西巡按任春元听从诸位生员的请求，将书院改为庐陵县学，而将原县学改为书院。书院既改，其丰厚的学田院产亦悉数归县学所有。

万历二十二年(1594)，知府汪可受重建书院于白鹭洲上，恢复了书院宋元时的规模和建置。书院建成后，为确保书院办学持久，吉安府别驾尹学孔下决心要为书院置办丰厚的学田院产。此前，重建书院于洲，也是向民间募集的资金，虽然募集的资金非常可观，但因为修筑了吉台、永堤，故所剩无几。要置办学田院产，就得再次向民间募集，的确有点难以启齿。为此，尹别驾恳请刚从广东回乡的进士甘雨撰写《白鹭洲书院义田募疏》。

甘雨因为之前已经写了《重修白鹭洲书院募劝疏》，故有为难之色。尹别驾因此膝席恳请，极力劝说，终于说动了甘雨。尹别驾不顾郡城士民如沸议论，一心为书院久远计图的良苦用心，着实感人。甘雨也感动于尹别驾的赤诚兴教之心，在募疏中将此次过程进行了详细记述，他在疏中写道：

> "议者谓：'洲水冲决，若外堤费治，犹弗堤也。且自古未有书院而无田者。无田，匪直生徒莫之仰给，抑使岁月缮葺费将安出？盖田与外堤之不可以已也。如此，方今公帑绌矣，计市田护堤，宜非募劝不可。子盍图之？'余谢不敏而别驾之请益力，曰：'子信以昔之募劝为已足乎？夫吾郡士民好义者诚众，然募之家一，而输之家十，藉令深阻不得达，布告不及周，即有卜式之义、陶朱之贤，又孰从而输之？……"余不能辞，乃为述其语。②

---

① (清)刘绎：《白鹭洲书院志》，合肥：黄山书社2018年影印同治十年刻本，第三册，第17页。

② (清)刘绎：《白鹭洲书院志》，合肥：黄山书社2018年影印同治十年刻本，第三册，第67页。

这次募输来的学田院产，都在《志》中有详细记载，包括捐输者名字，捐银数和田地、山塘、店铺数及所在位置，以及店铺的租银等信息都一一记录在册。如：

陈天输塘一口，计壹亩二分，地名青华观前，佃人李敬伍租银二两；吴学敬塘一口，计柒分八厘，地名九曲巷，佃人李富仁租银一两六钱；杨良珊塘一口，计八分七厘，地名青华观前，佃人杨良珊租银九钱……

乡宦知府王命爵义助司前大店一间，住人王桂租银二两四钱；监生贺德辉义助店四间，二间坐东门大街，贺宜住一间，租银一两四钱四分，朱乔柏住一间，租银一两四钱四分。二间坐东门后大街，王立住租银一两四钱四分。总计王、贺二家店五间，岁入租银六两七钱二分。①

募来的银两，官府又为书院置办了百余亩田地和二十余口水塘。因为在明代，大家都认为“为书院久远者，莫如田”。

本府用价二佰两，买乡宦陈大尹所蕴原买胡度塘二口，计陆亩二分，地名清塘，佃人刘信租银六两五钱；吴子容塘一口，计一亩二分，地名九曲巷，佃人罗乾租银二两五钱；李朝俸塘二口，计七分五厘，地名九曲巷，佃人李富仁租银三两。又菜土二片，佃人陈应顺，租银三钱。……②

书院在这之后，由于有经费保障，办学更加生机勃勃。

3. 清代

清代初期，书院在教育界、学术界的地位日益显贵，书院的学田院产亦是渐次增加，颇为丰厚。

乾隆十八年(1753)，知府王铭琮捐出个人俸银为书院建设倡输，在他的倡导下，合郡士绅351人捐输，捐者多则百余两，少则几钱。这一时期，书院院产

---

① (清)刘绎:《白鹭洲书院志》，合肥:黄山书社2018年影印同治十年刻本，第二册，第17、18页。

② (清)刘绎:《白鹭洲书院志》，合肥:黄山书社2018年影印同治十年刻本，第二册，第17页。

相当可观,仅存入省盐埠的本银就有2800两,岁入息银318两。

乾隆四十年(1775),知府卢崧将合郡士绅捐输的1000两白银,在吉水为书院购买了69亩县田,每年收取租银65两。

道光三年(1823),知府郑祖琛为书院增置膏火倡输,庐陵县、泰和县富绅积极响应,共捐得白银5000余两。郑太守将5000两白银存入郡中各钱庄、典铺生息,每年收取的息银达540两。

咸丰六年至八年(1856—1858),吉安城被太平军占领。其间,郡城内各书院均被严重毁坏,白鹭洲书院更是被战火烧得只剩残垣断壁。与书院一起化为灰烬的还有书院的藏书及学田院产账册,加上城内外的大富人家、钱庄、店铺也均被洗劫一空,人走房空,以致白鹭洲书院百余年累积下来的丰厚的学田院产无从查证,消失在战火烟尘之中。

清同治二年(1863),太平天国运动平定之后,新任吉安知府曾省三计划兴复吉安各书院。他详细核查了官府原先登记的吉安郡城包括白鹭洲书院、阳明书院、石阳书院和县学在内的各官办书院的田产和店铺,发现租承双方均认定的田地房产微乎其微,每年"约计租谷、店租息不过肆佰余串,考课甚不敷用"。

为了尽快兴复书院,曾太守向各县发出了捐输倡议。基于白鹭洲书院的名望,募捐倡议立即得到了士绅的积极响应,短短两个多月,就募集到钱12200缗,谷2500石,店铺两间,甚是可观。为此,曾省三很是感慨,撰写了《重捐白鹭洲书院膏火记》。他在记中写道:

庚申冬,余初莅南康,清复洞租,选生徒肄业其中,公余亲为讲学。适以风鹤频警,驰驱锋镝,未竟所志。壬戌秋,移守吉郡,始至,求所谓白鹭洲者,则荆棘荒芜与鹿洞略同,礼教荡轶,儒术阔疏,上慢下弛,非旦夕故,乃与邦人士谋兴复之。佥以干戈之后,物力维艰,请缓图其栋宇,先备其资脯。廷评王君鹤书,力为筹画,学使赞善何公按临吉,遂董成之。

知军江公万里,复创白鹭洲书院,置田租,嗣是屡加缮完。国朝徐亨时、王铭琮、卢崧、吕士淑、郑祖琛诸太守后先提倡,饩膳弥隆。自咸丰六七年来,递经兵燹,莅斯土者有志兴复,每苦于无所凭藉。兹何幸一倡而众举，竟克恢前业也！吉，故二程夫子宦游之地，又王文成过化之区，其乡先生理学勋业，犹不可胜计。士子立身行道，必蕲至于古人，乃为不负所学。生是邦者，缅曩贤之徽烈，景先辈之仪型，日就月将，枕经葄史，而要归于躬行实践。①

从文中看出，曾省三是位富有责任感，重视礼教的官员。他任吉安知府之前，曾任南康府知府，其间，他核查、募集白鹿洞书院的学田院产，恢复了白鹿洞书院的办学，且在公务闲暇之余，亲自为诸生讲课。初到吉安，面对与白鹿洞齐名，但依然荆棘丛生满目荒芜的白鹭洲书院，重视礼教的曾省三决心恢复。但由于战乱刚过，经济凋敝，官府和民众都拿不出钱来修建书院，只得“缓图其栋宇，先备其资脯”。计划着先筹集书院膏火，让学生重返课堂，缓一步再修缮书院。

由于筹资的膏火费颇丰，他不由赞叹：吉安不愧为理学圣地，邦之士人，皆以乡贤为榜样，立身行事，躬身实践，知行合一，有古君子之风。

曾省三之后，书院山长刘绎，为了复建书院继续多方游说。在他的努力下，新任吉安知府定祥又亲自拟写了《行十属劝捐移建书院文》，向各县发出了募集资金的倡议，将书院暂迁于城西仁山，并为书院储备了丰厚的学田院产。

据《白鹭洲书院志》记载，同治末年，书院仅在吉水就有田庄 4 处，每年收得租谷 2252 石，有店房 12 间，每年收得租银 203 两、钱 307 串，资产相当可观。

二、白鹭洲书院学田院产的管理

民间书院因其设立目的是保证方圆百姓子女可以就近读书，学田院产大多为分摊，故管理者一般为村民推选较有名望且品行良好的乡绅或长者担任。白鹭洲书院的学田院产则不同，大多为官府亲自打理。直至清同治之后，才改变管理方式，改为聘请郡中士绅组成董事会来管理。

官府管理白鹭洲书院学田院产，在明代已经形成了一套较成熟的管理制

---

① （清）刘绎：《白鹭洲书院志》，合肥：黄山书社 2018 年影印同治十年刻本，第四册，第 18、19 页。

度。《白鹭洲书院志》中有如下记载："田塘土税粮，照载定银数，田主径扣输纳。俟至壬寅，届创立白鹭洲户口，入某坊廓甲下，除并纳粮，免其杂差役，用垂永久。所有实收租税银，管院教官督同门子及时收取支用。如有水旱临，该实量减。仍置立循环簿，送府稽查，无容侵匿。"①

这段话向我们表达了以下几点信息：

1. 官府创立白鹭洲户口，归入坊廓乡甲下管理。

2. 所有学田，照官府核定的税粮，由田主从收入中扣除缴纳。

3. 岁入租银除缴纳税粮，其他杂役永久免除。遇有水旱灾情，核实后可以减免租银。

4. 所有收入，由府衙教官督促门人及时收取给书院支用。

5. 建立书院学田院产收入支出账簿，定期交府衙核查，以防办事人员侵吞隐匿。

从这五项内容来看，那时书院学田院产的管理严格有序。然而，即便如此，还是不乏侵吞、隐匿、贪污学田的情况发生。《白鹭洲书院志》"息银田租"一节有如下记载："嘉靖间知府何其高、万历间知府汪可受，捐输皆称极盛，而佃户胥吏交相侵隐。""今新收吉水田租，路遥而费繁，其田亩赋则亦难清查。自同治七年郡绅接管，幸经纪得人，稍获余润，犹时虞蠹胥奸佃隐生弊端。为今之计，又莫如置店也。移业、就业之举，尚赖有心人因时行之。"②

这段话意思是说：书院学田在嘉靖万历间虽然可观，但由于佃户胥吏相互勾结隐瞒侵吞，收入日渐萎缩。可见学田管理的弊端主要在于佃户与管理者相互勾结，隐瞒真实收入，侵吞书院资产。

这一管理弊端发展到了清代后期，书院的学田田租越来越难收。于是，转

① （清）刘绎：《白鹭洲书院志》，合肥：黄山书社 2018 年影印同治十年刻本，第二册，第 19 页。

② （清）刘绎：《白鹭洲书院志》，合肥：黄山书社 2018 年影印同治十年刻本，第二册，第 38 页。

而寻求郡绅接管，即聘请经纪人来管理学田，才使情况稍有好转。书院一直在寻求更好的管理办法，如购置店铺，将书院产业结构进行更换、调整等。

自清代开始，书院已经开始在调整学田院产的结构了，捐输而得的银子，极少再去购买学田了，而是存进钱庄生息，或者购买店铺出租，甚至进行实业的投资，如投资典铺、典当行等。《白鹭洲书院志》中有如下记载："乾隆二十年，知府王铭琮捐俸倡输，交本郡盐埠行息。二十九年，郡埠奉裁生息归行户。三十二年，知府李源将本银解省，交省城盐埠行息，本银折实贰仟六百五十四两一钱，加一起息，每年合息三百十八两四钱八分有奇，于夏、冬二季，赴盐道衙门支领。""郑太守将五千两白银存入郡中各钱庄、典铺生息，每年收取的息银达五百四拾两。"①

这种办法，较好地杜绝了学田收入因佃户和收租的官吏互相勾结而被侵吞的弊端。到清代后期，购买店铺成为书院资产经营的另一个主要投资方向。

三、白鹭洲书院学田院产的使用

学田院产的开支主要包括教职工的工资、学生的伙食费和生活补助、设施设备购置、小规模的房屋修缮等等。同治二年(1863)，知府曾省三的《曾太守兴复书院经费告示》就详尽展示了学田院产的支出项目，转录如下：

——每年定取生员正课二十四名，每名膏火二十四串。

——每年定取生员副课二十四名，每名膏火一拾六串。

——每年定取童生正课十六名，每名膏火二十四串。

——每年定取童生副课十六名，每名膏火一拾六串。

——每年广取生童附课四十名，每名膏火捌串。不在书院肄业者不给

——每年定于十一月内，甄别次年书院肄业生童。

——每月官课一次，师课二次。如生童有连考三次前五者，副升为正，附升为副。有连考三次后五名者，正降为副，副降为附。有录旧雷同者扣

---

① (清)刘绎：《白鹭洲书院志》，合肥：黄山书社 2018 年影印同治十年刻本，第二册，第 29、31 页。

课。旷课两次未经告假者扣课。有放荡不遵礼法教条者除名。

——每年聘请山长薪脯脩金共钱四百串,镇关二十元,舆费、节礼共二十元。又厨房器具及随丁使费共给钱十八串。

——每年择立斋长四名管理租钱,每名给钱十串。

——每年礼房辛工饭食及起馆鼓吹、香烛等费给钱二十串,卷资二十串。

——院斗一名,给钱十六串。

——师课花红每年共一百四十串,官课由官给发。

——每年甄别书院生童原卷存署,以便随时较对字迹,以防假替。如有假替者扣课。①

文中所列全年各项开支共 13 项,基本都是人员开支,也有少量购置费用。这种靠学田院产维持书院日常运行的模式一直沿袭到书院教育制度终结。

第五节 · 馆规院约 ·

馆规院约,指书院为倡明教育目的,有效培养人才,加强书院管理而制定的规定章程,亦称为院规、馆规、馆例、约禁、学规、课规等。

国有国法,家有家规。自唐末五代时期兴盛起来的书院教育,经过北宋百余年的发展,在理学思想的影响下,教育体系日趋完善。南宋时,著名理学大家朱熹重修白鹿洞书院,亲自定立《白鹿洞书院揭示》以实现其教育目的。这一《揭示》又因理宗皇帝的肯定推广,而成为天下书院管理制度的范本,全国书院纷纷效仿。

馆规院约的内容涉及山长聘请、生员额定、膏火标准、纪律约束、祭祀仪式、学习内容、学习要求、学习方法、奖惩制度等各方面,都是具体的具有较强操作

① (清)刘绎:《白鹭洲书院志》,合肥:黄山书社 2018 年影印同治十年刻本,第四册,第 43 页。

性的条款,一目了然,便于师生共同执行。

然而,由于不同的书院因其创办者的学术思想不同,对书院办学育人的目标也各不相同,这些都会在馆规院约中予以体现。如《白鹿洞书院揭示》注重儒家传统的人伦之教,将“父子有亲、君臣有义、夫妇有别、长幼有序、朋友有信”列为开首语,指出这是为学的目的,并强调“学者学此而已”。而建于明代中后期的安福复真书院,其院规倡导的是阳明心学思想,如“学以求仁为宗”“克己以求仁,当知所致力”“学必见于躬行”“所谓心者,非有形状,唯一生生之理而已”等。

由此可见,馆规院约,还会倡明书院所提倡的办学理念等独具特色的条款。因而,研究书院馆规院约,对于研究书院倡导的学术思想、育人方向及其所反映的地域文化特色、历史背景等,大有裨益。

白鹭洲书院创办于南宋中后期,此时,在《白鹿洞书院揭示》的影响下,天下书院的教育管理制度开始推行。书院创办初期的馆规院约目前虽未找到相关记载,但从当年历史背景分析,大体应该是遵照《白鹿洞书院揭示》执行的,原因有二:其一,书院创办当年(1241),宋理宗视察太学,亲书《白鹿洞书院揭示》以教诸生,在全国书院、学校引发强烈反响,成为天下共遵之学规①;其二,书院创办者江万里是朱熹再传弟子,故书院以《白鹿洞书院揭示》为蓝本推行教育教学和管理的可能性极大。

然而,随着书院的不断发展,白鹭洲书院逐渐形成了自己的办学特色,并反映在馆规院约中。书院有记载的,不同时期制定的馆规院约共有七部,制定者为当时的吉安知府或山长。七部馆规的基本情况如下表:

① 邓洪波著:《中国书院史》,武汉:武汉大学出版社,2017 年重印,第 173 页。

时　间	制定者及职务	名称
万历二十二年(1594)	汪可受(知府)	《汪太守馆例十二条》 《汪太守约禁十一条》
康熙二十九年(1690)	罗京(知府)	《罗太守馆规十三则》
乾隆十三年(1748)	符乘龙(山长)	《符山长乘龙课规十则》
乾隆二十年(1755)前后	王铭琮(知府)	《王太守学规八则》
乾隆年间	孔兴浙(山长)	《孔山长兴浙学说四则》
道光年间	刘绎(山长)	《书院章程管见二条》

此外,还有清康熙初年湖西道守施闰章的《书院讲义》、康熙二十九年(1690)吉安知府罗京的《罗太守请讲学启》、乾隆十四年(1749)吉安知府绥兰的《绥太守谕鹭洲书院帖》,可作为书院馆规院约的补充。

分析白鹭洲书院历次制定的馆规院约,既有普遍性条款,亦有独特性条款。普遍性条款,是指与天下书院学规大致相同的内容;独特性,是指其在后世发展进程中形成的特有的办学宗旨和教育理念。以下分别列举予以详证。

一、白鹭洲书院馆规院约的普遍性条款

1. 明确山长待遇及聘请的目的和意义。聘请山长的目的不仅是讲解文义,更多的是以丰富的学识和优秀的品德成为诸生学习的榜样。

如《汪太守馆例十二条》第一条:“学必有师,非独为讲解文义,实令人消傲气以收放心,闻见与德行实赖之。宋时朝除山长,本朝定议教授摄山长厅事,尊时制也,诸生宜悉遵约束。”

《罗太守馆规十三则》第二条:“书院必有山长。……今本府重建伊始,未暇议聘山长,姑委府学生员黄湆为学长。”①

2. 明确生员名额及膏火供给标准。各个时期的膏火标准不同,要求也

① (清)刘绎:《白鹭洲书院志》,合肥:黄山书社2018年影印同治十年刻本,第一册,第55、52页。

不同。

如《汪太守馆例十二条》第九条："诸生长住号房，朝夕不离者，本府量助供给银每名每月各三钱。按期发管书院教官收贮，以便给领。"

《王太守学规八则》第七条："酌定膏火……兹将前劝捐之项经营措置，除山长修脯外，酌加正课膏火每月一两。准入正课，止与课而不在院肄业者，每月膏火五钱。附课者弗与，课日茶点每名二分，凡赴课者同给。"①

3. 制定教学安排和具体要求。在院生员以自学为主，每天的学习任务在馆规院约中均有要求，大致为读经史性理、写策论表章，书古人法帖，每月一至两次考试。

如《罗太守馆规十三则》第五条："课试。每月初二、十六日，本府亲临课会，书二艺，经一艺，间试论、表、策各一篇。"第六条："自立日课簿，每日或看经书若干，或读时文若干、古文若干，以及论、表、策、判若干，《通鉴》《性理》各书若干。"

《王太守学规八则》第四条："拟于每月课期，或试诗赋一篇，或试策论一道，以觇多士学古之力，切勿视之漠然。"第五条："须每日午后临学古人法帖，如褚、颜、欧、柳诸大家，各随性之所近而摹仿之。"②

4. 指明学习方法。每个制定馆规院约的知府或山长，将自己的学习心得、经验，毫无保留传授给学生，其倾心育人之真情令人动容。

如《罗太守馆规十三则》第六条："盖未有不揣摩经书而能为文者；未有不读时文与古文而能为时文者；又未有不沉潜性理、明心见性而能为文者；又未有不会悟通鉴、知人论世而能为文者。"第八条："作文之道，贵抒在我之性灵，以阐圣贤之名理。"

---

① （清）刘绎：《白鹭洲书院志》，合肥：黄山书社2018年影印同治十年刻本，第一册，第57、61页。

② （清）刘绎：《白鹭洲书院志》，合肥：黄山书社2018年影印同治十年刻本，第一册，第52、53、60、61页。

《孔山长兴浙学说四则》第二条:“读书讲学,字字都从心里钻研,事事都从身上体贴。”第四条:“今学者有二病:一曰‘伪’,临时掩饰,剿袭噬蜡,适以遇毒;一曰‘忌’,凡是矜己傲物,薄躬反以厚人。”

《王太守学规八则》第五条:“真书自有定形,俗体尤须改正。”

《符山长乘龙课规十则》第四条:“千羊之皮,不如一狐之腋。凡遇课日,须简练揣摩,戛戛乎陈言之务去,所谓以少许胜人多多许。”

《施闰章书院讲义》:“文莫妙于曲折,而非作意强为也。”①

5. 制定学习、生活纪律和奖惩办法,规范约束学生言行。这也是书院加强道德品质教育,提升学生个人修为的主要措施。

《施闰章书院讲义》:“载道者,德也。文人行薄,自古患之。”“孝悌为根,忠信为主,以士之恒心,当士之恒产。仁耕义耨,自然生发收获。”“纵须臾之欲,而折尽终身之福;摄一不义之财,而夺去万钟之禄。”

《罗太守馆规十三则》:“市井不可轻入,盖饮酒固易荡性,而入肆犹为失体。”

《王太守学规八则》:“正课遇课不到,每一次扣膏火一钱,三次不到即除名。”“若借此餔啜,名虽在院,任尔优游,或群聚剧谈,或睡榻酣卧,或纵饮狂呼,与好牧猪奴戏者,非独辜教育之婆心,亦非自谋上进之术也。但经查出,立即驱除。”

《书院章程管见二条》:“若饮食征逐,席不暖于馆舍,面屡熟于市人,已非读书本分矣。至于联袂把臂、恃众肆强,唆讼包漕有其名,赌场妓馆有其迹,名教有惭、流品斯下,准此以为赏罚升降,而不专在于文艺之优绌。”②

二、白鹭洲书院馆规院约的独特性条款

1. 倡明白鹭洲书院独特的办学理念,不以科举为根本目的,更注重学生立

① (清)刘绎:《白鹭洲书院志》,合肥:黄山书社2018年影印同治十年刻本,第一册,第53、64、65、61、66页。

② (清)刘绎:《白鹭洲书院志》,合肥:黄山书社2018年影印同治十年刻本,第一册,第68、55、62、73页。

志、立德的培养。

如:《汪太守馆例十二条》第三条:“本府所属望诸生,不独以文章取科第而已,愿以行己有耻为士人第一义。”《王太守学规八则》第二条:“立品为学人第一义。苟负奇才而品列卑污,其余不足观也。愿尔多士各自爱鼎,持行端方,处则为一乡楷范,出则为一世羽仪。”《孔山长兴浙学说四则》第一条:“学莫先于立志。志圣贤之志,方为学圣贤之学。”第二条:“仰止先哲,如文忠、信国、整庵诸贤,模范不远,愿与同人共切向往,使乡有端人,而出为国士。是学者第一关头。”①(注:“文忠”指欧阳修、周必大;“信国”指文天祥;“整庵”指罗钦顺。)

这些条款指出,学习的目的不是为了科举考试,为学为士,应以涵养品德,行己有耻为第一要义。要立圣贤之志,学圣贤之学,要以文天祥、罗钦顺等先贤为榜样,居家则为品行端正的乡贤,出仕则为才德俱高的国士,这才是学习的根本目的。

2. 指出白鹭洲书院独特的教育思想,即弘扬理学,涵养气节。

《汪太守馆例十二条》第十一条:“乡先生有理学雅会,诸生须知敬听。其未发心于此道者,止宜闭户习读章句。不得旁观窃笑,以滋浮荡。”②

理学雅会,即理学讲会活动。宋朝开始,理学思想家多在书院开设会讲,向学子阐述其修身齐家治国平天下的理论主张,此风一直延续至明清。由于理学思想深涩,书院要求学识尚未达到此境界的学生在房间自学,不得在会讲现场窃笑私语,以滋生轻浮放荡的不良习气。

《孔山长兴浙学说四则》第二条:“志以气节为重,气以志帅。志趋不苟,自知集义。切近如《小学》,切实如《西铭》,力行而躬体之,浩然之气所由充塞天

---

① (清)刘绎:《白鹭洲书院志》,合肥:黄山书社 2018 年影印同治十年刻本,第一册,第 56、59、63、64 页。

② (清)刘绎:《白鹭洲书院志》,合肥:黄山书社 2018 年影印同治十年刻本,第一册,第 57 页。

地之间。”①

《小学》《西铭》分别为理学家朱熹、张载所作,在明代被奉为正学圭臬,白鹭洲书院以弘扬理学为己任,自然要求学生要熟读理学读本,并且躬身力行,涵养自身的浩然之气。

3. 注重仪式教育,倡明祭祀对象为“孔子”及“乡先生理学、忠节、名臣”。

《汪太守馆例十二条》第一条:“以尔乡先生理学、忠节、名臣揭之坊表,将使尔诸生游息之暇,举目皆师其敬之哉。”《王太守学规八则》第一条:“敦行典礼,释奠为敬学之始,合语备德音之致,彷而行焉,古制斯复。每月朔望礼拜先圣,依班就位,各敬尔仪。”②

仪式,能激发学子强烈的崇敬追比之心。少年文天祥就是在踏进庐陵县学的四忠祠,看着墙上悬挂的庐陵四忠欧阳修、胡铨、杨邦乂、周必大的画像,听完父亲介绍他们的事迹之后,发出了“殁不俎豆其间非夫也”的誓言,百年后,他的誓言实现,跻身庐陵五忠之一。当年的誓言掷地有声,回响长空。

4. 针对特殊周边环境设立条款约束诸生。白鹭洲书院位于洲岛,且书院旁边设有寺庙,为保证书院正常教学秩序,防止学生沾染异教,特制定相关条约。

《汪太守约禁十一条》规定:“江洲无烟火之地,特设净土庵旁守书院。其僧人另从幽径往来,与儒者各成一家。在会诸生,毋得入庵搅扰,染习异教。”“一切妇女,不许藉口烧香闲游,玷污佛场。如僧人勾连纵容访出,将本僧责逐,妇女连夫、父并治。”“庵内僧众,止容恪守净教者十人诵经礼佛,免其接应官府。游方僧众,并宜斥绝,免滋混扰。”③

这条院规,为我们清晰地还原了白鹭洲当时的现状:书院旁设有佛教净土

① (清)刘绎:《白鹭洲书院志》,合肥:黄山书社 2018 年影印同治十年刻本,第一册,第 64 页。

② (清)刘绎:《白鹭洲书院志》,合肥:黄山书社 2018 年影印同治十年刻本,第一册,第 56、59 页。

③ (清)刘绎:《白鹭洲书院志》,合肥:黄山书社 2018 年影印同治十年刻本,第一册,第 59 页。

庵,洲上儒释并存。为防止儒生受佛家与世无争思想影响,官府对寺院管理非常严格,如发现违规行为,连同僧人、妇女及其父、夫一并交官府治罪。为限制寺院的规模,规定庵内只允许10个僧人常住。

第六节 · 先贤崇祀 ·

祭祀是古代书院教育教学的重要内容。古代学校、书院内,一般都设有夫子庙,也称为孔庙或孔圣殿,是专门祭祀孔子的祠宇。一些规模小的民间书院,不设夫子庙,但一定有孔子的牌位,定时祭祀。

书院和官方学校不同,其教学思想、理念具有较强自主性,即学术自由之精神。诸多不同学派的学者在创设书院时,会通过祭祀对象彰显自己的教育思想和目的。因此,大多数书院内,尤其是知名书院,在祭祀孔子外,还会有选择性地确定一些祭祀对象,祭祀对象一般为先圣先师、地方先贤、名臣廉吏、忠节之士等。这些选择性的祭祀对象称为崇祀。

书院崇祀对象各不相同。以吉安为例,位于吉安青原山的阳明书院,因其设立初衷为纪念心学大师王阳明,弘扬阳明心学,所以崇祀对象为王阳明及其吉安四大弟子——邹守益、罗洪先、聂豹和欧阳德。

由此看出,书院崇祀,是为后学树立标杆,代表着书院的办学理念和育人方向,也是为了缅怀先贤,以显礼敬之情。

白鹭洲书院的崇祀从创办初期即已开始,在历史发展进程中又不断发生变化,在明代万历时形成自己的特色,一直延续至今。

一、白鹭洲书院崇祀的发展变化

1. 书院创办初期,崇祀对象为理学大家

创办人江万里出身理学世家,后又拜朱熹弟子林夔孙为师,其创办白鹭洲书院,因吉州为"二程过化之地,故即洲建祠,并祀周、张、邵、朱,号六君子祠,书

院之兴实始于此。”①“二程”是指理学大家程颢、程颐两兄弟。“周、张、邵、朱”即两宋著名理学家周敦颐、张载、邵雍、朱熹。此六人在南宋中后期已经被士人尊为“理学六君子”。程颢、程颐曾跟随父亲在吉州游学，而程颢又娶了庐陵彭氏之女为妻，因此，江万里认为吉州是“二程过化之地”，所以在洲上建祠祭祀两位先贤。

对“理学六君子”的崇祀，确定了白鹭洲书院弘扬理学的教育宗旨，注重义理之学。南宋著名爱国词人、白鹭洲书院学子刘辰翁曾说道：“自鹭洲兴而后，斯人宿于义理；自鹭洲兴而后，言义理者畅，又不惟文字而已。”②

2. 元代增祀江万里，崇尚气节之风始开

南宋祥兴二年(1279)，白鹭洲书院山长曹奇在书院创立江文忠祠，始祀书院创办人江万里，并以北宋吉安籍文学大家欧阳修配祀。江万里，字子远，号古心，谥文忠。故江文忠祠在后世也称为古心祠。

江万里是南宋末年著名的忠节之士、民族英雄。1275 年，元军攻破饶州城，已退休在家的江万里闻讯悲痛万分，带领全家投止水殉国。建祠的同年(1279)，白鹭洲书院学子文天祥抗元兵败被俘押解至京，宋元两军崖山决战，十万宋朝军民葬身海底，最后一个小皇帝跳海自尽，南宋灭国。

山长曹奇在这时建祠祭祀江万里，要彰显的绝不仅仅是江万里的创办书院之功，更深的含义是要旌表江万里忠贞不屈、以身殉国的爱国精神。从这时起，书院崇祀发生了变化，即在祭祀理学大家之外，又增加了忠节名臣。

3. 明代建理学、忠节、名臣三坊，始祀吉安先贤

明万历年间，书院崇祀再次发生变化。万历十四年(1586)，时任吉安知府杨维乔、庐陵知县钱一本在对迁至城北的白鹭书院进行维修时，在书院内增建

① (清)刘绎：《白鹭洲书院志》，合肥：黄山书社 2018 年影印同治十年刻本，第一册，第 28 页。

② (清)刘绎：《白鹭洲书院志》，合肥：黄山书社 2018 年影印同治十年刻本，第三册，第 6 页。

王阳明祠，始祀心学大师王守仁。“前明正、嘉以后，吉州前贤皆尊王守仁，故阳明祠特著。”①王守仁，字伯安，别号阳明，明代思想家、军事家，心学集大成者。嘉靖、万历年间，阳明心学在吉安极盛，王门后学在白鹭洲书院内的讲会活动亦较为频繁。受此影响，书院增祀王阳明乃时风所致。

但是，阳明心学并未成为统治阶层推行的正学。因此，万历二十年（1592），吉安知府汪可受重建白鹭洲书院时，上书朝廷“请厘正典，上溯先贤享祀渊源，下杜后学向往流弊”，在新建的白鹭洲书院内建风月楼祭祀“二程”，以明代中期吉安籍理学家永丰人罗伦、泰和人罗钦顺配祀。又建郡人理学、忠节、名臣三不朽坊，坊上镌刻宋以来吉安著名理学家、忠节之士和才德俱佳的朝廷大臣，确立了书院以理学大家和吉安历代先贤为主要崇祀对象的格局，一直沿袭后世。如清代书院崇祀记载：

康熙三十年辛未（1691），知府罗京祀二程子于先贤祠，以二罗配。郡理学、忠节、名臣祀典仍明旧。增祀蒙山陈嘉谟、塘南王时槐、定斋贺沚于理学祠。古心祠内增祀郡守元李珏、纳速儿丁，明黄宗明、汪可受四人。

雍正十三年乙卯（1735），知府徐亨时合先贤先儒为一龛，祀云章阁。

同治七年戊辰（1868），知府定祥、山长刘绎就城西仁山废寺建白鹭书院，上祀至圣，其讲堂前，左建六君子祠，右建景贤祠，凡旧祀名宦、乡贤皆分龛合祀其中。仍建江公祠于鹭洲道心堂原址，榜曰“江文忠公祠”。②

二、白鹭洲书院祭祀礼仪及制度

祭祀之所以成为古代书院教学的重要内容，不仅体现在崇祀对象的选择上，更重要的是有一整套庄重规范的礼仪，通过强烈的仪式感，激发学子的追比敬仰之心。

---

① （清）刘绎：《白鹭洲书院志》，合肥：黄山书社2018年影印同治十年刻本，第一册，第36页。

② （清）刘绎：《白鹭洲书院志》，合肥：黄山书社2018年影印同治十年刻本，第一册，第36、37页。

仪式有两种，分别为释奠和释菜。释奠较隆重，祭品用太牢，一年一次或两次，在春秋两季举行；释菜稍简单，祭品为鲜果或蔬菜，每月朔望日（初一、十五）举行。释奠程序繁多，除叩拜之礼，还有奏乐祝赞、起鼓鸣金、盥洗上香、酹酒献茶等诸多程序。释菜则在主祭的带领下，向先贤木主行三跪九叩之礼即可。

不论春秋大祭还是朔望小祭，祭祀典礼要求全体生员参加，生员着装整齐，仪式庄重肃穆。白鹭洲书院的祭祀仪式写进了书院院规之中，清乾隆吉安知府王铭琮的《王太守学规八则》中第一条即“敦行典礼”：“敦行典礼，释奠为敬学之始，合语备德音之致，彷而行焉，古制斯复。每月朔望礼拜先圣，依班就位，各敬尔仪。”①

清乾隆年间书院山长孔兴浙在《正谊堂》诗序中写道：“台上有堂，徐公亨时著‘正谊明道’四字，奉所摹吴道子手绘圣像于中，朔望释菜。后龛祀先圣木主，春秋郡县有祭。”②

综上可见，白鹭洲书院释奠、释菜两种祭仪均会实行。朔望日行释菜之仪，由书院山长或委托学长主持。春秋行释奠之仪，由郡县主持仪式，祭祀先圣孔子。正因如此，几百年来，白鹭洲学子志先圣之志，勤学奋进，立身名节，人才辈出。

2013 年，吉安市委、市政府重修白鹭洲书院，按清末建置，在书院内设六君子祠祀理学六君子，设景贤祠祀吉安历代先贤名宦。未设古心祠，但在逢源堂内开辟江万里专门展厅，纪念这位忠正爱国的书院开创者。时隔百年，白鹭洲书院再现古代书院风采，书院崇祀亦承袭古制，以供后人瞻仰铭记。

第七节 · 刻书藏书 ·

藏书刻书是古代书院三大功能之一，也是书院发端之缘由。据学者研究，

① （清）刘绎：《白鹭洲书院志》，合肥：黄山书社 2018 年影印同治十年刻本，第一册，第 59 页。

② （清）刘绎：《白鹭洲书院志》，合肥：黄山书社 2018 年影印同治十年刻本，第二册，第 61 页。

书院的出现，始于唐代初年，生发于民间，是士人藏书、读书的地方，故名其为书院。

由官方设立的、具有正式社会机构性质的书院，则始于唐玄宗时期。清人袁枚在《随园随笔》中谈到，书院之名起于唐玄宗时由朝廷中书省创办的丽正、集贤书院，这两个书院是负责图书编著、收藏、整理、校正和刊辑等工作的。

在此之前，朝廷有很多藏书、校书机构，但都不以书院命名，如弘文馆、崇文馆、司经局等。设立丽正、集贤书院，属于官办的藏书、修书机构。

丽正、集贤书院的设立，开创了后世书院藏书刻书功能的同时，也生发了书院讲学功能。文人在修书过程中，为厘清源流、斟词酌句，自然会开展讨论、辩讲。这种讨论和辩讲不断发展，即成为后世书院的讲学功能。

宋代，随着理学的兴起，理学大家常在书院讲学，甚至自己创办书院，来宣讲自己的学术思想，书院教育教学功能不断强化，逐渐取代了书院藏书刻书功能，成为书院的主要功能。

但是，因为古代印刷业不发达，书籍的获取不像今天这么方便。书院作为教育机构，书籍需求量大，书院藏书既是老师的教科书，也是学生的课本，还是师生的课外读物，是师生获取知识的主要来源，提升学术水平的重要渠道，所以，书院往往得自己刻书收藏。刻书水平高低、藏书规模大小是衡量一所书院优劣的标准之一。规模、名气较大的书院，尤其是官办书院，这一功能始终得以保留传承。

白鹭洲书院始设于南宋，且由吉州府创办。白鹭洲书院的藏书刻书功能在创办初期就已经具备。从资料分析，书院历史上的藏书刻书规模不小，下面从藏书、刻书两个方面分别予以介绍。

一、白鹭洲书院藏书

《白鹭洲书院志·书籍》一节分别记载了书院"原藏书籍"和"现存书籍"。

书院"原藏书籍"主要为经、史、子、集四大类，共2000多册，如《十三经》《二十一史》《老子》《管子》《屈子》《朱子精义》《百子汇编》《柳宗元集》《欧阳公集》《陆象山集》等，史类书籍则更多，上到春秋、汉魏，下至宋元，有《汉书纠谬》《魏武春秋》《唐太宗政典》《唐书集注》《资治通鉴》《元史缵编》《宋元史略》《顺宗宪宗实录》《读史管见》等，颇为齐全。此外，还有考古类、释家、道家、医书等，书院藏书可谓丰厚异常。

那么，《志》中所指"原藏书籍"是何时呢？通过以下三个方面的分析，基本可以确定为万历二十二年书院重建于洲之时。

其一，从书籍名录分析。名录中有《杨文敏集》，杨文敏即明代前期的杨荣，其与杨士奇、杨溥同为内阁辅臣，辅佐仁宗、宣宗皇帝开创了"仁宣之治"，人称"三杨"。既然有此书目，那肯定是在明代仁、宣朝之后了。再者，原藏书籍名录中，有《大明律例附疏》，但没有《明史》，《明史》为清代编撰，由此可证，"原藏书籍"所指时间不是宋时，也不是清代。

其二，从书院历史沿革分析。白鹭洲书院在明代前期处于废寂状态，嘉靖五年(1526)书院复建之后，又屡遭水灾，迫不得已搬离洲岛，外迁50余年，直至万历二十二年(1594)重新迁回白鹭洲上。万历之迁后，因书院建于吉台之上而水患锐减，书院藏书阁——云章阁二楼从此免遭水患。由此，书院所藏书籍得以保存至后世。

其三，从书院志编撰情况分析。现存《白鹭洲书院志》为清同治版本，该版本是在乾隆版《鹭洲书院志》基础上补充完善的。而乾隆版《鹭洲书院志》，则是将万历二十二年《白鹭洲书院志》与康熙三十年《白鹭洲书院志》合二为一。《白鹭洲书院志》共有6次编撰，其中万历版最为翔实，涉及书院教育教学、设施管理等各个方面。

综合上述三点，志书中"原藏书籍"指万历二十二年重修书院时的藏书大致无误。但《志》中"原藏书籍"结语写道："今所存者不过十之一，典守者谁，不得辞其责矣。"也就是说，万历版《志》书所载的"原藏书籍"至清代乾隆时大多散佚，所剩不过十分之一。《志》书编撰者痛心地说道："这些珍贵的藏书遗失这么多，保管的人都是谁？他们难辞其责！"

"现存书籍"就好理解了，是指最后一次修《志》时书院的藏书状况，即同治十年(1871)白鹭洲书院的藏书。咸丰六年(1856),太平天国的战火将白鹭洲荡为荒洲,书院原有藏书全被烧毁。同治七年(1868),书院迁于城西仁山,建筑规制完备,各项设施设备也都一一完善。此次重建,添置了各类书籍共 34 部 222 本,有《御制春秋传说》《御制资治通鉴纲目》《小学集解》《大学衍义辑要》《性理正宗》《王学质疑》《欧阳文忠公集》《西江文汇》等。

从"现存书籍"数量和种类来看,与原藏书籍相比,颇显寒碜。经、史、子、集类书籍极少,基本为应对科举的性理类书籍。由此反映出书院在清代中期已经基本沦为科举附庸,其学术独立自由之精神基本丧失。

二、白鹭洲书院刻书

书院刻书状况,《志》书中无明确记载,但有迹可循,有证可考。

清乾隆时期书院山长冯秉忠撰写的《王太守教思记》中有这么一段话:"表彰宋明诸乡贤,搜求遗集,续亡补阙,付之剞劂。"①这段话意思是说:清乾隆时期的吉安知府王铭琮,为彰表吉安先贤功绩,到处寻访搜集先贤遗留下来的诗文集,并组织人员修订完善,刻版印刷。

这可不是个小工程。这是因为,宋明时期,吉安人才辈出,进士数量、三鼎甲人物及在朝为官的重臣、大臣不胜枚举,在明代更有"朝士半江西,翰林多吉水"的空前盛况。闻名朝野的文学家、思想家、哲学家、诗人数不胜数,这些先贤留下的诗文集相当丰富,不是几十部,应该是几百部了。这么大的刊刻工程,由书院实施,书院刻书能力之强,由此可见。

从如今依然存世的古籍善本和学者收集到的资料来看,白鹭洲书院的刻书应该也颇有名气。

今国家图书馆古籍馆善本阅览室藏有一套白鹭洲书院刊刻的《汉书》,共 88 卷。书中扉页上有鲜明的印章款识,上写"甲申岁刊于白鹭洲书院"。

据古籍专家鉴定,这套书年代久远,应属宋代刻本。由于存世的宋代刻本

① (清)刘绎:《白鹭洲书院志》,合肥:黄山书社 2018 年影印同治十年刻本,第四册,第 14 页。

书籍极少，国家图书馆将这套书列为珍贵古籍，且列入“中华再造善本大型丛书系列”，通过原书复制、缩小影印、全书数字化保护等多种方式予以保护传承，是国家图书馆镇馆之宝之一。

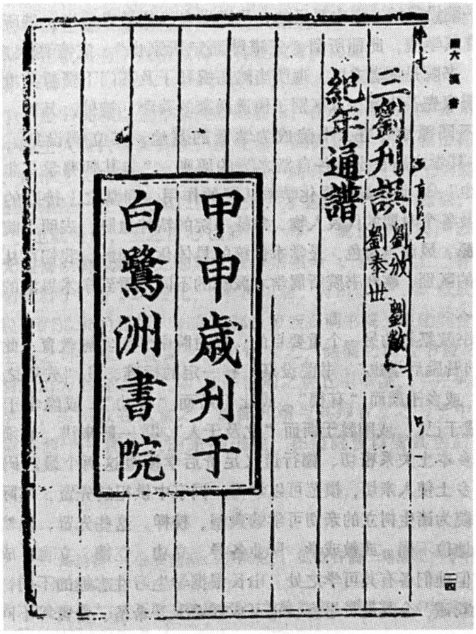

国家图书馆馆藏《汉书》内页

白鹭洲书院于甲申岁刊刻的这套《汉书》如此珍贵，有其特殊的历史背景。宋代，吉州刻书印书在全国负有盛名，原因有二：

其一，吉州盛产纸张，其中永丰手工毛边纸闻名全国，在唐代时已是贡品，列为宫廷用纸。其色白，纸面光滑匀细，韧性好，吸水性强、不淡墨，字迹经久不衰，且百年不蛀不变色，是书写、印刷之佳品。有记载说：“凡印书，永丰绵纸为上。”这里说的绵纸，就是永丰的手工毛边纸，也称为“玉扣纸”。

其二，因为周必大刻本而闻名。周必大，吉州庐陵人，南宋政治家、文学家，官至宰相。退休回家后，他在吉州城城北筑平园，召集文人工匠在平园内刊刻了多部书籍，其中最主要的成就为欧阳修的《六一居士集》150 卷和《文苑英华》1000 卷。《文苑英华》刻本由于其卷帙浩繁，校勘准确，印装精良，属宋版图书中的精品，版本价值极高。《六一居士集》现残存的三十卷，成为江西图书馆馆藏古籍中最早的珍本。“周必大刻本”由此成为历代藏书追捧，奉为私家刻书典范。

在周必大的影响带动下，南宋后期开始，吉州刻书业异常发达，成为全国书籍刊刻交易中心。正是基于这一历史背景，著名的白鹭洲书院，其刊刻的书籍自然具有极高的收藏和研究价值。

这套藏于国家图书馆的《汉书》，专家鉴定为宋代刻本，且认定刊刻时间为南宋嘉定十七年（1224）。对此，笔者略持不同观点。原因很简单，因为嘉定十七年(1224),白鹭洲书院尚未创立,诸多资料显示,白鹭洲书院创建于南宋淳祐元年(1241)。所以笔者认为,此套书籍上“甲申岁刊于白鹭洲书院”不可能是在南宋嘉定十七年(1224),而应该是下一个甲申岁,即 1284 年,元代初年。

元初的白鹭洲书院,延续了南宋时的办学盛况。1279 年,书院还新建了江文忠公祠。1284 年的元朝社会,政局稳定,正是经济和文化复苏之时,朝廷对书院的政策也很宽松,鼓励民间创办书院。在这一社会背景之下的白鹭洲书院,办学欣欣向荣,此时主持刊刻一套完整的《汉书》完全可行。

需要指出的是,这套《汉书》虽刊刻于元初,但因其刻书的手法、风格和特点,包括纸张、版式等,完全保留了宋代刻书的特点,且时间距离宋朝灭国仅几年,故专家判断其为宋刻本,情理皆通。

由元初的这套《汉书》及乾隆时王铭琮主持刊刻吉安先贤文集,可基本断定,刻书功能存在于白鹭洲书院的整个发展历史当中。

近年来,有藏家、学者汇集各方资料,将目前已查知的白鹭洲书院刻书情况进行了统计,书目及刻印年代如下:

《汉书》一百二十卷　宋嘉定十七年(暂按目前统一说法)白鹭洲书院刻本

《汉书集注》一百卷　宋嘉定十七年(暂按目前统一说法)白鹭洲书院刻本

《后汉书》九十卷　宋白鹭洲书院刻本

《慎余堂诗集》四卷、《慎余堂文集》四卷　清康熙间白鹭洲书院云章阁刻本

《乐安志稿偶存》三卷　清同治十一年仁山白鹭书院刻本

《吉安府志稿》三卷　清同治十一年仁山白鹭书院刻本

《郡志逸事别存》上下编　清同治十二年仁山白鹭书院刻本

《诚意斋杂录》二十八卷　清同治十二年仁山白鹭书院刻本

《黄县志稿》五卷　清同治十二年仁山白鹭书院刻本

《蠡书》三卷　清同治十三年仁山白鹭书院刻本

《鼎吉堂诗抄》五卷　清光绪十二年仁山白鹭书院刻本(注:光绪十一年,白

鹭洲书院已迁回洲上，仁山白鹭书院已改名阳明书院，此或有误，待考。）①

从上述资料分析，刻书应该属书院的一项附属产业。上述目录中的《乐安志》《黄县志》，这两县均不属吉安府管辖，书院不可能无偿为其刊印志书，有偿服务的可能性极大。后世，很多学校建有校办企业，其中比较多见的为出版社和印刷厂，或许这就是古代书院的流风。

① 汪泰荣编：《吉安书院志》，北京：中华书局2013年版，第102页。

第四章

前贤芳踪

白鹭洲书院近八百年的历史长河中，无数贤达之士在此徜徉留名。他们在此传授经典、问道求学；他们为书院复兴殚精竭虑，慷慨解囊；他们赞叹于书院巍峨耸立的楼阁，波光云影的美景，登高眺远，吟风弄月；他们沉醉于书院浓厚的学术氛围，名士俊秀展现文采风华，阐发义理，启发民智。他们中有显贵的官宦，有当世的名儒，也有古道热肠的商贾。无数学子从这里出发，走进历史的舞台，演出一幕幕华彩的人文乐章。

第一节 · 名　宦 ·

雍正三年(1725)，安福人王岐瑞撰写的《白鹭洲书院记》中有这么一句话："白鹭之胜，不独胜于水、胜于山、胜于轮奂之美，盖胜于六君子之过化，胜于各名守之振作也。”①这应该是对白鹭洲书院较为客观准确的审视。在白鹭洲书院发展进程中，虽然山水风光宜人，建筑美轮美奂，但屡遭洪水兵燹而毁。如果没有历朝名宦因敬仰书院曾是理学大家过化之地，为弘扬理学而竭尽全力予以振作复兴，那么白鹭洲书院的历史不可能书写到今天。

书院自南宋创办到清末改为学堂，对书院发展有重大影响的地方父母官数不胜数。他们有些青史留名，其功德事迹煌煌可表；有些名不见经传，只在发黄的故纸堆中偶现三言两语。不论何种情况，他们都不应该被忘记，正是因为他们的锲而不舍、全力复兴，才有了白鹭洲书院六百余年的悠久历史。

以下将书院自创办以来，有记载的，为书院发展复兴、教育教学不遗余力的父母官的功绩，按其任职时间先后予以列举。

江万里

江万里(1198—1275)，字子远，号古心，江西都昌人。南宋政治家、教育家和爱国者，官至宰相。江万里秉性峭直，为官清廉，重视教育，善政爱民，广受百姓称道。其出身理学世家，父亲江烨，一生致力程朱理学研习传播，母亲陈氏，为理学名儒陈大猷之女。江万里少时曾求学于白鹿洞书院，拜朱熹弟子林夔孙为师，为朱熹再传弟子，所以，他一生致力于弘扬理学，平生以造士育人为乐。

南宋嘉熙四年(1240)，江万里知吉州，第二年，就创办了白鹭洲书院。江万里一生创办了三所书院，白鹭洲书院是其创办的第一所书院，淳祐二年(1242)，江万里升任江西转运判官兼权隆兴府(今南昌)，为纪念周敦颐知南昌县，奏请朝廷于府城外龙沙岗建宗濂精舍，后又嘱南安军知军林寿公建周程书院于大庾县城。

三所书院中，江万里对白鹭洲书院感情最深。书院创建后，他希望寻找一位德才兼备的醇儒任书院山长，以启迪学子传承理学。他对庐陵永和人欧阳守

① (清)刘绎:《白鹭洲书院志》，合肥:黄山书社2018年影印同治十年刻本，第四册，第11页。

道特别器重,1240 年,江万里知吉州时,欧阳守道已是当地德厚才高的醇儒,江万里将其召于身边亲自栽培。书院建成后,江万里最满意的山长人选是欧阳守道,但这一年欧阳守道科举应试中第,朝廷委派其任雩都(今赣州于都)主簿,无法就任山长之职。一时之间,江万里找不到合适山长,就亲自为诸生讲授。江万里白天处理政务,晚上驾舟来到洲上,给学生讲课,陶醉在育人的欢愉之中。江万里晚年,回首往事,常叹"平生士气之乐惟鹭洲一事",对白鹭洲书院的欢喜留恋之情溢于言表。

江万里身为理学大儒,深受儒家忧患意识影响,有着强烈的爱国情怀和民族气节,他曾忧虑地对皇帝说:"今世所少,惟节义。"因而,他创办书院的目的,除了弘扬理学,更希望彰显忠节义烈之气,培养匡时济世之才。

江万里性格严峻刚直,在朝廷任职,面对朝堂上避战求和、偏安一隅的观点,常直言劝谏,力主抗击,因此,受到当权派贾似道的排挤贬谪。即便如此,他忧国救国之心矢志不渝,不论是在朝廷为相,还是贬在地方做官,始终想的是"手培国本,力济时艰"。

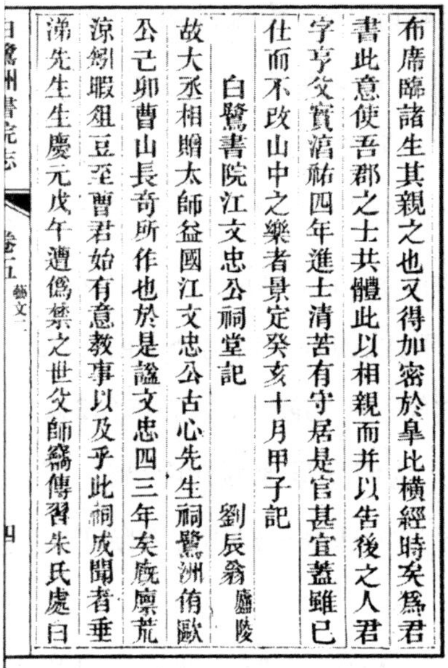
白鷺洲書院志　卷五　藝文　四

布席臨諸生其親之也又得加密於阜比橫經時矣爲君書此意使吾郡之士共體此以相親而并以告後之人君字亨父寶祐四年進士清苦有守居是官甚宜蓋雖已仕而不改山中之樂者景定癸亥十月甲子記

白鷺書院江文忠公祠堂記　　劉辰翁　廬陵

故大丞相贈太師益國江文忠公古心先生祠鷺洲侑歐公己卯曹山長奇所作也於是謚文忠四三年矣廐廪荒涼糾暇俎豆至曹君始有意教事以及乎此祠成聞者垂涕先生生慶元戊午遭僞禁之世父師繇傳習朱氏處曰

《白鹭书院江文忠公祠堂记》

咸淳九年(1273),76 岁高龄的江万里任湖南安抚大使兼知潭州(湖南长沙),当时正任职湖南提刑的文天祥去拜会师祖。江万里素来欣赏文天祥的凛然气节,于是将挽救国家的重任予以托付,他对文天祥说:"吾老矣,观天时人事,必当有变。世道之责,其在君乎!"①

1275 年,致仕在家的江万里在宅子后园凿了一口池子,池旁建亭曰"止水"。

① 丁功谊、李仁生著:《文天祥年谱》,南昌:江西人民出版社,2016 年,第 146 页。

当听闻元军破饶州城，他带着全家老小及仆从投入池中自溺而亡。江万里死后，朝廷追封其为太傅、益国公，后加赠太师，谥号文忠。

江万里的思想品质和办学理念对白鹭洲书院影响深远。祥兴二年(1279)，书院山长曹奇在书院建“江文忠公祠”祭祀江万里，书院学子、南宋末年爱国词人刘辰翁在《白鹭书院江文忠公祠堂记》中写道：“先生又以身殉，宇宙与之始终，虽康之山、鄱之水，同光而共洁，而其道隐然增鹭洲之重。”①江文忠公祠的建立，树起了白鹭洲书院崇尚气节的大纛，奠定了书院弘扬理学、崇尚忠节的办学理念。

纳速儿丁

纳速儿丁(生卒年不详)，蒙古人，元至正十年(1350)任吉安路达鲁花赤(元代官名，蒙语为监郡之意，属地方最高军政长官)。他为政有方，兴废补弊，修举政事，使民众得以休养生息。纳速儿丁还是一名骁勇善战的猛将，他听闻红巾军在北方举事，便未雨绸缪，积极备战，提前修筑加固城池，广泛宣传动员，征兵训练。红巾军侵犯吉安时，他带领亲兵沿途设伏，亲自督战，有勇有谋，大败红巾军，保卫了吉安城。

可惜，位于城外赣江之中的白鹭洲书院未能幸免于难。至正十二年(1352)，白鹭洲书院被红巾军烧毁，只剩夫子庙独存。祸不单行，至正十四年(1354)书院又遭洪水，连夫子庙也坍塌不存。但奇怪的是，庙内的孔子圣像却完好无损。于是，当地士绅纷纷议论，说这是上天崇重斯文之意，必须尊天命重修书院，书院山长郭庆传、训导曹中也借此议论上书衙门，请求重建书院。

面对如沸物议，纳速儿丁对同僚感慨道：“三代之学，所以明人伦也。书院亦讲学明人伦之地，若废弛不葺，牧守责也。修葺而耗民财、殚民力，又非圣贤

---

① (清)刘绎：《白鹭洲书院志》，合肥：黄山书社2018年影印同治十年刻本，第三册，第6页。

意也。”①

意思说：书院和学校一样，是倡明人伦天理的地方，如果任其废弃，作为父母官是有责任的。可是，刚刚平定红巾军叛乱，收复了城池，修葺了府署，哪里还有钱修书院呢？如果让民众出钱，加重民众负担，恐怕也不是圣人之意。

于是，他命吉安富商欧阳成德独力捐资重建书院。在他的推动下，白鹭洲书院又重新矗立在洲岛。这次重建书院，永新籍进士吴师尹撰写了《重修白鹭洲书院记》，他在文中详细记载了书院自建成后的毁废和修缮情况，重点描述了此次重建的过程，并对监郡官纳速儿丁大加赞扬。他说：“吉安之有监郡，我民千载一遇也；鹭洲重修于监郡，又斯文千载一遇也。”“贤哉监郡，国之名臣。牧此大邦，惟时之桢。”“不有贤侯，孰惠来学。侯之善政，冠于南国。文学之修，亦昭令德。宫墙巍巍，丰碑翼翼。播之声歌，颂之无斁。”②

后世，人们为了旌表纳速儿丁兴复书院之功，将其配祀于江文忠祠内。

黄宗明

黄宗明（生卒年不详），字诚甫，号致斋，浙江宁波鄞县人，明正德九年（1514）进士，官至礼部侍郎。1521年，黄宗明任吉安知府，他不畏强暴，捕盗安民，洁己清廉，深受百姓爱戴。当时吉安有豪强之家与盗匪勾结，祸害百姓，百姓敢怒不敢言。黄宗明周密部署，秘密行动，将豪强与盗匪一网打尽，绳之以法，还百姓以安宁。

黄宗明尤其重视教育，他任知府时，白鹭洲书院已经中断办学150年。面对荒草萋萋的白鹭洲书院，黄宗明想起江万里、欧阳守道等前贤的丰功伟绩，深为感慨，决定兴复白鹭洲书院。嘉靖五年（1526），白鹭洲书院重建完工，黄宗明

---

① （清）刘绎：《白鹭洲书院志》，合肥：黄山书社2018年影印同治十年刻本，第三册，第7页。

② （清）刘绎：《白鹭洲书院志》，合肥：黄山书社2018年影印同治十年刻本，第三册，第8、9页。

又拨给书院必需的办学经费和学田院产，聘请山长，选各县杰出才俊到书院学习，恢复了白鹭洲书院办学。

正是因为黄宗明这一举动，这个几乎被人遗忘的著名书院，重新接续了新的生命。所以，后人将黄宗明并祀于江文忠祠，以旌表感恩。

何其高

何其高（生卒年不详），字抑之，号白坡，四川阆中人，明嘉靖十一年（1532）进士。嘉靖二十年（1541），由御史出任吉安知府。他任知府期间，“严而有制，故吏畏而民不敢轻犯法”，是个严肃认真且有章法的管理者，衙门里大小官员都畏惧他，民众也不敢轻易去触犯法律，在他治理下的吉安，政治清明，物阜民安。

何其高重视教育，尤为关注白鹭洲书院的发展。这时的白鹭洲书院，因水灾冲毁院舍尚未恢复，学子无学习场所，散处家中自学。见此情形，何其高决意恢复书院。嘉靖二十一年（1542），何其高听从吉安士绅建议，将白鹭洲书院改建于城南仁寿山，嘉靖二十二年（1543），迁建工程完工。新建的书院规模宏大，堂室斋舍井然有序，亭台楼阁鳞次栉比，蔚为大观，门额“白鹭书院”，以示与白鹭洲书院的区别与渊源。

何其高热衷理学研讨与传承，修学兴教，兴复白鹭洲书院，自认为是人生快意之事。因而书院建成之后，他邀请众多当时闻名的理学家、心学家来书院参观、讲学，并撰写记文。

当时，“阳明七子”之首的邹守益正闲居在家，他应邀参加了聚会。那日，何其高“集群僚醴宾，登兹楼而乐之”，他们登高远眺，只见“左峙神冈，右挹螺山，后环天华、瑞华，而前列青原诸峰。赣江合卢、禾二水以汇于洲，悠悠欲留，于江山为胜”。吉安城内外秀丽的山水风光尽收眼底，令人心旷神怡。何其高借机请邹守益为这座楼起名，邹守益遂以“聚秀”命名。何知府听了很高兴，欣然曰：“吉郡之显，若泷冈以欧，文山以文，梅砻以李，一峰以罗，余韵犹存焉。愿闻秀之义与聚之方，庶章往而范来。”对吉安历代先贤的崇敬之情溢于言表。

邹守益身为国子监祭酒，学富五车，才高八斗，当即应何其高之请，就聚秀二字，从古至今，由万物至圣贤，洋洋洒洒进行了详尽阐述，最后说道："是以恂恂而儒，庄庄而士，由由而君子，肥于家以肥于天下，是谓聚秀之极。"何其高听后举杯感慨："予与诸君子交任其成，以率二三子，庶由泷江、文山，以溯濂洛，以寻洙泗，以宣昭代人文之化，其无负兹江山。"①尽显地方官和醇儒的责任担当。

此后，何其高常在书院举办讲会，阐发义理，明辩儒学。众多理学名儒受邀来书院讲学，如罗钦顺、邹守益、欧阳德、罗洪先、聂豹、尹台、胡经等。

嘉靖二十五年（1546），何其高还主持编撰了第一本《白鹭洲书院志》，将书院外迁原委告诉后人。他邀请诸多吉安名儒撰写了《城南白鹭书院记》《聚秀楼记》《集义堂记》《道心堂记》《学田记》《乐育堂记》等十余篇文章，记录下这一迁建盛事，将这些文章全部收录于《志》书中。正是这本《志》书的传世，让后世对白鹭洲书院这一阶段的发展有了清晰准确的认识，为后学研究古代书院历史和当时的理学思想，提供了宝贵的资料。

钱一本

钱一本（1546—1617），字国瑞，号启新，毗陵（今江苏常州）人，明代著名学者，"东林八君子"之一。明万历十一年（1583）进士，同年任庐陵知县。钱一本为官清廉，性格憨厚正直，不惧权贵，敢于直言。任福建道御史期间，奏劾江西巡抚贪墨，又上《论相》《建储》二疏论政弊，触怒神宗，削官为民。后潜心致学，尤精于《易》，学者称启新先生，与顾宪成分主东林书院讲席。天启初追赠太仆寺卿。

任庐陵知县时，钱一本特别重视教育事业，他先修缮庐陵县学宫，又于万历十四年（1586），捐个人俸禄修缮城北白鹭书院。公务闲暇时，他常在白鹭书院讲学，亲自给学生出考课试题，并亲自批改。他还每月召集吉安府学、县学的生员齐聚书院会讲，邀请王时槐等学者来书院主讲。一时间，庐陵学风大兴，士子

---

① （清）刘绎：《白鹭洲书院志》，合肥：黄山书社2018年影印同治十年刻本，第三册，第13页。

皆以正心修身为学习目的,以知行合一为实现理想抱负的途径,培养了一批品德才学俱佳的醇儒。

钱一本崇尚正学,推崇王阳明致良知之学,他与当时著名学者安福人王时槐"深相契洽",两人在学术上互相欣赏,常一起研讨,默契融洽。他修缮书院,增设了道心堂和阳明祠,在祠内祭祀王阳明,并以邹守益等12位著名阳明后学配祀。

王时槐对钱一本潜心正学、倾心育人的治学态度高度赞赏,他说:"今邑侯启新先生,重修书院,以续江公之遗迹,盖亦与朱子之意同,庐陵人士何其幸哉!"①认为这是庐陵人士的一大幸事!

钱一本还请王时槐主持了《白鹭洲书院志》的第二次编撰,在嘉靖二十五年《白鹭洲书院志》基础上进行了补充完善。

汪可受

汪可受(1559—1620),一名静峰,字以虚,号以峰,湖北黄梅人。明万历八年(1580)进士,历任礼部主事、郎中,万历十九年(1591)任吉安知府,后擢升江西右参政,官至兵部侍郎。汪可受为官四十年,以坚守操节,严于自律闻名于世,为政重学兴教,任吉安知府第二年,即着手重建白鹭洲书院。

汪可受刚到任时,书院尚在城北庐陵县学内。由于他热心教育事业,公务闲暇时常亲自给学生授课,深受学生爱戴,有江万里之遗风,于是郡中士人谋划着向汪可受请求,将书院迁回白鹭洲。

汪可受从善如流,听了士绅的倡议后慨然道:"兴废振敝,宁异人任?"立即向上级请示重建书院于洲,且保证重建经费"俱以乡先生行之,惟少藉资助于官"。请示立即得到批准,汪可受于是命别驾尹学孔负责工程实施,同时,请永新进士甘雨作《重修白鹭洲书院募劝疏》,向十县士绅倡议为书院重建于洲

① (清)刘绎:《白鹭洲书院志》,合肥:黄山书社2018年影印同治十年刻本,第三册,第24页。

捐款。

汪可受带头捐俸银一百两，在他的带动下，上至江西巡抚、湖西守道，下至吉安府下辖九县衙门里的主簿、典史等无品小吏，府、县生员和各地乡绅共600余人为书院捐银或捐物、捐田。书院重建有了充足的资金保障。

这次重建书院于洲，为彻底解决书院水患，尹学孔提出了一个大胆的方案，在洲上筑高台，在高台之上建书院。汪可受非常赞同，全力支持。他们做了全面细致的调查，详细了解了白鹭洲历年水患的水位，在洲北用石条和沙土筑起了一个高3米、长116米、宽70米的高台，在高台之上兴建堂舍楼阁。仅一年半时间，一座蔚为壮观的书院雄立于白鹭洲洲北。此后，白鹭洲上"烟波浩渺间层楼飞阁，江流环带处弦诵复盈"，"鹭洲文澜"成为令人啧啧称赞的人文胜景。

此次维修之后，白鹭洲书院水患锐减，除非百年一遇的特大洪灾才能对书院建筑造成损害。因此，后人称此高台为"吉台"，并树汉白玉碑石在吉台之北，以纪念汪可受、尹学孔护书院之功。

汪可受还厘正了书院崇祀。钱一本修缮城北白鹭书院时，在书院内增设了阳明祠祭祀王阳明。汪可受却认为："吉州之有二程夫子，其理学之开创乎！有阳明先生，其理学之中兴乎！"①意思是说书院内只有阳阳祠，而没有二程祠，极为不妥。因为二程是理学发展的鼻祖，王阳明不过是理学的中兴。他向上级请示，恢复白鹭洲书院二程祠，并以吉安两位著名理学家罗伦、罗钦顺配祀。又在书院泮池前建三座牌坊，分别为"理学坊""忠节坊""名臣坊"，刻上了吉安历代共124位先贤的名姓，以旌表他们在学问文章、气节及事功方面取得的成就，以此激励书院后学以他们为榜样，成为国家栋梁。

汪可受还亲自订立了《馆规十二条》《约禁十一条》，明确书院教育的目的，严格书院管理制度，保证书院的教育质量和教学秩序。他规定"每月三、八日，各号房公堂会文，朔望日于正堂会考"。每次会文会考，汪可受都亲临书院督

---

① （清）刘绎：《白鹭洲书院志》，合肥：黄山书社2018年影印同治十年刻本，第四册，第33页。

导，学生的论策文章，他都“字比句栉，絜短论长，不遗余力”。他将优秀的学生作文整理成册，刊刻印刷成书，取名为《鹭洲会草》，并请当时闻名全国的大儒邹元标为此书作序。

邹元标因此作《白鹭洲会课序》，他在序中说道：“我郡侯汪静峰公品格超卓，资不当为郡，当事者为吾吉而重借侯。侯之治吉也，身寄刑狱钱谷之中，心游太虚无为之表。事至如新硎出匣，大者斧斫，小者立削，案无滞牍。庭有余闲，每走马循行田野间，田夫野老至争道而趋，初不知郡侯也者，既询知为侯，辄各挈茶榼奉侯，周旋亦不惊异，其得民如此！期年政成，上下胥悦，乃辟故白鹭洲遗址兴书院，日徜徉其间，焚香键关，静观无始。诸俊士有从公游者，公以艺程之得百余篇付之剞劂氏，名曰《鹭洲会草》，而属余引其端。余阅之，大都自抒机轴，不袭口吻，才情藻思，各极其至，亦一时之选也。”①

他还经常在书院会讲。他在馆规中教导学生：“今之会虽非古之文，然时艺从养气养心来者，其心思气度自别。俗人开口便见俗气，以此知理学举业原非两事。今后乡先生有理学雅会，诸生须知敬听。其未发心于此道者，止宜闭户习读章句，不得旁观窃笑，以滋浮荡。”②

他邀请当世诸多名儒来书院会讲，万历二十三年(1595)，王阳明第三代弟子代表邹元标与贺沚、罗大紘、甘公亮等人先后会讲于白鹭洲书院，听者云集，江西岭北道参承龚道立亲临大会。在讲会活动的引导下，书院学术之风大兴，学子个个“服膺明训，争自濯濯”，“三五年间，吉州文风几于变雅”。

复建书院于洲，是白鹭洲书院发展进程中的重要转折。或许，没有汪可受此役，白鹭洲书院自此与白鹭洲无缘了。汪可受对自己这番作为亦颇感满意，书院建成后，他邀请了众多在朝为官的德才俱佳的吉安籍士人为书院这次重建

① (清)刘绎：《白鹭洲书院志》，合肥：黄山书社2018年影印同治十年刻本，第三册，第61页。

② (清)刘绎：《白鹭洲书院志》，合肥：黄山书社2018年影印同治十年刻本，第二册，第57页。

撰写记文，又请进士甘雨编撰《白鹭洲书院志》记录下这一盛事。

白鹭洲书院名重吉安，这次复建于洲深得人心，重臣名士受邀亦欣然提笔，如王时槐、邹元标、刘应秋、彭应时、习孔教、陈嘉谟、曾同亨、喻均、万廷言、王命爵等都分别写了记文，这些文章也无一遗漏地收录到了这版《白鹭洲书院志》中。

汪可受的为官操守，治理成效深得庐陵士人好评。司经局洗马、吉水人刘应秋赞其："廉明而有至惠，治状直追古人。"太子少保工部尚书、吉水人曾同亨谓其："所至以学术饰吏治，在郡三年，尤孳孳以学道爱人为急。"安福王时槐评价其："躬临程督，日课月试，激励诱迪，寒暑不辍，即父兄之劝诲子弟，殷殷然冀其必成。高朗超迈，有隘视人寰、栖神外物之气。于道，洞澈本原，不为尘网所缚，时时出其廓大幽元之，见以示诸生，其意远矣。"庐陵陈嘉谟赞其："公既慨然中兴书院，尤嘉惠于庐陵之挟策来游者，而坦夷乐易，使人亲己，士啧啧颂公，以为古心先生再见于今日。"将汪可受与江万里相媲美。

尹学孔

尹学孔（生卒年不详），字时卿，永新人。出身堪舆世家，勤奋好学，学识渊博。任贵州藩幕时，平乱安民，后迁云南景东同知，多善政，当地强悍蛮横的士绅官吏在他的治理下，都被他驯服，服从衙门的管理，离职时，景东人纷纷立祠祭祀他。

万历二十年（1592）前后，尹学孔任吉安府司马。其时，知府汪可受决意复建白鹭洲书院于洲，请尹学孔全权谋划营筑。

明代正德之后，赣江连年大水。白鹭洲上已经不适应办学，无奈之下，白鹭洲书院被迫迁出了洲岛。要想重建书院于洲，就需要根治书院水患。早在多年前，尹学孔就提出"筑基捍水"之法。当时他提出筑基三尺，即将洲基抬高三尺，但同意他方案的人很少，故未能实施。后连续数年大水，大家发现果如尹学孔所说，大水每每都是没过书院三尺，这才钦服尹学孔的见识。恰在此时，汪可受同意重修书院，于是，大家纷纷推举尹学孔负责此项工程。汪知府听从大家的建议，邀其“主鹭洲役务”。

为振兴吉安教育，尹学孔毅然担此大任。他翔实周密考查了赣江历年洪水水位，为保书院万世长久，他用条石筑围，内填沙土，在洲北修筑了高台，在高台之上建书院。

书院建好后，尹学孔发现，书院矗立在高台之上，固然安全，但高台没有护堤，天长日久经洪水冲刷，台子总有一天会被冲垮，台子一垮，书院也将不复存在。为保书院万世长久，他谋划在高台以南建一个坚固的防护堤。

但是，这次重建书院，因为建了高台，花费巨大，郡中士绅商贾所捐资金所剩无几。要再建永堤，还需要一笔巨款，再者书院建好后，还要置办学田院产，才能保证书院永久运营。汪知府向省里请示重建书院时，可是向省里保证过，不用官府出钱的。建永堤和置办学田院产的钱怎么筹？为此事，尹学孔茶不思饭不想。

此时，恰好两年前为书院重修而撰写《重修白鹭洲书院募劝疏》的进士甘雨从广东回乡，尹学孔恳请他再写个倡捐的募疏，倡捐义田，兴建永堤。

甘雨开始也很为难，头一年才刚刚募集了建设资金，现在又要向民众募集，实在难以启齿。于是，没有答应尹学孔的请求。尹学孔实在没有办法了，情急之下膝席请求甘雨。尹学孔的举动令甘雨非常感动，于是答应了他的请求，撰写了《白鹭洲书院义田募疏》。

募疏一发，吉安士绅通情达理，纷纷为书院义田、永堤捐款。募集到资金之后，尹学孔在书院泮池以南修筑了一个宽 90 多米，周围长 150 多米，共 13500 平方米的护堤，后人称之为“永堤”。今天的白鹭洲中学，大部分校舍建筑，就是建在尹学孔修筑的永堤之上。这次修建永堤，尹学孔带头发动家族捐款，全族共筹措了 700 余金，为筑堤做出了大贡献。

然而，此次重建之后，大家纷纷撰文称颂知府汪可受再造书院之功。为书院复建和长远发展殚精竭虑、废寝忘食、举族相助的尹学孔，却渐渐被人们淡忘。

清代乾隆时期的白鹭洲书院学子王世业，在书院读书时，偶然翻阅到了尹学孔写的《白鹭洲书院遗事》。当他了解到尹学孔筑高台、修永堤，重建书院的故事后，大为感慨，写下了《阅尹司马白鹭洲遗事》一诗。

他在诗序中介绍了议修吉台的过程："司马尹公学孔，字时卿，精形家说。万历壬辰，汪郡侯邀主鹭洲役务，筑基捍水，公欲益高三尺，时寡和议寝。后数年水，书院没果三尺，众始服如议。公出橐金筑洲堤，佐费不赀。自此安恬弦歌至今，盖谓水长洲高者，俗说也。"

又在诗中讲述了修吉台的必要性，歌颂了尹学孔的丰功伟绩。诗曰：

见说洲有神，水长洲亦长。眼见癸巳间，道心堂溟漭。
止幸云章阁，怀襄不可上。如何神力衰，水盛神难强。
则知天下理惟一，疏沦陂障同物象。
龙门不怕断地脉，郑白溉田精渠港。
所贵圣神文武才，经天纬地如方丈。
白鹭洲形拟金陵，当年创建江古心。
世变沧桑几铁马，迩者洄洄春涨侵。
吾乡司马公，堪舆家学深。
水由地中须堤护，相度营筑避陆沉。
太守属公公相之，南车指画倒囊金。
弃家数月劳斯役，九邑弦歌韵到今。
俗见拘墟难语古，群嚣淆众人迂腐。
每行堤畔付成劳，忽翻遗册叹利薄。
功多贻利在子孙，吾知世递发尹氏。
莫惜来洲浚渊源，尽君种植环桃李。①

这首诗，将民间水涨洲高传说的由来详尽叙述，将一个学识渊博、恪尽职守、举族襄助、清廉奉公的官员形象生动刻画。正是这首诗、序，让我们对白鹭

① （清）刘绎：《白鹭洲书院志》，合肥：黄山书社2018年影印同治十年刻本，第二册，第56页。

洲书院吉台、永堤的修筑历史有了更清晰、完整的认识。

“别驾功尤钜，悠悠江水铭。至今春涨后，台自作坚城。”这是乾隆时期书院山长孔兴浙所作《吉台》一诗。恰如诗中所言，岁月悠悠，历经五百余年，吉台和永堤已经和白鹭洲融为一体，成为白鹭洲书院千年不坠的坚固长城。因为吉台和永堤的存在，白鹭洲上弦歌不绝，书香永存。尹学孔是白鹭洲书院吉台、永堤的策划者、实施者，是书院发展历史上默默无闻又劳苦功高的功臣。白鹭洲会记住这个名字，吉安人民会永远记住这个名字。

吴士奇

吴士奇（生卒年不详），字无奇，安徽歙县人，明万历二十年（1592）进士，官至太常寺卿。因不满宦官魏忠贤擅政专权而愤然辞官，回家后著书立说，留有《史裁》于世，为其读史心得体悟。万历三十年（1602）前后，吴士奇任吉安知府。为官清廉，处事谨慎小心，处理政务勤敏。前任知府汪可受在书院内建理学、忠节、名臣三坊，吴士奇特为此著《白鹭洲书院三不朽志》，对坊上刻名的历代先贤一一评价，褒贬有度，抑扬得当。可惜此《志》散佚，暂无踪迹。

龚道立

龚道立（生卒年不详），字应身，武进人（今江苏常州），万历进士。为官“以经术饰吏治”，倡导官员通过学习研究儒家经典以涵养自已的品德修行。明万历二十三年（1595）前后，龚道立任江西岭北道参政。其时，恰逢汪可受重修白鹭洲书院，他给予了热心帮助和支持。书院建成后，汪可受聘请他为书院主讲，与王时槐、邹元标等常在书院讲学，切磋学问。

万历二十三年（1595），在他的支持下，白鹭洲书院发起了一次大规模会讲活动。阳明第三代弟子代表邹元标、贺沚、罗大紘、甘公亮等人均到会发表学术论辩，听者云集，龚道立亲临大会指导，并著有《白鹭洲书院问答》，记录这次学术论辩盛况。可惜该著述散佚，盛会实况无法向读者呈现。

余玉节

余玉节（生卒年不详），字振衡，湖北大冶人，万历朝进士。明天启年间（1620—1627）任吉安知府。余玉节为官清廉，公正刚直，体恤百姓。他在吉安改革了增加民众负担的劳役制度以缓解民困，《光绪吉安府志》载其："请求马驿、漕艘为画一之法，以苏民困。"

其时，正逢阉党首领魏忠贤与皇帝的乳母客氏勾结把持朝政，利用特务机构（东厂）祸乱朝纲。一大批忧国忧民的士儒，常聚在东林书院、首善书院讲学，针砭时弊，以图在朝中培植正气，压制阉党擅权。魏忠贤深为忌恨，于是开始了以禁毁书院为名，实为剪除异己，迫害士人的政治运动。

此次禁毁书院，"东林、关中、江右、徽州"众多书院被拆毁得"片瓦不留"。白鹭洲书院因有众多当世名儒于此讲学，朝廷下令，将书院改建成魏忠贤生祠。余玉节接此诏令，坚决抵制，拒不执行，刚直不阿，正气凛然，使白鹭洲书院幸免于难，得以存留。

余玉节在吉安任职时，北方爆发了李自成农民起义，起义军一度南下至吉安，余玉节临危不惧，未雨绸缪，勇敢迎战。他指挥得当，有大帅之风，提前选拔精兵强将在重要路口布防，备足干粮严阵以待，又派出斥候侦察敌情，军纪严明，多次打败起义军先锋部队，阻止了起义军南下，保护了一方百姓安宁。后被提拔为南赣巡抚，在任上劳累而卒。

林一柱

林一柱（生卒年不详），字希有，福建莆田人。明万历三十八年（1610）进士，官至湖广御史。明崇祯七年（1634），任吉安知府。为官清正善治，为人谦恭和蔼，吉安在他的治理下，仅一年时间就"政洽人和，弊绝风清"，呈现政通人和之气象。

在林一柱任知府前，白鹭洲书院因天启年阉党魏忠贤发起禁毁天下书院而被毁废，多年没能修复。十县学子聚在城内塔水桥的依仁会馆学习。林一柱刚一上任，就十分关心白鹭洲的兴废状况和学子们的学习情况，亲临会馆看望、考校生员。他登上白鹭洲，实地考察书院残损现状，看到书院内杂草丛生，荒凉凋敝，感叹道："白鹭洲书院百余年育才造士，声名籍籍，如今数年任其湮沉破败，以至圣道不明，士习日下，这是官府的责任、官员的责任啊！"于是，筹措资金修复书院。

崇祯八年(1635)书院修复工程启动，只用了四个月时间，书院即修葺一新，并新建了几排号舍，以满足学子住宿需求。

林一柱以"兴贤育才、阐扬圣道为守土第一事"。书院修缮后，为兴复书院讲学，他从诸生之请，礼聘辞官在家的大司马、当世名儒李邦华任书院主讲。李邦华欣然答应并当场约定首讲时间。首讲前夕，林一柱亲自到书院扫室布席，以表达内心对李邦华的敬重之情。首讲当日，各方名士云集，堂内堂外，廊前廊后，人头攒动，盛况空前。讲课之后，林知府又陪同李邦华登临云章阁，览水光山色，谈国事民生，诗词唱和，笑语欢声，直至日落西山，设宴答谢后才散。

时人感慨道："鹭洲十余年来会事不举，人心风俗亦稍自异，识者每以为忧。此番盛典，自公首倡，规制仪节备极情文，将来必无废坠之虑。"①正是在林一柱的推动下，停办了十余年的鹭洲会讲活动，又重新兴盛起来。

杨春育

杨春育(生卒年不详)，籍贯出身不详。清顺治初年，朝廷在省一级政府机构下设道署，吉安府归湖西道管辖。清顺治三年(1646)，杨春育任江西按察使司佥事，分巡湖西道，上任伊始即来吉安视察。杨春育的先祖曾任前朝言官，与吉安众多名儒交好，常一起切磋文章，明学阐道，受益良多。杨春育年少时，常听祖辈谈及白鹭洲书院及吉安历代先贤事迹，对白鹭洲书院充满了无限的向往。

---

① (清)刘绎:《白鹭洲书院志》，合肥:黄山书社2018年影印同治十年刻本，第四册，第8页。

他到吉安视察直奔白鹭洲书院，见书院地势形胜绝佳，感慨道："古木层宇亘于水中，形家谓吉徵，故数年来，科目益巍以繁。"又见书院毁于战火，至今尚未修复，慨然说道："嗟乎！先贤之不忍辞弃此洲也固矣！天造草昧，忠节名臣，应时飚奋，而肇宣理学于开代之初，以踵唐虞三代之盛，后之君子，人有同怀，即春育其敢不勉砥焉?"①于是，立即和吉安知府晋承露倡议，募集资金重修书院。

杨春育工作雷厉风行。工程于顺治三年(1646)冬季动工，吉安府衙门里的几位官员，都在工程现场亲自督战，两个月就完工了，"雄丽如旧观"。杨春育非常高兴，欣然为此次重建撰写了《重建白鹭洲书院碑记》。

晋承露

晋承露(生卒年不详)，山西洪洞人，清顺治初年任吉安知府。顺治三年(1646)，湖西道守杨春育来吉视察，见白鹭洲书院经明末清初战火后尚未恢复，立即督促晋承露尽快修复。晋承露迅速召集府署全部人力投入重建工作，他自己亲拟倡募文书下发，筹措重建资金；请同知莫君负责召集工匠制定维修方案；请通判刘文明、司理吕天籁负责组织劳役工人，调度得当，经画得法，高效实施，仅两个月时间，重建工程即完工，受到道守杨春育的赞扬，将其事一一记录在《重建白鹭洲书院碑记》之中以示褒奖。

李兴元

李兴元(生卒年不详)，直隶遵化人，贡士出身。

顺治五年(1648)，吉安城遭遇战乱，郡城内外寥落凋敝，残墙断壁，满目疮痍，一直没有恢复。顺治八年(1651)，李兴元任吉安知府，到任后，见此情形，心为民忧，全力抚恤百姓。他宽政待民，救济孤残，又修缮官廨，兴复学宫，重建学宫明伦堂。

---

① (清)刘绎:《白鹭洲书院志》，合肥:黄山书社 2018 年影印同治十年刻本，第三册，第 72 页。

李兴元早就仰慕庐陵白鹭洲之名，读史之时，常思“登临其地，与昔贤相先后而不可得”。上任伊始就迫不及待叫属吏带他去书院。可此时的白鹭洲书院，因战乱加水灾，顺治三年（1646）才修好的书院又成荒草一片，只剩吉台孤零静卧，台上沙碛磷磷。见此景象，李兴元久久叹息。他很想重建书院，可一是水患不断，二是官府因赈灾济困，实在拿不出银子，刚经历战乱，民生亦凋敝，不忍向民众募捐，只好暂时作罢。

顺治十一年（1654），江西巡抚蔡士英下令各地将省内知名书院尽快修复，白鹭洲书院亦在名单之中。湖西道兵备观察鲍公捐俸首倡，组织湖西道三府各级官员、士绅为白鹭洲书院重建捐款，将筹集到的银两交给吉安府，责令李兴元尽快将书院修复。

所捐银两不多，李兴元又不忍增加百姓负担，于是“拮据图之”。他亲自组织重建工程，亲力亲为，精打细算使用每一两银子，即便如此，钱还是不够，于是他拿出自己的积蓄补贴，没有向民间摊派一两银子，一个劳力。李兴元的爱民之心、清廉之德可嘉。

书院重建工程完成后，李兴元感奋不已，带领僚属巡游书院，凭栏远眺，只见“章贡清流盈盈，一襟带远，绕其四周。青螺、天玉诸峰苍翠欲滴，心神旷适，不知有江河之异”。李知府感触尤深，自己撰写了《重建白鹭洲书院记》。他在记中写道：“孰使我乐登临而忘簿书会之苦者，是洲之胜概为之也！”①

郭景昌

郭景昌（生卒年不详），字瑞旭，沈阳人。贡士出身，清康熙三年（1664）任吉安知府。郭景昌能谋善断，实干为民。当时，吉安郡县有很多盗匪，不少军户运漕暗中与盗匪勾结，欺压百姓，百姓深受其害。郭景昌于是乔装打扮，暗自到民间调查，查清了为首的盗匪二十多人，将他们悉数抓捕归案，斩首示众，为百

① （清）刘绎：《白鹭洲书院志》，合肥：黄山书社2018年影印同治十年刻本，第三册，第70页。

姓清除了肘腋之患。又"约胥吏,丈田亩,清军户,减漕艘,复淮盐",为百姓和朝廷办了许多好事实事,深得百姓爱戴。他离开吉安时,吉安士民建专祠祭祀他,并约定每年正月初一至初七为祭祀之期。后来,民间称这一祭期为"郭公会"。

郭景昌重视教育事业。他修缮了白鹭洲书院,常与当时的湖西道守施闰章、乡绅张贞生,在书院内讲学,以造士育人为乐事。又为仁寿山景贤书院聘请山长,筹捐膏火,修葺庐陵县学宫,厘正学宫祀典。

施闰章

施闰章(1619—1683),字尚白,一字屺云,号愚山。安徽宣城人,清顺治六年(1649)进士,清初政治家、文学家、著名诗人。施闰章博览经史,勤学强记,工诗词古文,与山东莱阳人宋琬被人称为"南施北宋"。著述有《双溪诗文集》《愚山诗文集》等十余种。

顺治十八年(1661),施闰章任江西布政司参议,分守湖西道,统辖临江、吉安、袁州三府,行部吉安。施闰章为官,关心百姓衣食,常深入民间访贫问苦,争取上级支持,施行了一系列善政惠政,深得百姓爱戴,人称其"施佛子"。

施闰章注重民风教化,与当时吉安知府郭景昌共同主持修缮白鹭洲书院、景贤书院,并常在两书院内讲学。每次施闰章讲学,远近士人争相与会,常达千人。施闰章还作《书院讲义》,阐述为学之道,端正学子学习态度,帮助他们掌握学习要领。他教导学生要做一个"仁义忠善"之士,"学者首辨志,志必响道","载道者,德也"。"为第一等官,何如为第一等人?"他认为写文章关键在于对事物要有自己独到的见解,"先器识而后文章",他反对八股文,认为"专从八股学文者,文必不大。权与于经传子史诸书,得其大意,则学有原本"。①

施闰章承袭明末讲会之风,恢复了白鹭洲书院中断多年的讲会活动,亲自定立讲会章程制度,作《会讲鹭洲书院》一诗以纪。诗曰:

---

① (清)刘绎:《白鹭洲书院志》,合肥:黄山书社2018年影印同治十年刻本,第一册,第67页。

邹鲁微言远，东南坠绪传。不徒怜契阔，复此共周旋。

修渚横江出，高楼切汉悬。衣冠空郡国，耆旧俨神仙。

辨难毫芒析，昭融障累捐。道存言简易，心动泪潺湲。

阛阓群瞻听，阶庭竞接联。清欢歌雅什，列坐叠长筵。

积雪山城白，留宾地主贤。百年虚荏苒，千里重缠绵。

诗说惭匡鼎，经传想服虔。他时魂梦绕，应傍水云边。①

康熙五年(1666)，施闰章在白鹭洲书院主持了一场著名的学术辩论。他邀请湖南名士杨洪才、浙江名士原白鹭洲书院山长毛奇龄就“是否舍事物求心情”开展辩论，杨氏“不之辩”。经过三天辩论，毛奇龄甘拜下风，对杨拜曰：“受教矣。”这一时期，白鹭洲书院讲会活动盛况空前，继明万历之后，白鹭洲书院再度成为江南理学交流传播中心。

闲暇之时，施闰章喜与名士瞻仰古迹，游览山水名胜，宴游诗赋，乐在其中。他有多首诗赋描写白鹭洲书院，现录一首以飨读者：

白鹭洲书院

螺川依郡郭，秀绝此芳洲。楼阁欢高会，衣冠想昔游。

雨来山势动，江螟树声秋。弦诵千年地，茫茫剩野鸥。②

康熙六年(1667)，因朝廷撤销道署一级机构，施闰章以缺裁归。此后十余年朝廷屡诏不仕，在家潜心著书立说。直至康熙十八年(1679)举博学鸿词科，授翰林院侍讲，撰修《明史》。康熙二十二年(1683)病逝于京城。

罗 京

罗京(生卒年不详)，字周师，浙江会稽人。清康熙二十七年(1688)任吉安

① (清)刘绎:《白鹭洲书院志》，合肥：黄山书社2018年影印同治十年刻本，第二册，第66页。

② (清)刘绎:《白鹭洲书院志》，合肥：黄山书社2018年影印同治十年刻本，第二册，第66页。

知府。罗京为政爱民如子,为人和善慈祥。他常深入乡村,每到一处,必召父老子弟,嘘寒问暖,谆谆教诲,叮嘱大家要“慈孝和睦,节用省事”,九县的官员、父老受其教化影响,以孝悌节约为美德,一时间政治清明和谐。

白鹭洲书院因康熙十四年(1675)毁于兵祸,此后十余年中断办学。罗京上任伊始,即前往白鹭洲视察,见白鹭洲上“止有振鹭于飞”,感慨“何白鹿常盛,而白鹭洲可中坠乎?”决定兴复书院。

他带头为兴复书院捐款,府、县衙门里的官员和当地的士绅,在罗知府的感召下,也都“各随其力”,纷纷踊跃捐款。康熙二十九年(1690),白鹭洲书院工程竣工,重新屹立于洲岛。此役“一丝一粒不以取民,一事一役不以烦士”,深得百姓赞扬。

罗京还在书院理学坊增祀明末著名的理学家陈嘉谟、王时槐、贺沚,旌表三人知行合一、躬身实践的优秀品格。他亲自订立《罗太守馆规十三则》,从书院管理、学习内容、学习方法、品德修养、膏火供给等方面进行了详细的规定。

他教导学生要勤诵读经史子集,“每日或看经书若干,或读时文若干、古文若干,以及论、表、策、判若干”,因为“未有不揣摩经书而能为文者,未有不读时文与古文而能为时文者”。①

他要求学生“清介且端重”,他说“人品既端,文品自异”,告诫学生学习的目的不是做官,而是修炼自己的品行。反对学生为做官而“奔兢衙门”,教导学生“若欲登侍廊庙,不必出入衙门,此清介之操也”。

他规定每月初二、十六为会课,会课时必亲临书院给生员讲课督学,查看学生每天的日课。他渊博的学识,吸引了九县才俊纷纷来书院投身门下,拜师求学,此时的白鹭洲书院办学,一派生机勃勃。

罗京还主持了《白鹭洲书院志》的第四次编修,于康熙三十年(1691)完成。他亲自撰写《白鹭洲书院志序》,连同其亲拟的《罗太守馆规十三则》《罗太守请讲学

---

① (清)刘绎:《白鹭洲书院志》,合肥:黄山书社 2018 年影印同治十年刻本,第一册,第 53 页。

启》《重修白鹭洲书院上梁文》等文章一并收录《志》中。罗京兴复书院之举，赢得了当时在朝为官的诸多吉安籍人士的赞许，纷纷填诗作赋以贺，他将这些诗赋全部录于志书之中。他自己也有《白鹭洲》《课士偶成》两首诗存录于《志》中。

白鹭洲

遗泽今何在，先贤旧迹湮。缥缃余劫火，坛坫没荒榛。
二水分犹昨，环山老更真。何时重讲学，同咏绿蕉新。
讲席何常坐，终朝事折腰。江深白鹭冷，洲绕翠峰遥。
夜月澄槐影，春风送柳条。托谁常秉铎，钟鼓不萧萧。

课士偶成

江右名贤地，横经旧所论。古心开白鹭，新建起青原。
风景江亭异，诗书草泽存。昆山多宝玉，追琢不嫌烦。
疑义贵相晰，功专昼掩扉。马嘶春草路，柳染晚莺衣。
严课程三捷，名流尽一闱。所期在远大，非仅掇科巍。①

罗京的品德学识深得百姓爱戴敬仰，他离开吉安后，百姓建罗公祠于府学试院东，年年祭祀。

赵士骥

赵士骥(生卒年不详)，字秀良，号瞿庵，河南永城人，清康熙二十一年(1682)进士。历任江南临淮知县、吏部郎中，康熙四十八年(1709)任吉安知府。其勤政爱民，执法认真公允，到任不久，即“令行法立，讼清政举，兴学造士”。他治理吉安三年，“民无争斗声，士不诵公庭”，政清人和。离开吉安后，九县士民为他立祠在试院西，门额为“琴鹤清风”。

赵士骥对白鹭洲书院厚爱三分，亲拟了一副对联镌刻于书院棂星门上，

① (清)刘绎:《白鹭洲书院志》，合肥:黄山书社 2018 年影印同治十年刻本，第二册，第 45 页。

联曰：

智水仁山日日当前呈道体，

礼门义路人人于此见天心。

该联对仗工整，寓意深刻。仅22个字，不仅表达了对白鹭洲优美自然环境和深厚文化底蕴的赞赏，又从中指出自然环境、学习风气对读书人修行悟道的影响，可以说视角独特，精妙之至。

书院棂星门于民国十八年（1929）被拆除，但这副楹联被后人记录了下来。2013年，白鹭洲书院复建时，恢复了棂星门，将赵士骥这副经典对联镌刻于门柱上，成为游客参观书院的第一处人文景观。

吴 铨

吴铨（生卒年不详），上海人。清雍正二年（1724）任吉安知府。吴铨为官以仁善化人，康熙五十二年（1713），赣江大水，洪水导致当年粮食无收，受灾百姓饥馑难耐，于是偷盗食物果腹，被衙役抓住统统下狱监禁，一时间府衙的牢房人满为患。吴铨到任后，第一件事就是清理牢狱，了解原委之后，将百余名偷盗犯人全部释放。这些犯人被吴知府的仁善打动，纷纷洗心革面，从善改良，踏实耕种为生，吉安盗患平息。

康熙五十二年（1713）的大水，也将白鹭洲书院大部分建筑冲圮，唯有洲北古吉台上的云章阁独存。当时的吉安知府林逢春，有心恢复书院，但是苦于财力单薄，无法实现。只得在云章阁内祭祀先贤，并以诗达意。诗云：

云章阁

康熙癸巳，书院圮于水，惟云章阁建古吉台上独存。就阁上祀先贤，谨志以诗：

庐陵文物照江天，院宇钦崇自昔年。

水占芳名分白鹭，诗题古壁仿青莲。

平芜沙碛萝攀树，寥落园丁劢绕烟。

司牧于今愁力薄，风携两袖寸心悬。①

雍正二年（1724）吴铨任职后，立即与庐陵知县涂宗震共同谋划筹款，复建圮废堂舍，修缮摇摇欲坠的云章阁，使其规制如旧，恢复了办学。时任巡抚张楷书“化雨维新”四字以旌表两位守官的兴教之举。

徐亨时

徐亨时（生卒年不详），字敬亭，浙江钱塘人，清雍正十二年（1734）知吉安。徐亨时为政，以便民为本。他一到任，百姓纷纷向其诉苦，反映前任知府下令废除原兴贤门、焕文门而改建南薰门，给百姓生活造成了极大不便，希望能恢复从前的城门格局。徐亨时听从了大家的意见，复建了兴贤、焕文两座城门。

他任知府时，重修府学学宫，清查恢复白鹭洲书院田租，对学习优秀的生员，提高他们的膏火费（生活补助）以示激励。他捐出自己的俸禄为书院添制祭器，祭祀书院先贤先儒。

他与当时的庐陵县知县裴玉麟同心治理城中事务，使百姓生活安乐，郡城人于是编歌谣赞扬他们：“徐公裴公，志合心同。拨开云雾，红日当中。”②

吕肃高

吕肃高（生卒年不详），字南村，河南新安人，清乾隆六年（1741）任吉安知府。吕肃高为官清廉，纪律严明，不论是府县官吏还是平民百姓，都敬畏他而不敢犯事。

吕肃高尤其崇尚以文化人，对白鹭洲书院的教育特别重视。前任知府徐亨时恢复书院田租实行奖励优秀学生举措之后，吉安九县俊杰纷纷来书院求学。

① （清）刘绎：《白鹭洲书院志》，合肥：黄山书社2018年影印同治十年刻本，第二册，第65页。

② （清）刘绎：《白鹭洲书院志》，合肥：黄山书社2018年影印同治十年刻本，第一册，第43页。

吕肃高任职时，每次会课，必亲临书院开讲，鼓励大家要将所学心得付诸实践，知行合一，这才是学习的根本目的。知府亲设讲席，九县士子听闻更是蜂拥而至，白鹭洲书院办学越发生机勃勃。

沈作朋

沈作朋（生卒年不详），举人出身，乾隆十五年（1750）七月任吉安知府，乾隆十六年（1751），主持重修《白鹭洲书院志》。这次修《志》是白鹭洲书院第五次修《志》，距上次修志已有50年。修《志》起因是永新贡生尹光鼎在家中发现了万历年间编撰的《白鹭洲书院志》手抄本，于是捐给书院。沈作朋听说尹光鼎是万历朝主持修缮书院的别驾尹学孔的曾孙，很是感慨，他仔细阅读了手抄本，发现《志》书中都是历朝名公巨卿的大作，特别珍贵，于是果断决定重修《白鹭洲书院志》，留下这些宝贵的资料。

这次修志，将万历《志》和康熙三十年（1691）第四次编修的《白鹭洲书院志》合二为一，又补充了康熙三十年之后书院历史，使书院历史发展脉络基本完整。编撰完成后，沈作朋还欣然为《志》作序。他在序中写道："诗云：以似以续，古之人尚其黾勉同心，罔俾经营缔造者耑美于前。是余之望也夫！"大意是，前人为了书院的发展传承尽心竭力，我们也应接续历史，让这些事迹代代传承颂扬，不辜负前贤缔造之期望。

王铭琮

王铭琮（生卒年不详），字礼圻，号肃堂，又号翊庵，南京上元人。举人出身，清乾隆十五年（1750）任吉安知府，不久即离去，乾隆二十四年（1759）又复任，前后守吉十载。《光绪吉安府志》赞其为官"静以率属，宽以蓄众。利无不兴，弊无不革""政简刑清，公明慈惠，作育人才，隆于待士"。

王铭琮重视教育，爱惜人才。他来吉之时，鹭洲书院虽集九县优秀学子，但山长待遇、学子待遇及考核方法等与普通书院相差无几，因此，教学成就平平。他慨然道："吉州人文渊薮，理学气节后先相望。江文忠公因洲建祠，使承学之士沐浴大儒，其遗意尤未可泯也。”于是“遂捐俸钱，为权子母增廪饩，弗给听民乐输，累金千百”。① 带头捐出自己的俸禄倡捐，筹资到 1000 多两白银为书院永久资产。他将这些银两存入钱庄，每年获得利息几百两，用于补贴书院膏火费，使书院办学经费宽裕起来，且有长久保障。

有了充足的办学经费，王铭琮又“厚聘延师主讲席”“既奉规条于山长，又复月有课，季有考，核其文行进退之”。通过高薪聘请名师、制定考核制度、奖优罚劣等措施，激发学生的学习热情，端正学习态度，使书院学子个个“咸知激奋”。他还亲自到各县选拔优秀生童，他慧眼识英才，将泰和姚颐、永新龙亨绣、吉水郭缙光三名优秀童生带在身边亲自栽培。在他的培养下，三人“后皆掇科第，著闻于世”。其中姚颐高中乾隆三十一年（1766）丙戌科榜眼，官至上书房重臣，并以行端志洁为士人称道。

三年乙巳安成王岐瑞識從王氏刻本采增
王太守教思記　馮秉忠金壇
鷺洲書院吉安名勝也余以甲申應年友太守王公聘司
講席而公適以是年三月左遷諸生瞿然請曰公涖吉十
載靜以率屬寬以蓄眾利無不興弊無不革公明慈斷藉
甚有聲今之去都人士如嬰兒之離襁褓也先生其爲我
記之余應之曰召棠無私蔭也鄒雨無私溉也阿私所好
余不任受也諸生曰否否公之來守是邦也鷺洲雖萃十
廳邑子弟而與他屬之義學等公考廢興之由慨然念古

《王太守教思记》

由于王铭琮对教育的重视，白鹭洲书院学子“登贤书者后先接踵”“鹭洲之盛于斯为最”。他离开吉安时，书院学子“如婴儿之离襁褓”难受不舍，请白鹭洲书院山长冯秉忠为其撰写《王太守教思记》，并刻石立于书院讲堂前纪念他。

卢　崧

卢崧（生卒年不详），号存斋，奉天镶黄旗人。先任莲花厅同知，有善政，操守清廉，故得重用。乾隆三十八年（1773），任吉安知府。卢崧工作勤奋，遇事机敏，力图振兴。在吉安，他修缮城池，修葺府学文庙，编撰《吉安府志》，重视白鹭

① （清）刘绎：《白鹭洲书院志》，合肥：黄山书社 2018 年影印同治十年刻本，第四册，第 14 页。

洲的建设和教学，为白鹭洲书院解决了一系列困难。

他上任时，书院建筑年久失修，教学亦显颓废。于是，他修缮道心堂、号舍，重新订立学规，增加生童名额，重新定立膏火费，为书院增设必备的用具，延请名师任书院山长等。不仅如此，他每月必亲临书院讲课，各县优秀学子听闻，纷纷来书院求学，书院渐渐恢复了往日生机。学子越来越多，导致堂舍紧张，见此情形，卢崧又增建十一间号舍，在云章阁前新建了一座讲堂，取名“逢原堂”，撰写《逢原堂记》，作《逢原堂落成口占示诸生》诗以贺，诗曰：

道无左右惟逢本，水隔东西信有原。

今日堂开期自得，他年重报十三元。①

卢崧还改革了书院课制。改革之前，书院生童名额共四十人，其中正课生二十人，副课生二十人，正课生膏火费全给，副课生则减半。卢崧将课制改为内、外课制：增加十个生童名额，共五十个，皆定为内课生，膏火费平均给付；招收外课生，外课生膏火费自理，但学习优秀的，按内课生标准给予奖励；设立稽勤簿，考核学生平日的学习态度，升勤降懒，即勤奋优秀的外课生可升为内课生，懒惰退步的内课生也可降为外课生。

经此一变，不仅增加了书院招生名额，给了更多学子入书院求学的机会，还通过奖勤罚懒机制，鞭策学生勤奋学习，不敢虚度光阴，膏火费发挥了切实有效的激励作用。

张敦仁

张敦仁（1754—1834），字古馀，号古愚，山西阳城人。清乾隆四十三年（1778）进士，乾隆五十八年（1793）任庐陵县令，因政绩突出提拔至别处任职，嘉庆十二年（1808）升任吉安知府。张敦仁为官公正廉明，悉力爱民，诚心造士，卓有政绩，深得百姓爱戴。

---

① （清）刘绎：《白鹭洲书院志》，合肥：黄山书社2018年影印同治十年刻本，第二册，第68页。

当时，赣江沿途多盗匪，往来船只深受其害。张敦仁选拔健壮敏捷的衙吏，专门在赣江上巡查缉拿，将盗首及盗匪悉数缉拿归案，还赣江以太平安宁。嘉庆十六年(1812)，龙泉(今遂川)天地会滋事，江西巡抚欲派兵剿匪，张敦仁力阻，他主动请缨，"乃驰往，剀切晓谕，诛巨魁而宥协从，全活者众"，不顾个人安危，亲自到龙泉县，深入天地会会员中，宣告朝廷的政策：只诛杀会首，不明事理的从众者，只要归顺朝廷，一律不予追究。很多百姓因此保全了性命。他任职八年后调任南昌，"士民遮道，攀辕思慕"，不忍其离去。

嘉庆十八年(1814)，张敦仁主持修葺白鹭洲书院，庐陵监生曾成训捐资助修，将九间号舍修缮一新。时任山长为黄州进士宋治，撰写了此次维修的记文。可惜文佚，后人无法了解这次修葺的详情。

张敦仁是清代数学家、藏书家。他宦海生涯四十年，从未中断对数学的研究，著有《辑古算经细草》《开方补记》《求一算术》等诸多数学著作。同时，他还是个藏书家，在考据经史方面颇有造诣，家富藏书，藏书中有珍贵的北宋刊本《昌黎先生集》，于家中建书楼，名"六一堂"，奉庐陵先贤欧阳修于堂中。卒后，其藏书流散。

郑祖琛

郑祖琛(1784—1851)，字梦白，浙江乌程(今吴兴)人。清嘉庆十年(1806)进士，历任两淮盐运使、福建布政使、广西巡抚、云贵总督等职。因镇压湘黔边天地会起义和苗民起义有功，道光三十年(1850)加太子太保衔。

道光二年(1822)，郑祖琛任吉安知府。当时白鹭洲书院办学经费很少，书院里生员寥寥，士气不振。郑祖琛带头捐俸倡输，为书院筹集了丰厚的办学经费，据《白鹭洲书院志·书院息银田租》记载，这次倡捐，庐陵县、泰和县富绅积极响应，共捐得白银5000余两。郑太守将5000两白银存入郡中各钱庄、典铺生息，每年收取的息银达540两，全部用于补贴书院办学经费。

随后，郑祖琛又增加书院生员名额，提高膏火标准，书院士气重新振作。

铭 德

铭德(生卒年不详),号禹名,镶黄旗内务府汉军人,进士,清道光四年(1824)任吉安知府。铭德洁己爱民,重教育人,白鹭洲书院每次课考,必亲临讲课面试,考查学生优劣,将自己的学习经验和心得毫无保留传授给学生,捐出自己的俸禄补助学生膏火费,于是“诸生益精厉”求学。

刘体重

刘体重(1770—1842),字子厚,号梅坪,又号清溪,山西赵城(今洪洞县)人。举人出身。历任知县、同知、知府等职,政绩突出,体护百姓,重农兴教,培育人才,清廉守朴,乐善好施,官至湖北布政使。被后人列为循吏载入清史。

清道光六年(1826),刘体重任吉安知府。他非常重视教育,热于造士。白鹭洲书院的会课,每月必亲临讲课,谆谆教诲,为国家培养了一批栋梁之材。道光八年(1828)戊子乡试,吉安 9 名学子中举,其中有 4 名为白鹭洲书院学子。这 4 人分别是晏纯一、康孔昭、黄赞汤、黄志云。其中黄赞汤是道光、同治年间重臣,曾任咸丰皇帝老师,官至广东巡抚。这一喜讯,刘体重自己也在《重建白鹭洲书院记》中予以记载:“自有书院以来,科甲踵接,顷者功未告竣,戊子与鹿鸣者四人。”①

道光八年(1828)春,风雨大作,绵延不绝,强风暴雨导致书院许多房屋倒塌。面对书院倾圮的房屋,刘体重想尽快全部修复,但苦于国库空虚,又不忍向民众捐输,增加百姓负担,于是捐出自己俸廉重修了云章阁。他还打算用三年时间,用自己的俸禄将书院房屋逐一修缮。

当时的书院学子庐陵钓源欧阳笃听闻此事,告诉了自己的父亲欧阳慎,欧阳慎经商发家,富甲一方,他听闻此事,慷慨解囊,“捐赀巨万,独修逢原堂、道心

---

① (清)刘绎:《白鹭洲书院志》,合肥:黄山书社 2018 年影印同治十年刻本,第四册,第 17 页。

堂、古心祠、景贤祠、东西号舍、头门两廊、斋夫庐舍、庖湢、鹭池、桥路，一一增广重新，又云章阁后起崇构，下曰浴沂亭，上曰风月楼”。工程历时近一年，于道光九年(1829)六月竣工，书院修缮一新。

欧阳慎家族以好义乐施闻名，祖父欧阳国宝在湖南一带做生意发了财，一生乐善好施，其子欧阳黻、欧阳班，受父亲影响，亦多行义举，均被朝廷旌表为义士。欧阳慎与其弟欧阳杰、欧阳棨，从小受到良好教育，为人和善，兄友弟恭，一大家族和谐美满，为乡里典范。刘体重不禁感慨道:“何欧阳氏之多贤也!”为什么欧阳家族出了这么多贤达之士呢!

后刘体重提拔为江西按察使，又在南昌创办了经训书院，在书院内倡明经学，有别于其他书院注重举业，为清末南昌四大书院之一。

陈源兖

陈源兖(1815—1853)，字岱云，湖南茶陵人。清道光十八年(1838)进士，官至安徽池州知府，殉难赠世职。他与曾国藩是同年好友，后又结儿女亲家。

道光二十六年(1846)由翰林院编修出守吉安。居官节俭朴素，有儒士清廉素雅之风，爱民如子，尤其重视造士育人，白鹭洲书院月课他必亲布讲席，发现优秀的学生，将其带到身边言传身教。可惜任职时间未满一年就因母故丁忧离任。

丁忧期满，任池州知府，咸丰三年(1853)，太平军攻打庐州，陈源兖遵巡抚江忠源命令率兵驰援。可他赶到庐州之时，已是兵败城失，巡抚江忠源身负重伤而跳水自杀。陈源兖深感内疚，于文庙内自缢殉国。

陈宗元

陈宗元(？—1856)，字柳平，江苏吴江人，道光十三年(1833)进士，谥武烈。清咸丰四年(1854)，由吏部郎中出守吉安。其勤政率属，殷殷造士，每月到白鹭洲书院和青原书院讲课，捐出自己的俸禄厚奖优秀生员，将优秀学生带入署衙亲自培养。

陈宗元忠勇有节。咸丰五年(1855)冬,太平军攻打吉安城,陈宗元率领府衙全体人员与守城将士一同作战,日夜上城头巡防,屡次打退太平军。太平军将吉安城围困两个多月,因没有外部救援,城内弹尽粮绝,守城将士力尽难抵。咸丰六年(1856)正月,太平军攻占吉安城,陈宗元与其子陈世济带领部属与太平军巷战而死。城内所有官吏和将士无一人投降,全都以身殉国。太平军痛恨陈宗元,竟将陈宗元父子枭首示众,将被捕的官吏肢解而死,残忍至极。后朝廷赐陈宗元谥号“武烈”。

曾省三

曾省三(? —1864),字佑卿,四川荣县人,进士。清同治元年(1862),由南康调任吉安。曾省三为人光明磊落,是一名能臣干吏。他任职吉安时,清军刚刚收复被太平军占领三年之久的吉安城,城内外满目疮痍,百废待兴。曾省三竭力振兴,建章立制,带领百姓重建家园。

曾省三尤其重视教育。任吉安知府之前,曾任南康府太守,其间,他核查、募集白鹿洞书院的学田院产,恢复了书院办学,公务闲暇之余,还亲自为学生讲课。初到吉安,面对与白鹿洞齐名但依然荆棘丛生的白鹭洲书院,曾省三有心恢复,但由于战乱刚过,经济凋敝,官府和民众都拿不出钱来修建书院,只得“缓图其栋宇,先备其资脯”。

同治二年(1863),曾省三开始核查吉安各书院学田院产。他详细核查了官府原先登记的吉安郡城包括白鹭洲书院、阳明书院、石阳书院和县学在内的各官办书院的田产和店铺。由于太平军占领期间,郡城内各书院损毁严重,书院的藏书及学田院产账册都不见踪迹,曾省三核查时,租赁双方均认可的田地房产微乎其微,每年“约计租谷、店租息不过肆佰余串,考课甚不敷用”。

为尽快恢复书院办学,曾太守向各县发出了兴复书院捐输倡议。由于白鹭洲书院名声卓著,募捐倡议立即得到了士绅的积极响应,短短两个多月,就募集到钱12200缗,谷2500石,店铺二间。师生膏火有了保障,白鹭洲书院恢复了办学,但书院建筑尚未恢复,学生们借府学、县学校舍上课。

遗憾的是，因母亲病故丁忧，同治三年（1864），曾省三离职回乡，途中不幸染病身亡，令人唏嘘不已。幸留下《重捐白鹭洲书院膏火记》，后收录于《白鹭洲书院志》中，让人们记住了这位光明磊落的能臣。

定 祥

定祥（生卒年不详），镶红旗满洲人。清同治三年（1864），任吉安知府。他一到任，就要去白鹭洲书院探古寻幽，对白鹭洲书院的仰慕之情溢于言表。在得知书院因太平军兵燹后尚未恢复，他决意复修书院。

时任山长刘绎向定祥建议，洲上环境不适合立即重建，需培植树木加固堤基后再图复建，当务之即，可在城中选择一块地方过渡，尽快恢复书院正常教学。

刘绎是道光十五年（1835）的状元，学识渊博，淡泊名利，一心育人，担任书院山长已经二十余年。定祥很尊重他，听从了他的意见，两人勘察地形，决定选择城西仁山重建书院。同治七年（1868），定祥以吉安府知府的名义，亲自行文下发各县募集资金，他在文中说道：

> 照得鹭洲书院为十属生童考课、肄业之处。自咸丰六年突遭寇毁，荡为荒洲，费用无出。经曾前府筹画经费以资修膏，照旧开课，迄今数年，书院尚未建复，各生童无所依庇。吉郡为人文渊薮，此等阁属延师课士之区，久废不建，殊非所以便肄业而重胶庠。
>
> 今府邀集众绅倡捐议建。乃鹭洲旧基尚须培树堤防河水，诚恐未坚，现移建于隆庆寺废址……迅速传集绅士查照后，开应派钱数会同，及早劝捐，将捐项陆续解来府，以凭转发局绅应用。幸毋稽延。

文中还列出各县捐钱任务数：

> 庐陵县应派捐钱一千串；吉水县应派捐钱八百串；
>
> 泰和县应派捐钱八百串；安福县应派捐钱八百串；
>
> 永新县应派捐钱六百串；龙泉县应派捐钱七百串；
>
> 永丰县应派捐钱六百串；万安县应派捐钱七百串；

莲花县应派捐钱三百串;永宁县应派捐钱二百串;①

定祥带头捐俸禄为倡,诸多官员纷纷捐款捐物、捐店捐田。同治七年(1868)十月,仁山白鹭书院建设工程启动,同治八年(1869)十二月落成。

贺良桢

贺良桢(生卒年不详),湖北蒲圻(今赤壁市)人。其父贺寿慈为光绪年间工部尚书。贺良桢于清光绪九年(1883)任吉安知府,一到任,便慕名寻访白鹭洲书院故址,见洲上"荆榛瓦砾,恻然心伤"。

贺良桢为湖北人,与万历间吉安知府汪可受同乡,书院院长龙考功一心想复建书院于白鹭洲上。他对贺良桢说:"昔书院迁于城者五十年,黄梅汪公复之于洲。今公又以楚人莅兹,天其赐吾以再造鹭洲之机乎?"贺良桢一听,深以为然,跃然曰:"起襄振敝,守土责也。积篑为山,惟邦人士是藉。"决意效仿汪可受复建书院于洲。②

于是,他"乃设局集资,个人捐千五百金为之倡。数月间,铭官绅所输约万金"。民间有传说,贺知府设宴,请了吉安几大富商来府衙商议此事,来赴宴的富商听后,都只是略表心意,重建书院的资金缺口仍旧很大。贺知府心中暗暗着急发愁时,曲濑大富商胡日升拍案而起,慨然表示个人愿独资重建书院。光绪十年(1884)书院重建工程动工,次年(1885)落成,贺知府因此颁发"饰馆树英"之匾褒奖胡日升慷慨助学义举。

光绪十七年(1891),江西学政龙湛霖乘船视察各地学政,他沿赣江逆水南下来吉,离郡城约十里许,远远望见前方有"层楼飞阁翔舞青霄之间,树林荫翳,环拂垣墙"。于是问随行人员前方是何地,随从告诉他是白鹭洲书院,龙湛霖听后,大为赞叹,立即到书院视察。院长王邦玺向龙湛霖详细叙述了此次复建的

---

① (清)刘绎:《白鹭洲书院志》,合肥:黄山书社2018年影印同治十年刻本,第四册,第44、45页。

② 汪泰荣编:《吉安书院志》,北京:中华书局2013年版,第210页。

过程，龙湛霖很感慨，爽快地答应了院长请求，为此次重修撰写《重修白鹭洲书院碑记》。

这块石碑至今还立在白鹭洲书院内，因为上面的文字，后人才能详细了解白鹭洲书院最后一次重建的过程。

第二节 · 名　师 ·

古代书院不像今天的学校，有很多老师，一般情况下，一所书院只有一个固定的老师，称为山长。

山长，既是书院主讲，也是书院管理者，也称为院长。山长一词始于五代。唐末天下大乱，不少德才兼备之士为避战乱隐居山间修学讲学，方圆百姓为其学识折服，故称其为山中长者、尊者，山长一词由此而来。

宋时，民间书院蓬勃发展，且多设在山林寺观之中，书院主讲多为饱学之士，于是后人沿袭前朝山长尊称，称书院主讲为山长。元代，书院官学化，山长纳入官员体系，山长遂成为书院主讲者和管理者的特指。历经明清，此称呼一直延续，直至清末，科举制度废除，古代书院教育体制被近代学堂制教育取代，山长称呼随之废止。

古代书院授课，一般为会讲式、会课式。主讲者每天就经、史、子、集中的某一段话展开来分析阐述，与修身、齐家、治国、平天下等士者修为、理想抱负联系起来，从而达到教化育人的目的。其形式很像今天大学教授开讲座，但更为活泼，互动颇多，学生可以提问和讨论，是一种讨论式、启发式的教学形式。

因为这种特殊的授课方式，书院尤其是官办且名气较大的书院，除了山长，还会视情况聘请当地的名儒、名宦，临时或长期担任书院主讲，每月一次或两次来书院讲课，这些受聘担任书院主讲的人，也是书院的老师。

书院山长和主讲是书院的灵魂人物，他们的学识水平、价值观念决定了学生的水平、风气和修养。因此，书院选择山长、主讲的标准很高，那必须是学识出类拔萃、品行德高望重之人。书院和山长、主讲互相成就，书院或因某个知名学者在此任山长或主讲而名声大噪，或者一些名气并不很大的学者，因其有真才实学，被知名书院聘请为山长或主讲，于是声名鹊起。中国著名的几大古书院，都曾有当世大儒任书院山长或主讲，如程颢、程颐主讲的嵩阳书院、张栻主讲的岳麓书院、朱熹主讲的白鹿洞书院等。

名气较大的书院或者是官办书院在选择山长时，会设置一些硬条件。纵观白鹭洲书院有记载的书院山长、主讲的履历，主要条件有以下三个方面：

其一，一般为进士出身。进士，是科举制度下优秀人才的代名词。每届科举考试，全国能中进士者，也就几百人，可谓是人中龙凤，个个都是满腹经纶、才识过人；其二，品行优良。有高尚的人格操守，忠孝仁义，受人尊敬，这样才能成为学生的典范；其三，有学术名望，在学术领域已经功成名就或是教出来的学生因品学兼优名扬天下。

书院从创办(1241)至光绪三十一年(1905)书院教育制度终结，共663年的发展历程，其间，有记载的书院山长、主讲共56人，大致可分为三类：第一类是学识渊博、热心教育的地方官员；第二类为书院山长；第三类为书院聘请的主讲。

担任过书院主讲的地方官员，目前已经查证有记载的有16人。他们是：南宋吉州知州江万里；明代吉安知府何其高、汪可受，江西岭北道参政龚道立，庐陵县知县钱一本；清代湖西道守施闰章，吉安知府郭景昌、罗京、吕肃高、王铭琮、卢崧、铭德、刘体重、陈源兖、陈宗元、曾省三。他们都有一个共同的特点：将兴教造士作为治理政务的第一要事，既是父母官，又是学识丰厚、受人敬重的名师，也造就了不少高徒。如南宋理学巽斋派领袖欧阳守道是江万里亲自调教提携，清乾隆年间上书房大臣姚颐尚是童生时，被知府王铭琮选拔在身边亲自培养，清末名臣黄赞汤出自知府刘体重门下。

上述官员的主要事迹在上节中均已记述，此不重复。除地方官外，白鹭洲书院目前已经考证的山长和主讲，据学者统计共有40位。详见下表：

白鹭洲书院历任山长一览表(按任职先后排序)

序号	姓名	出身	籍贯	任山长时间	主要成就
1	郭公度	不详	江西庐陵	首聘为山长	以耆德闻名乡里,与杨万里相交好,江万里建鹭洲书院,首聘公度主讲席。
2	刘南甫	进士	江西吉水	宋淳祐年间	为江万里所看重,欧阳守道的老师。曾任安远县令,有《刘山立论稿》。
3	欧阳守道	进士	江西庐陵	约宋淳祐至宝祐年间	官至著作郎,南宋理学巽斋派创始人,有《巽斋文集》。
4	陈著	进士	浙江鄞县	宋景定元年	官至监察御史,台州知州。有《本堂文集》。
5	黄嘉	进士	浙江淳安	宋景定四年前后	历任州府推官,建白鹭洲书院山长厅。
6	方善夫	不详		宋景定间	不详
7	曹奇	进士	四川飞乌	元至元十六年前后	历知南平军等职,建白鹭洲书院江文忠公祠。
8	萧炎龙	不详	江西吉水	至元中后期	不详
9	萧甲叟	不详	江西吉水	元大德间	不详
10	余天民	不详			勇撤浮屠,立复古亭,敦复古道。
11	许山立	不详	江西吉水	元至顺间	任吉安路学正。
12	周闻孙	举人	江西吉水	元至元间	历任史馆编修、袁州教授。
13	杨本岩	不详	江西庐陵	元至元十年前后	率兵民抵抗红巾军保障乡里,战死。
14	郭庆传	不详	江西吉水	约元至元十五年至二十年	时鹭洲书院圮于水,上书吉安路请求修复。

续表

序号	姓名	出身	籍贯	任山长时间	主要成就
15	天隐	不详	不详	元末	不详
16	徐士登	举人	江西丰城	万历二十五年	任南京国子监助教。
17	李邦华	进士	江西吉水	崇祯八年	历任光禄寺少卿、右佥都御史、天津巡抚、兵部右侍郎、工部右侍郎、河道总督等职,均有实政。明末,临危受命,任兵部尚书,保卫北京城,城失,自缢殉国。
18	郭林		江西泰和	清康熙三年	不详
19	郭檏	进士	江西安福	清雍正中期	历任福泉知县、南康府教授、白鹿洞书院山长。
20	伍诸禄	副贡生	江西安福	清雍正末	任内廷教习。
21	黄文则	进士	江西新城(黎川)	清乾隆三年	任吉安府学教授,兼白鹭洲书院山长,后擢贵州印江知县。
22	蒋垣	举人	江西铅山	清乾隆十年前后	不详
23	符乘龙	进士	江西宜黄	清乾隆十五年前后	以吉安府学教授兼白鹭洲书院山长,主讲书院十余年,重修《白鹭洲书院志》。
24	孔兴浙	副贡生	浙江钱塘	清乾隆二十年至二十六年	著有《鹭洲集》,收录历代名人诗文。曾任兴国、靖安知县。
25	冯秉忠	进士	浙江金坛	清乾隆二十九年	撰写《王太守教思记》。
26	管嵩	不详	江苏吴县	清乾隆三十一年	曾任浙江桐乡知县
27	彭元瑞	进士	江西南昌	清乾隆四十年	历任翰林编修,工、户、兵三部尚书,加太子太保。著有《经进稿》《恩余堂稿》。
28	周定斋	不详	不详	清乾隆四十五年	不详

续表

序号	姓名	出身	籍贯	任山长时间	主要成就
29	丁杰	进士	浙江归安（吴兴）	清嘉庆初年	曾任宁波府学教授。
30	宋治咸	进士	湖北黄冈	清嘉庆十五年	曾任浙江仙居知县，后辞官从教。先后在湖北中江书院、聚奎书院等多所书院任教。
31	徐盛特	不详	江西奉新	清嘉庆年间	不详
32	李祖陶	举人	江西上高	清道光年间	著有《史论五种》《迈堂文稿》
33	郭仪霄	举人	江西永丰	清道光年间	清末著名诗人，著有《诵芬堂诗文稿》，先后在琅琊、经训、求志等多所书院任山长。
34	周步骧	进士	江西安福	清道光十五年	曾任赣州府学教学
35	周国相	不详	江西庐陵	清道光年间	不详
36	刘绎	进士	江西永丰	清道光二十二年	状元，历任翰林修撰、山东学政、督办江西团练等职。总纂《江西通志》《吉安府志》《永丰县志》，编撰《白鹭洲书院志》。著有《存吾春斋诗文钞》。
37	周立瀛	进士	江西安福	清咸丰年间	历任礼部主事、陕西监察御史、漳州知府等职，与刘绎总纂《吉安府志》，撰《安福县志》。
38	王廷植	进士	江西庐陵	清咸丰年间	官至山东兵备道。兼任阳明书院山长，著有《四书疑言》等书。

续表

序号	姓名	出身	籍贯	任山长时间	主要成就
39	龙文彬	进士	江西永新	清光绪初年	曾任吏部主事，乞归，先后任白鹭洲书院、南昌经训书院等多所书院山长，著有《明会要》《永怀堂诗文钞》。
40	王邦玺	进士	江西安福	光绪十一年	历任翰林检讨、司经局洗马、文渊阁校理、上书房侍讲等职。著有《贞石山房诗文钞》。

这些山长、主讲中，不乏在学术领域或教育教学上卓有成效的当世名儒或理学大家，他们造就了白鹭洲书院“科甲踵接”“元魁科举每由鹭院”的科举盛况，培育了不少品行端方，“处则为一乡楷范，出则为一世羽仪”的贤良之士。现按任职时间的大致顺序，重点介绍以下23位：

郭公度

关于白鹭洲书院的首任山长，至今依然是云山雾罩，难以廓清。有学者认为是创办人江万里，书院创办之初，书院没有山长，江万里亲自为诸生讲课，实际上是以知州的身份，兼任了山长的职责。还有学者认为是欧阳守道，因《光绪吉安府志·欧阳守道》中有“江万里作白鹭洲书院，首致守道为诸生讲说”的记载。

而目前学者倾向性的意见是郭公度，因《光绪吉安府志》卷四十七《江村小隐记》中有：“开庆己未，仕庐陵。城冈郭氏，世为名家，有名郭郛者及其子子晟、子昂、子端、子昌，父子五人皆登进士第。而子晟之子公度，与诚斋、东山友善。其族从仪，则为刘静春门人。静春以所得朱子《四书》授之，其后宝藏于家。而公度以耆德著称，江丞相建鹭洲书院，首聘公度主讲席。”①

① （清）定祥、特克绅布修，刘绎、周立瀛纂，汪泰荣点校，吉安市地方志办公室辑：《光绪吉安府志》，北京：中华书局2014年版，第1823页。

江万里“首致守道为诸生讲说”和“首聘公度主讲席”，一经比较，可见其中差别，古人写文章，语言精炼且表述准确，故“致讲说”与“聘讲席”显然是不同的概念。“致讲说”只是请欧阳守道为诸生讲课，而“聘讲席”则明确是聘为山长之意。故，郭公度为书院第一任山长，应该基本可信。

郭公度（生卒年不详），出生于庐陵官宦世家城冈郭氏。《江村小隐记》称其祖、父、叔共五人为进士。而查阅《吉安登科考》发现，还有其曾祖郭公朝、曾叔祖郭公署、兄弟郭公亮也是进士，一家四代八个进士，真是令人啧啧称叹的名门望族。

刘南甫

刘南甫（1202—?），字山立，号月涧，吉水人。宋嘉熙二年（1238）进士。尝主讲白鹭洲书院。《吉安登科考》载：“嘉熙二年，年三十七登进士第，历醴陵、安远二县主簿，未几死。”

刘南甫机警敏锐，聪明绝伦，尤其对《尚书》研究深透。嘉熙二年（1238），其三十七岁时以治《尚书》进士及第。欧阳守道很敬重刘南甫，将其视为老师，向他请教。可惜，天妒英才，刘南甫英年早逝。由此推测，刘南甫任白鹭洲书院山长的时间，可能在郭公度之后，欧阳守道之前。

欧阳守道

欧阳守道是白鹭洲书院诸多山长中，名望最重且备受后人景仰的一位。欧阳守道（1209—1272），字公权，一字迂父，号巽斋，庐陵永和人，南宋教育家。南宋淳祐元年（1241）进士，历任雩都主簿、赣州司户参军、秘书郎、建昌军通判等职，官至著作郎。曾任白鹭洲书院山长、岳麓书院副山长。欧阳守道以品行高谊名留《宋史》。他幼年丧父，家道中落，但他自强不息，刻苦自学，终成大才。在追求学问的同时，他严以修身，将儒家“五常”作为自己言行的准则，敬老爱亲，忠孝仁义，不到 30 岁，已经成为闻名乡里、备受尊敬的醇儒。有《易故》《巽斋文集》留世。

欧阳守道与江万里

欧阳守道的才学和品德深受白鹭洲书院创办人江万里的赏识。江万里任吉州州守当年,恰好欧阳守道参加乡举,江万里就对他的才学和德行特别欣赏,于是留在身边任用。书院创办之初,江万里没有找到合适的山长,亲自在书院讲学,欧阳守道常跟随左右,江万里也叫他给学生讲说。

欧阳守道任白鹭洲书院山长的起止时间,至今说法不一。《文天祥年谱》作者分析:"欧阳守道大约在淳祐十二年(1252)正式担任白鹭洲书院山长。"①有学者认为欧阳守道任书院山长应为宝祐三年(1255),还有一些学者认为,欧阳守道前后多次担任过白鹭洲书院山长,时间跨度约从淳祐六年(1246)至宝祐四年(1255)。

那么,欧阳守道到底何时任书院山长?让我们从其人生轨迹来推测一番。

《光绪吉安府志》对欧阳守道的生平事迹记载如下:

"淳祐元年举进士,授雩都主簿。母忧服除,调赣州司户。江万里作白鹭洲书院,首致守道为诸生讲说。湖南转运副史吴子良聘守道为岳麓书院副山长。万里入为国子祭酒,荐为史馆检阅,召试史馆职,授秘书省正字,迁校书郎,改景德府教授,迁秘书郎,以言罢。守道徒步出钱塘门,唯书两簏而已。咸淳三年,诏大臣举贤才,少傅吕文德举九十六人,守道预焉。添差通判建昌军,迁著作佐郎兼正殿说书,兼权都官郎中,经筵所进,皆切于当世务,迁著作郎。卒。"②

这段文字将欧阳守道的为官生涯进行了大致描绘,仔细分析,分为三个阶段:

第一阶段:中进士后任职情况。欧阳守道于淳祐元年(1241)中进士,这年,

---

① 丁功谊、李仁生著:《文天祥年谱》,南昌:江西人民出版社2016年版,第48页。

② (清)定祥、特克绅布修,刘绎、周立瀛纂,汪泰荣点校,吉安市地方志办公室辑:《光绪吉安府志》,北京:中华书局2014年版,第1193页。

正好白鹭洲书院创建。他中进士后,先任雩都主簿,后因母亡丁忧,服除后又调任赣州司户参军。

第二阶段:从事教育事业。先后在白鹭洲书院、岳麓书院任职讲学。

第三阶段:人生后期任职和升迁情况。江万里任国子监祭酒后,举荐其任史馆检阅,之后连续升迁,还担任过景德镇府学教授。任秘书郎时因直言奏事被罢官,其徒步回家时,随身的物品仅有两箱书籍。咸淳三年(1267),皇帝要大臣举荐贤才,少傅吕文德举荐了 96 个人,欧阳守道名列其中,于是又重新起复,先任建昌军通判,后迁著作佐郎兼正殿说书,成为经筵大臣,得到皇帝的信任和重用。他为皇帝说书,以古论今,以史为鉴,皆切中时政。后又升著作郎,卒于任上。

从欧阳守道人生轨迹我们发现,欧阳守道的人生与江万里关系密切。江万里创建白鹭洲书院时,即"首致守道为诸生讲说";江万里任国子监祭酒后,又举荐其任史馆检阅。从欧阳守道的人生经历看,这次推荐,是其为官生涯的关键转折,之后仕途顺畅。那么江万里什么时候推荐其任职呢?资料显示,江万里是开庆元年(1259)十月任国子监祭酒、侍读,不久又升吏部尚书。此时距白鹭洲书院创建已经相隔 18 年。

那么问题是,既然江万里早就欣赏欧阳守道,为什么若干年后才推荐欧阳守道任职呢?这就和江万里的宦海沉浮有密切关系了。

淳祐七年(1247),时任考功郎兼直秘阁、驾部郎、侍讲等职的江万里因母亲逝世,被人谗言中伤不孝而被罢官,在家闲居了八年。直至宝祐三年(1255),朝廷才重新起用他,先后任福建转运使、福州知州兼福建安抚使。开庆元年(1259)十月,入朝任国子监祭酒、侍读,不久又升吏部尚书。此后,江万里一直得皇帝欣赏,委以重任。

将欧阳守道的人生轨迹与江万里的宦海沉浮一比较,我们发现,欧阳守道从事教育事业的这段时间,恰好也是江万里被罢官闲居在家的八年时间和重新复出的四年。由此,我们可以推测,欧阳守道有可能是在 1247 年后,即江万里被罢官之后回乡投身教育事业,成为白鹭洲书院山长。而其离开白鹭洲书院的时间则可以确定为开庆元年(1259)十月以后。因为欧阳守道《巽斋文集·陈山长字说》中有“开庆元年聘为白鹭洲书院山长”①,陈山长指的是陈著,浙江鄞县人,开庆元年聘为白鹭洲书院山长,从时间上看应该就是接替欧阳守道的,所以欧阳守道特撰文以记。由此推测,欧阳守道任山长时间大致为1247年至1259年,前后约十二年。

欧阳守道与文天祥

宝祐三年(1255),文天祥慕名入白鹭洲书院求学,拜欧阳守道为师。文天祥本就天资聪颖,且游学多年,经过欧阳守道一年的点拨指导,学识日益精进,宝祐四年(1256)一举夺魁高中状元,成为欧阳守道的得意门生。两人结下深厚的师生友谊,留下不少感人至深的故事。

文天祥初入朝为官,忧心国家命运,听闻宦官董宋臣鼓动宋理宗逃跑,愤然上《己未上皇帝书》,乞斩董宋臣,并提出四项改革主张。不料上书竟被内侍压下,无法上奏皇帝。朝局如此晦暗混乱,血气方刚的文天祥顿觉报国无门,遂弃官回乡,不与奸臣同道。回乡后,他作《沧浪歌》给欧阳守道,发出了“举世混浊而我独清,众人皆醉而我独醒”的呐喊,表达自己同屈原一样“路漫漫其修远兮,吾将上下而求索”的忧国情怀。

欧阳守道一生注重名节,为官清廉。被罢官时,“徒步出钱塘门,唯书两箧而已”,死后亦是“家无一钱”。他仁义爱亲,主动抚养少年丧父的两个侄儿。侄子长大后,他竟然拿不出钱给侄子娶亲。文天祥听说了老师的困境,将理宗皇帝赏赐的金碗赠予欧阳守道。欧阳守道将金碗抵押,给侄子娶了亲。之后,省吃俭用,攒下足够的钱将金碗赎回还给了文天祥。文天祥为此深感内疚,他在给欧阳守道的信中写道:“恨未能自取之,乃劳先生厚费如此。”②

欧阳守道去世时,文天祥悲痛万分,赋诗撰文怀念恩师。留有《巽斋先生像

---

① 汪泰荣编:《吉安书院志》,北京:中华书局2013年版,第129页。

② 丁功谊、李仁生著:《文天祥年谱》,南昌:江西人民出版社2016年版,第98页。

赞》《挽巽斋先生欧阳大著》《祭欧阳巽斋先生》等诗文。他在《祭欧阳巽斋先生》一文中写道："先生之学，如布帛菽粟，求为有益于世用，而不为高谈虚语，以自标榜于一时。先生之文，如水之有源，如木之有本，与人臣言依于忠，与人子言依于孝，不为曼衍而支离。先生之心，其真如赤子，宁使人谓我迂，宁使人谓我可欺。先生之德，其慈如父母，常恐一人寒，常恐一人饥，而宁使我无卓锥。其与人也，如和风之着物，如醇醴之醉人；及其义形于色，如秋霜夏日，有不可犯之威。其为性也，如槃水之静，如佩玉之徐；及其赴人之急，如雷霆风雨互发而交驰。其持身也，如履冰，如奉盈，如处子之自洁；及其为人也，发于诚心，摧山岳，沮金石，虽谤与毁来，而不悔其所为。"①对欧阳守道的道德文章给予了高度评价。

欧阳守道与巽斋学派

巽斋学派，是南宋理学重要学派之一，为欧阳守道所开创，故以其号"巽斋"命名该学派。

欧阳守道自幼苦学程朱理学，他是江万里的得意门生，同时还拜吉水人刘南甫为师，刘南甫以治《尚书》闻名乡里，欧阳守道常向他请教学问。

在不懈的学习研究中，欧阳守道形成了自己的学术主张。他强调"气"为宇宙本源，提出"道一不息"之命题，认为客观世界是生生不息，又不断发展变化的，故主张"事事而计之，物物而察之"，以知行结合为学用根本。为此，他要求学生"求为有益于世用，而不为高谈虚语以自标榜于一时"。学习的目的不是为了夸夸其谈标榜自己，而是为了做一个对社会有用的人才，要有心怀天下的理想抱负，要有经世致用的治理才能，更要有忠孝仁义的道德品质。

其讲学注重结合时弊，提出治国安邦的实策，深为士子敬仰追随，声名远扬。宝祐元年(1253)，欧阳守道被湖南转运副史吴子良聘为岳麓书院副山长，

---

① (宋)文天祥著:《庐陵文丞相文山先生全集》，文五桂堂世传藏版，雍正三年新镌，卷十一《祭欧阳巽斋先生》。

他在岳麓"升堂讲学,阐明孟子正人心、承三圣之说,听讲者悦服"①。

巽斋学派代表人物有文天祥、刘辰翁、邓光荐、罗开礼、张千载、王炎午、谢翱、刘尚友、刘省吾等人。文天祥深受其学派影响,其《御试策》中所表达的宇宙观、世界观和价值观,是巽斋学派思想的集中体现。

仁孝之德泽被后世

欧阳守道还以仁孝闻名于世。他中进士之前,因学识渊博被人聘为家塾老师,由于家贫,主人家给他做的饭菜,他从不吃肉,省下来偷偷带回家给母亲吃,主人见此情形深为感动,常送肉到他家给予资助,这才肯每餐吃肉。他的兄、嫂早丧,留下两个儿子,一个 5 岁,一个才几个月大。他虽然已经 30 岁了,但还没有妻室,面对嗷嗷待哺的两个孩子,一个大男人束手无策,只好日夜抱着他们哭泣。邻居被他的仁义影响感动,纷纷给予无私帮助。大侄子长大后出门谋生,多年无音讯,他于是到处寻找,边走边哭,回家后难受得三年不食肉,身体为之憔悴消瘦,且终身不能释怀。他的仁孝之德影响了一方百姓,被人广为称赞,"翕然以德行为乡郡儒宗"。

陈　著

陈著(1214—1297),字谦之,一字子敬,号本堂,晚号嵩溪遗老,浙江鄞县(今宁波)人,宋代著名文学家、诗人。宋宝祐四年(1256)进士,初监饶州商税,调著作郎。相国吴潜以其才向朝廷推荐,外戚贾似道暗示陈著走其门道,被著严词拒绝,他说:"宁不登朝,不为此态。"于是被放任安福县令。开庆元年(1259),因欧阳守道推荐,任白鹭洲书院山长。

景定三年(1262),授著作郎,因上疏指责贾似道祸国殃民又被贬为嘉兴县令。其为政主张"义利明而取予当,教化先而狱赋后,识大体而用小心,爱细民而公巨室"。任县令时政教并举,严明纲纪,整饬吏治,端正民风,为政清正廉

① 许怀林著:《江西通史·南宋卷》,南昌:江西人民出版社 2008 年版,第 416 页。

明，政绩卓然，深得百姓拥戴。后历任扬州通判、太学博士、监察御史等职。

陈著立身注重名节，宋亡后不仕，避居山村著述修志，年八十四卒。著有《本堂先生文集》《陈著诗集》等书，均收录于《四库全书》。

黄 嘉

黄嘉（生卒年不详），字亨父，四川严陵人。南宋宝祐四年（1256）进士，景定二年（1261）前后任白鹭洲书院山长。任职时长不详，其间，于景定四年（1263）始建白鹭洲书院山长厅，并请欧阳守道撰写《白鹭洲书院山长厅记》。

景定三年（1262），宋理宗皇帝下诏书，诏令一批官办书院的山长享受与州学教授同等的待遇，以示对书院教育的重视，白鹭洲书院赫然在列。当时白鹭洲书院山长就是黄嘉，他听到这个消息异常欣喜兴奋，说道："上嘉惠斯文至矣！昔者山长之未为正员也，所在多以教授兼之。……今命一下而轻者顿重，其敢不尽心所职，仰称乐育人才之德意！然此洲之书院可容诸生数百，而余忝为之长，仍假私屋以居，诸生访我于燕间，无所布席。私屋不可常假，后之继余者又莫知当何所。即此一陋，人且不屑来，尚何州学教授之视！"①他觉得白鹭洲书院赫赫有名，有数百名学子，而山长只有一间小屋作为起居之用，有学生上门求教，连座席都布不开，很是寒碜。于是，向郡守请示建山长厅。

征得州守同意后，黄嘉在郡城东南方向寻得一块地，多方筹资，捐出俸禄，亲力亲为，几个月便将山长厅建好了，欧阳守道赞其："竭力如营私家。"

山长厅建成后，黄嘉日日在厅中布席讲课，和蔼亲切，与学生亲如父子兄弟，深得学子爱戴。他虽被授予了官职，但依然清廉朴素有操守，像从前一样以育人为乐，没有一点官架子，受到郡人称赞。欧阳守道评价其："清苦有守，居是

① （清）刘绎：《白鹭洲书院志》，合肥：黄山书社2018年影印同治十年刻本，第三册，第1页。

官甚宜，盖虽已仕，而不改山中之乐者。”①

曹 奇

曹奇（生卒年不详），元朝初年任白鹭洲书院山长。他任山长时，元朝刚刚统一中原，很多士子为避战乱，离开了学校。为了激励士子进取之心，重振学风，彰显白鹭洲书院昔日辉煌，至元己卯（1279），他在白鹭洲上兴建江文忠公祠，祭祀江万里，并以庐陵先贤欧阳修配祀。祠堂建成几年后，他又请白鹭洲书院的优秀学子，一直隐居于山间的爱国词人刘辰翁撰写《白鹭书院江文忠公祠堂记》流传后世。

1279 年，南宋王朝在与元军进行了惨烈悲壮的崖山海战之后，彻底灭亡。这年六月初一，书院学子文天祥被俘押往元大都，因船路过家乡吉州，经过他的母校白鹭洲书院。此时，曹山长建祠祭祀江万里，或许不仅仅因为他是白鹭洲书院的创办者，更多的是对消失的王朝的怀念，对一大批为国捐躯的吉州子民的怀念。黄山长建祠的良苦用心，值得后人永远铭记。

余天民

余天民（生卒年不详），元延祐（1314—1320）间任白鹭洲书院山长。他任山长时，书院旁边有“奉异端者欲张其教”，此中所指异端者，指的是佛教，当时，白鹭洲上一直有佛教净土庵。因元代统治者信奉佛教，所以寺庙住持广纳教徒，张扬教义。余天民遂：“白之府，悉撤去之，立复古亭其上，于是环洲四畔民居隙地，悉隶书院。”②向吉安路总管请求撤走净土庵。僧人撤离后，为防止再有僧人来此修行，余山长将庙宇也都拆除了，并在拆除之后的空地上立了一座亭子，

---

① （清）刘绎：《白鹭洲书院志》，合肥：黄山书社 2018 年影印同治十年刻本，第三册，第 4 页。

② （清）刘绎：《白鹭洲书院志》，合肥：黄山书社 2018 年影印同治十年刻本，第一册，第 48 页。

额曰“复古亭”，为“敦复古道”之意，意思是告诫士子不要信奉异教，中华传统的儒家礼教应成为唯一信奉。

余天民的行为在当时是需要较大勇气的，故明代万历年间进士甘雨在撰写《白鹭洲书院志序》中称赞余天民“勇撤浮屠”。

杨本岩

杨本岩（生卒年不详），庐陵永和人。元至正年间任白鹭洲书院山长。至正壬辰（1352），红巾军进犯吉安城，杨本岩率领民众拼力抵抗，保护了郡城百姓生命财产。贼寇逃窜至东固深山，杨本岩领兵进剿，被贼寇设伏战死。其子闻父死，亦与贼寇力拼，亦战死。郡人被其父子忠勇之气感动，立祠祀之。

郭庆传

郭庆传（生卒年不详），字元隐，吉水人。元至正年间任白鹭洲书院山长。

至正十二年（1352），红巾军沿水路进攻吉安城，占据白鹭洲屯兵。其间，将书院建筑大部毁坏，只有夫子庙不敢染指。此后，由于战乱，书院暂停办学。两年之后，白鹭洲又遭受洪水，本就废弃的书院被大水一冲，更是荡然无存，唯有夫子庙中的孔子造像俨然不坏。

当时书院山长是郭庆传。他见此情形，与训导曹中一起上书给吉安路最高长官纳速儿丁，强烈请求复建白鹭洲书院。在郭庆传的努力下，纳速儿丁将书院复建。

后人赞郭庆传“力赞总管营葺，均称能举其职矣！”①

李邦华

李邦华（1574—1644），字孟暗，又字懋明，江西吉水盘谷镇谷村人。师从阳

① （清）刘绎：《白鹭洲书院志》，合肥：黄山书社 2018 年影印同治十年刻本，第一册，第 48 页。

明第三代弟子邹元标，万历三十一年（1603）乡试中举，三十二年（1604）进士及第，授泾县知县。崇祯八年（1635）任白鹭洲书院主讲。

李邦华才干出众，天启、崇祯年间，先后任光禄寺少卿、右佥都御史、天津巡抚、兵部右侍郎、工部右侍郎、河道总督等职，均有实政，一心为国为民。

李邦华直言敢谏。为御史时，多次直言进谏，规劝贪财好色又刚愎自用的神宗皇帝，指出朝政银库管理等弊端。天启时，宦官魏忠贤发起党争，打压邹元标、顾宪成等理学名儒的讲学活动，指责其为结党乱政，还指邹元标为东林党党魁。李邦华听闻义愤填膺，上疏据理力争，遂被指为东林党而遭贬谪。李邦华一气之下，以生病为由，辞任回乡。

李邦华前后几次辞官、罢官或丁忧回乡，共在家乡闲住12年之久。在家期间，他继承老师邹元标的衣钵，热心讲学，授徒育人。其中多次在白鹭洲书院讲学。

天启年间，他在白鹭洲书院讲学三日。并有诗为证：

和解石帆中丞（学龙）白鹭洲云章阁见怀

登眺欲何往，无如此地佳。渔舲环急濑，雁阵度空阶。

笑傲凌千古，回翔耻众哇。几番歌伐木，夙愿遣谁谐。

避地辞白鹭书院，时珰焰正炽，书院议毁。余不敏，危若朝露，因削夺遵旨出郡缴诰命。遂集门人、儿子宿云章阁，讲学三日。拜辞，三祀先贤，并谢书院一生登堂入室之缘也。

乘桴临白鹭，辞尔入云烟。山暗含愁色，泉鸣出苦咽。

漂摇惊风雨，翔集避鹰鹯。吾道斯文在，寻幽且洗渊。①

在朝廷下诏禁止讲学，毁废书院的风口浪尖之时，在个人因坚持儒家理想而被朝廷免职的非常时期，李邦华依然大张旗鼓地在白鹭洲书院讲学三日，三祀先贤，用自己的行动践行着自己的主张，李邦华如磐石般坚毅的理想和刚正

---

① （清）刘绎：《白鹭洲书院志》，合肥：黄山书社2018年影印同治十年刻本，第二册，第72页。

不阿的品德由此可见。

崇祯二年(1629),李邦华复为朝廷起用,任兵部尚书,在改革整顿兵事弊政时触犯了既得者的利益,被构陷而罢官回乡。回乡后,他在吉安城内创立依仁会馆,兴办讲会,吉安十县俊秀听闻纷至沓来,投其门下。

崇祯八年(1635),吉安知府林一柱,决意重建天启年间被毁的白鹭洲书院。李邦华听到这个消息,非常高兴,慷慨倡议为书院捐输,并带头给书院捐输了数十亩学田,包括耕种学田的33户佃户,以及他们的菜园、水塘、房屋等一并转至书院院产。书院学子十分敬仰李邦华的学识品德,见大司马对书院如此关心,感奋异常,于是联名写公呈给林知府,希望能请李邦华任书院主讲。

学生们在公呈中说道:"伏见大司马李懋明先生,家学渊源。允矣,庄介先生之后,师传衣钵;展也,忠介夫子之徒,敬承象贤。已称父作子,述和乐湛儒;又颂兄友弟,恭行不丑影。寝不愧衾,可对青天黑夜;仁以存心,礼以善世,洵是春日和风。"①

言辞之间对李邦华的家学师承、优秀学识和品德的敬仰溢于言表,赞其仁孝端正,礼善待人,如春日和风,润泽一方。

李邦华是当世名儒邹元标的高徒,深得理学精义,为名重一时的江南理学大儒。知府林一柱是一位以"兴贤育才、阐扬圣道为守土第一事"的有识之士,对圣贤之学极为推崇,也正有意请李邦华任白鹭洲书院主讲,于是欣然从诸生之请,挑选良辰吉日,备好请帖,派出府中官员、城中名士和鹭洲书院诸多士人,登门拜访,以表求教之情。

李邦华欣然答应了大家的请求,并定于当月22日,赴白鹭洲书院开讲。21日,林知府亲自到书院扫室布席,张罗准备。讲学当日,各方名士云集,堂内堂外,廊前廊后,听者众多,盛况空前。

这天,李邦华讲的是《孟子·万章上》中《伊尹耕于有莘之野》,整堂课程

① (清)刘绎:《白鹭洲书院志》,合肥:黄山书社2018年影印同治十年刻本,第一册,第70页。

“清言楚楚，名理娓娓，环桥观听，肃肃雍雍”，听者谓公“以内沟之真心，抒知觉之实事，尧舜君民事业，此稍露其一斑乎！”①

讲课之后，林知府又陪同李司马登云章阁，观水光山色，谈国事民生，诗词唱和，笑语欢声，真乃人生一大幸事。直至日落西山，林知府又设宴答谢，酒过数巡，方整肃衣冠，拜别圣像，互相揖别。

这次李邦华赴白鹭洲书院开坛主讲，堪称一次吉安士林盛会。此后，依仁会常驻书院，李邦华担任盟主、主讲多年。李邦华亦有诗为纪：

白鹭洲书院得举学会，余忝司坛坫，喜而有作：

后死谁人是，斯文任仔肩。经营还故址，类萃步前贤。

堂奥亲周孔，羹墙见峻元。高山流水在，千载续灯传。②

李邦华不仅以理学闻名于时，更以忠贞爱国留名青史。崇祯十五年，奄奄一息的大明王朝，面对节节胜利的李自成起义军和咄咄逼人的清军，再次起用已 65 岁高龄的李邦华任兵部尚书。国难当头，李邦华虽在家闲居多年，但没有半点推辞，慨然受命。他尽心筹划，尽力调配兵力物资备战。起义军攻城，他亲自登上城楼指挥，拼死保卫北京城。无奈崇祯皇帝斗志已丧，死意已决，放弃了抵抗，对李邦华诸多挽救之策不予实施，自己在煤山上吊自尽。

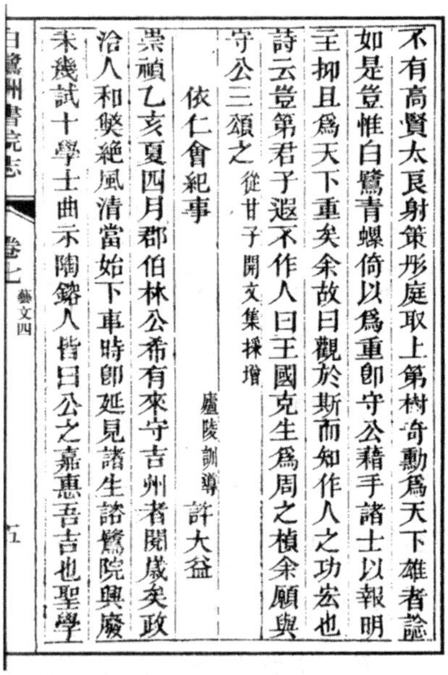
不有高賢太艮射策彤庭取上第樹奇勳爲天下雄者詎
如是豈惟白鷺青螺倚以爲重卽守公藉手諸士以報明
主抑且爲天下重矣余故曰觀於斯而知作人之功宏也
詩云豈第君子遐不作人曰王國克生爲周之楨余願與
守公三頌之 從甘子開文集採增
依仁會紀事　盧陵訓導　許大益
崇禎乙亥夏四月郡伯林公希有來守吉州者閱歲矣政
洽人和獘絕風清當始下車時卽延見諸生諸鷺院興廢
未幾試十學士曲示陶鎔人皆曰公之嘉惠吾吉也聖學
白鷺洲書院志　卷七　藝文四　五

《依仁会纪事》

① （清）刘绎：《白鹭洲书院志》，合肥：黄山书社 2018 年影印同治十年刻本，第四册，第 7 页。

② （清）刘绎：《白鹭洲书院志》，合肥：黄山书社 2018 年影印同治十年刻本，第二册，第 72 页。

皇帝一死，如大厦之倾。将士们斗志全失，北京城很快就陷于义军之手。救国无望的李邦华踽踽独行至城内文信国公祠内，面对文天祥造像慷慨悲歌："堂堂丈夫兮，圣贤为徒。忠孝大节兮，誓死靡渝。临危受命兮，吾无愧吾。"接着三拜文天祥，说："邦华死国难，请从先生于九原矣！"①随后在殿门前的枣树上投环自尽，以身殉国。其忠义节烈之风，与文天祥比肩，同为鹭洲先贤典范。死后，朝廷封其谥号为"忠文"，清朝，追赐谥号"忠肃"。

黄文则

黄文则（生卒年不详），号朴园，建昌新城人。清乾隆元年（1736）进士，乾隆三年（1738）任吉安府学教授、白鹭洲书院山长。当时吉安学风"重诗文、轻经史"，学子们以钻研切磋诗文为学习重点，不求经世致用的实学。黄文则"发明六经诸史之蕴"，每课必讲经史中蕴含的做人做事道理，树立学必致用的学风。此后，"九邑有志之士始知不专务诗文，究心实学。"②

符乘龙

符乘龙（生卒年不详），字斯万，抚州宜黄人，进士。乾隆十三年（1748）任吉安府学教授，兼白鹭洲书院山长。在任十二年，严格教学制度，注重品行教育，制定了《符山长课规十则》，规范学子们的言行举止。他发现学生懒惰、邋遢、倦怠、沉迷玩乐等不良行为，总是严厉训饬制止，但他很关爱寒门弟子，经常接济他们，从不吝啬。所以学子们都很敬畏他，书院管理井然有序，学习风气严肃认真。

当时的吉安知府王铭琮见他教育有方，对他非常信任，将每月知府课考的

---

① （清）定祥、特克绅布修，刘绎、周立瀛纂，汪泰荣点校，吉安市地方志办公室辑：《光绪吉安府志》，北京：中华书局2014年版，第1069页。

② （清）定祥、特克绅布修，刘绎、周立瀛纂，汪泰荣点校，吉安市地方志办公室辑：《光绪吉安府志》，北京：中华书局2014年版，第551页。

权力交给他，由他来批改学生月课作业，评定文章优劣。知府的信任让符乘龙越发用心教学，两人合力树英育才，使得这一时期鹭洲学子在科举考试中捷报频传，人称“鹭洲之盛，于斯为最”。

符乘龙任山长时，还重修了《白鹭洲书院志》。当时发现两本旧志，一本是万历间汪可受主持修撰的《白鹭洲书院志》（简称《汪志》），另一本是康熙年间罗京主持修撰的《白鹭洲书院志》（简称《罗志》），且都仅存孤本，十分珍贵。符乘龙将《汪志》与《罗志》合二为一，又补充了康熙以来的书院历次修缮历史和文人墨客留下的诗文，将《志》命名为《鹭洲书院志》，吉安知府沈作朋、庐陵知县周作哲和山长符乘龙分别为书作序。《鹭洲书院志》一直流传后世，成为后人研究、续写书院历史的重要依据。

大约在乾隆二十五年（1760），符乘龙因年老体衰告老还乡。他离开后，郡中士人勒石于讲堂前怀念他。

冯秉忠

冯秉忠（生卒年不详），江苏金坛人，乾隆二十九年（1764），吉安知府王铭琮聘之为白鹭洲书院山长。他任山长这年，王铭琮调离吉安，因王铭琮在任时对书院学子关爱有加，学子们听闻他离去，非常难受，纷纷请求冯秉忠为王太守撰写记文。冯秉忠应诸生之请撰写了《王太守教思记》。

他在记中说明写此文的缘由：“鹭洲书院吉安名胜也。余以甲申应年友太守王公聘司讲席。而公适以是年三月左迁。诸生瞿然，请曰：‘公莅吉十载，静以率属，宽以蓄众，利无不兴，弊无不革，公明慈断，籍甚有声。今之去，郡人士如婴儿之离襁褓也。先生其为我记之。’余应之，曰：‘召棠无私荫也，郇雨无私溉也。阿私所好，余不任受也。’”①将王铭琮为吉安教育事业所做的事情和业绩一一道来，使后人记住了这位倾力培育人才的父母官。

---

① （清）刘绎：《白鹭洲书院志》，合肥：黄山书社2018年影印同治十年刻本，第四册，第13页。

彭元瑞

彭元瑞(1731—1803),字掌仍,一字辑五,号芸楣,南昌人。清代著名楹联家、清目录学家、藏书家。乾隆二十二年(1757)进士,历任翰林院编修、《四库全书》副总裁,礼、工、户、兵、吏五部尚书,加太子少保、协办大学士。卒于官,赠太子太保,谥文勤。

彭元瑞出身文学世家,父、子、弟皆为翰林。其博学强记,学识渊博,诗文尤佳,深受乾隆皇帝赞赏。彭元瑞于乾隆四十年(1775)主讲白鹭洲书院,其"以经学督课,诸生多所造就,士人至今颂之"①。意思是说:其注重经学授受,很多学生在他的教育下,功成名就,郡中士人至今提及仍赞颂不已。

孔兴浙

孔兴浙(生卒年不详),浙江钱塘人,进士。生平不详。乾隆年间任白鹭洲书院山长,在任六年,留下大量诗文流传后世。其间,他还收录了历朝前贤名士描写白鹭洲及书院的诗文,汇辑成《鹭洲集》,给后人留下了宝贵的史料。

孔兴浙留下了十余篇描写白鹭洲书院景物的诗作,有《兴贤渡》《鹭池》《赐额门》《道心堂》《吉台》《正谊堂》《风月楼》《云章阁》《书仓》《万竹亭》《时雨亭》《浴沂亭》《复古亭》《永堤》《柳径》《桃溪》《竹坞》《桑园》等18首。

孔兴浙的诗,每首都有小序,将景物的来由大致做一个说明,蕴含丰富的历史信息。以下列举一二。

赐额门

门临鹭池相距咫尺,上有宋理宗书"白鹭洲书院"五个大字,字甚遒逸,屡经俗手重镌,迹非其旧。左右坊有联曰:"智水仁山,日日当前呈道体;礼门义路,人人于此见天心。"则太守赵士骥所题也。履兹地而心竦然。於

① (清)定祥、特克绅布修,刘绎、周立瀛纂,汪泰荣点校,吉安市地方志办公室辑:《光绪吉安府志》,北京:中华书局2014年版,第1412页。

呼，遗泽洵远矣。诗曰：

青莲居士句，飞白至尊书。妙与文江合，神窥意肃如。

入门先起敬，凤藻映纱帷。不是斫轮者，至今字欲飞。①

这首诗序让人们了解到，白鹭洲书院在清代乾隆时期，宋理宗皇帝御书的“白鹭洲书院”匾额尚在书院大门上，匾为石质，经历朝工匠修凿，字迹已经失去原貌了。大门上的楹联为知府赵士骥所题。2013 年重修白鹭洲书院时，依据这首诗序，将赵士骥所题楹联重新镌刻在棂星门上。

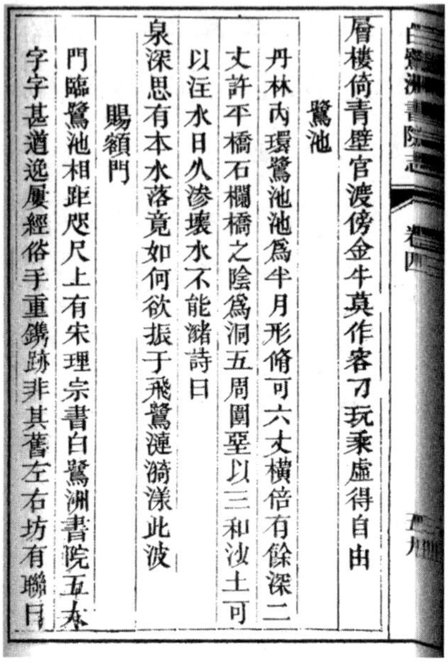
白鷺洲書院志　卷四

層樓倚青壁官渡傍金牛莫作客刀玩乘虛得自由

鷺池

丹林內環鷺池池爲半月形脩可六丈橫倍有餘深二丈許平橋石欄橋之陰爲洞五周圍壑以三和沙土可以汪水日久滲壞水不能瀦詩曰

泉深思有本水落竟如何欲振于飛鷺漣漪漾此波

賜額門

門臨鷺池相距咫尺上有宋理宗書白鷺洲書院五大字字甚遒逸屢經俗手重鐫跡非其舊左右坊有聯曰

《鹭池》《赐额门》

而《书仓》一诗又记录了数位为丰富书院藏书而尽心谋划、爱心奉献的士宦故事，读后令人倍加感叹：

书仓

汪公守吉，储书甚富，今无存者。近徐、吕诸公始请颁御纂各种书，而继以张仪封、陈榕门两先生之手，刻得数十部。乙亥，郡伯王公铭琮复征之部内，并自购书储阁，踵事以增，可渐成伟观。诗曰：

清斋罗四库，拂几一摊书。未觅神仙字，犹然饱蠹鱼。

架上书千卷，居然似墨庄。愿将边腹笥，留作石曹仓。②

此首诗、序，告诉后人，汪可受重修书院时，为书院添置了丰厚的书籍，但历经百年沧桑，到乾隆时期，这些书籍都不见踪迹了。孔兴浙任山长之前的吉安

---

① （清）刘绎：《白鹭洲书院志》，合肥：黄山书社 2018 年影印同治十年刻本，第二册，第 59 页。

② （清）刘绎：《白鹭洲书院志》，合肥：黄山书社 2018 年影印同治十年刻本，第二册，第 62 页。

知府徐亨时、吕肃高，为了恢复书院藏书，相继向朝廷请旨，准予书院自己刻书印书，在得到批准后，他们请了张仪封、陈榕门两位优秀的工匠刻印了数十部书。至乾隆乙亥（1755），知府王铭琮又向府县衙门发起捐书倡议，并带头用自己的俸禄为书院添置了书籍。在他的带领下，大家争相效仿，为书院捐书。至此，书院藏书达千卷，颇为可观。孔兴浙将书院比作古代以藏书闻名的墨庄、曹仓，形容书院书籍丰厚。

孔兴浙留存下来的十余首诗序，向后人全面而生动地展示了白鹭洲书院当时的建置格局和人文风物。那时的白鹭洲书院有道心堂、正谊堂、风月楼、云章阁和书仓，吉台和永堤保存尚好，复古、时雨、浴沂、万竹四亭却皆废弃。洲上优美的风景令人流连忘返。环洲有柳径，柳枝婀娜轻舞，缓步其中，好似步入西湖苏堤，令人心旷神怡。水边常见一丛丛竹坞，濯风戏雨，清逸而俊秀。洲上女桑遍布，桃树成林，春日里，桃花烂漫，桑枝吐绿，远望去，美若云霞织锦。读着这些诗序，我们仿佛置身其中，在柳径踱步，在桑园采桑，与竹坞同沐江风，和桃花共映江水，与师友赏景唱和。

同治年间，山长刘绎重新编撰《白鹭洲书院志》，他将孔兴浙《鹭洲集》中收录的诗词全部收录于志书中，让后人有幸欣赏到前贤的华彩诗文，感动于孔山长的敬尽之心。

管　嵩

管嵩（生卒年不详），字少庾。曾任安徽无为州学正，后以教职候补，乾隆三十一年前后任白鹭洲书院山长。

管嵩任鹭洲山长时，鹭洲学子姚颐以榜眼登进士第。恰逢江西督学金甡来书院视察，管嵩将这一好消息向督学汇报。金甡学识丰厚，是乾隆七年（1742）壬戌科的状元，他还是举人时，与管嵩曾同在安徽为官，两人相交甚好。管嵩请金甡将鹭洲这一盛事作诗题额以记，金甡遂题“云逵鹭振”四字，成匾悬于书院内，并留下《白鹭洲书院访管少庾嵩山长归后却寄》一诗。诗曰：

地僻少舆梁，牵来从骑良。石浮知水浅，树密隐洲长。

报喜新先辈(本科榜眼泰和姚颐尝在院肄业),迎宾旧讲堂。

芙蓉方焕烂(芙蓉甚盛),苜蓿未荒凉(管以教职候补)。

不假三升酒,平分六尺床。清谈殊斐亹,散步暂徜徉。

阁耸眸应豁(云章阁上祀六君子),梯危足欲僵。

高山余景仰,止水感苍茫(书院创自宋相江文忠公)。

胜迹随兴废,儒风待激扬。

当年曾共济(昔典学安徽,管任无为州学正),此日岂更张。

求巧先规矩,研精扫秕糠。携将卷冰雪,琢就器珪璋。

天远云衢接,秋高鹭羽翔(时题"云逵鹭振"额于院中)。

同心知有讬,握手幸无忘。归马冲泥疾,鸣驺隔渚望。

回思人境外,空叹俗缘忙。

扰扰初投谒,匆匆便束装(是日新进参谒,明日即往南安)。

吟成重相寄,宛在忆中央。①

诗中将他与管嵩的友情及鹭洲这一盛事一一叙述记录,用"当年曾共济","同心知有讬,握手幸无忘"等句表达自己与管嵩的深厚友谊,更有"携将卷冰雪,琢就器珪璋"之句为好友培养了姚颐等杰出人才而欣喜感叹。

丁　杰

丁杰(1738—1807),原名锦鸿,字升衢,号小疋,另号小山,浙江归安人。清代著名经学家、校勘学家、藏书家。丁杰少年时家境清苦,读不起书,但其酷爱读书,立志为学。家里买不起书,他便日夜在书肆中看书,常常看书入迷而不知饥寒。书肆主人看他可怜,给他食物,他也不吃。靠着刻苦勤学,乾隆四十六年(1781)进士及第,先后任县令、宁波府学教授等职。嘉庆初聘为白鹭洲书院山长。

---

① (清)刘绎:《白鹭洲书院志》,合肥:黄山书社2018年影印同治十年刻本,第二册,第70页。

丁杰博史通经，专攻经史，旁及说文、音韵、算术。尤其擅长校勘之学，一生校书甚多。在京师时，适逢《四库全书》开馆，聘他为校雠官，常与文人开席论讲，论疑释义。他酷爱藏书，家中藏书至数千卷，建“小西山房”藏书。著有《小西山房文集》等。

郭仪霄

郭仪霄(1775—1846)，字羽可，永丰县人，清中期诗画名家。清嘉庆二十四年(1819)中举，之后九次参加进士考试不中，后因朝廷重臣赏识，举荐任内阁中书。郭仪霄擅长古诗，善画竹，书法遒劲，海内称为“三绝”，在京城任职时，其诗书画备受追捧，声名显赫，连朝鲜使臣都以收藏其诗画为荣，名重中外。

郭仪霄致仕后在多个书院担任主讲，道光十八年(1838)前后，任白鹭洲书院主讲。时任吉安知府戈其迈，素闻郭仪霄诗名，因书院墙壁上留有康熙初年著名诗人施闰章的一首七言律诗，一时兴起，提议郭仪霄依韵唱和。郭仪霄虽然此时年事已高，依然才思敏捷，诗性盎然，闻太守言，即一挥而就，诗曰：

戈德庵太守其迈，以次韵施愚山先生鹭洲书院壁间诗属和，即次原韵奉酬。

五马翩来话绿荫，使君好句琢冰心。
大江绕户源流远，高馆连云岁月深。
炎气避人消水国，清风送客转花林。
穹碑合共愚山勒，留取新诗镇古今。①

施闰章原诗为：

云章阁

曲槛层栏白昼阴，凭高望远百年心。
压江城郭山光碧，破浪帆樯露气深。

① (清)刘绎：《白鹭洲书院志》，合肥：黄山书社2018年影印同治十年刻本，第二册，第74页。

旧蚀残碑犹卧藓，新栽杂树渐成林。

鹅湖鹿洞寻常事，不信风流限古今。①

这两首诗作，一首作于雨雪纷纷的冬天，一首作于炎气逼人的夏天，相隔一百五十余年。两首诗意境各异且各有所期，这是两位著名诗人的时空对话，成就了白鹭洲书院在清代诗坛上的一段佳话。

周步骧

周步骧（生卒年不详），字麟峰，安福人，清嘉庆二十四年（1819）进士，任赣州府教授十余年。其为人温良敦厚，和善纯粹，为文遵守前贤法则，毕生致力于教育事业，精通经学，人称"经师、人师"，故从游者众多，以致"黉舍不能容"。致仕后任白鹭洲书院主讲。著有《时文集》。

刘　绎

刘绎（1797—1879），字詹岩，永丰县人，江西最后一位文状元。白鹭洲书院自办学以来，无数醇儒名臣在书院内任教讲学，用他们的学识和品德影响了一代又一代庐陵学子。其中任教时间最长，留下珍贵史料最多，为吉安教育文化事业奉献终身的，当数这位状元山长——刘绎。

刘绎年少时就以谦虚好学、文采出众闻名乡里，道光十一年（1831）中举，道光十五年（1835），38 岁的刘绎高中状元。

中状元后，刘绎任翰林院修撰，不久入值南书房，常在道光皇帝身边，参与军机要务。道光十八年（1838），出任山东提督学政，两年后任职期满回朝，仍入值南书房。

道光二十年（1840），鸦片战争爆发。忧国忧民的刘绎对鸦片之害深恶痛绝，多次上书朝廷建议禁烟。面对各帝国的强暴侵略，他主张不屈服，提出"沿

---

① （清）刘绎：《白鹭洲书院志》，合肥：黄山书社 2018 年影印同治十年刻本，第二册，第 51 页。

江固守,不必与战”“以大兵转之于海口,悉力防堵,断其归路,使之成为釜底游魂”的长久战略。可是,软弱无能的清政府并没有采纳刘绎的建议,一味卑躬屈膝,以割地赔款求得暂时安宁。

面对这样腐败软弱的朝廷,刘绎产生了辞官之念。道光二十一年(1841),随刘绎入京的父母,因水土不服,身体每况愈下,身为孝子的刘绎借此向道光皇帝请准,回乡侍奉双亲。

刘绎辞官回乡的第二年(1842),知府李熔经聘其为白鹭洲书院山长。次年,又兼任青原山阳明书院山长。此后数十年间,刘绎一直热衷于吉安的文化教育事业,不仅主讲于白鹭洲书院和阳明书院,并在吉安许多书院讲学,为重振庐陵文风不遗余力。咸丰元年(1851),经过七年悉心育人,终于结出丰硕成果,这一年乡试,白鹭洲书院 8 名学生中举,沉寂多年的吉安科举再现辉煌。捷报传来,刘绎欣喜不已,遂成诗一首,诗曰:

辛亥秋闱后至鹭洲,见诸生乡捷,既为得者喜,复为失者勖。

文章命达欲重论,满院秋香桂子繁。
二水往来争彼岸,八元名姓烂吾门。
过风莫羡鸿毛顺,接翅终期凤羽骞。
惭愧年年人树计,相看桃李岂无言。①

然而,吉安教育事业刚有起色,就爆发了太平天国农民起义。咸丰六年(1856),太平军占领吉安城,时间达三年之久,直至咸丰八年(1858),清军才收复吉安。这期间,书院被迫停止办学,刘绎回到永丰老家,带着母亲东躲西藏。

此时,内忧外患的清政府无力清剿这支农民起义军,令江南诸省组建团练武装,与太平军抗衡。在家奉母的刘绎面对太平军的烧杀抢掠,慨然担当,在乐安、吉水一带帮助地方政府训练乡勇,号召大家共同抵抗太平军,保卫自己的家园。咸丰十年(1860),刘绎接到朝廷的委任,任江西团练大臣,加三品京堂衔。

---

① (清)刘绎:《白鹭洲书院志》,合肥:黄山书社 2018 年影印同治十年刻本,第二册,第 78 页。

任团练大臣期间，刘绎不辞劳苦，带领乡勇与太平军奋战，保全了不少地方。第二年，江西境内太平军基本扫清，朝廷撤销团练，召刘绎进京，想再次重用他。但此时刘绎已年近七十，无心也无力为朝廷效力，他心里牵挂的，是白鹭洲书院的兴复。

同治二年(1863)，吉安知府曾省三再次延请刘绎任书院山长，并与之谋划复建书院事宜。不想，曾省三因母故丁忧离职，书院复建之事暂被搁置。但刘绎并没有放弃，一直为书院复建之事奔走呼吁筹措经费。

历经咸丰战火的白鹭洲，建筑植被荡然无存，成为一座荒洲。要在洲上复建书院，首先得固本强基，修筑护堤，培植树木，这些事非一日之功，而停办了十余年的书院必须尽快复办起来。刘绎谋划着，先在城中找一处地方把书院办起来，同时在洲上植树筑堤，待时机成熟再复建白鹭洲书院。

他的想法得到了新任吉安知府定祥的支持，同治七年(1868)八月，定太守向吉安府所属的十县下发了《定太守行十属劝捐移建书院文》，将建书院的经费分派到吉安府所属的十个县分头筹措。由于白鹭洲书院卓著的声名，经费很快筹措到位，书院复建终于启动。

刘绎与知府定祥，选定城西仁山隆庆寺废址，在此新建书院。城西仁山，即今天中心医院与仁山坪小学交汇处。那时的仁山地势较高，站在山顶东眺，赣江与白鹭洲尽收眼底。新建的书院题额为白鹭书院，同治七年十月动工，次年十二月落成，讲堂号舍祠堂等大小房舍共一百余间。

刘绎为教，始终坚持“以省察躬行为本，以经明行修为要”的办学宗旨，注重引导学生研习古代经典，修身养性，正心明伦。他认为教育的目的是明人伦、正风俗、知廉耻、守气节。他在《重建白鹭书院记》中写道：“君臣有义、父子有恩、夫妇有别、长幼有序、朋友有信，天之经也，地之义也，即人之道也。否则，与荒裔之浑敦穷奇何异？吾儒之所以讲学，不外明伦。人心由是而正，风俗由是而厚。若乃熏心名利，廉耻弗顾，而机巧自矜，读圣贤书苟不能择善固执，将随波逐流，一任江河之日下，夫岂重建之本意耶！”①

在推进书院复建、办学的同时，刘绎还承担着志书编撰工作，先担任《江西通志》总纂，后又相继担任《吉安府志》《永丰县志》总纂，与此同时，还组织了《白鹭洲书院志》的编撰工作。几部志书相继于同治末年、光绪初年修成，为江西、为吉安、为白鹭洲书院，留下了珍贵的历史记录。其中的《江西通志》与同时期曾国藩主修的《山西通志》，在方志史上被誉为“志坛双璧”。

刘绎一生著述丰厚，有《存吾春斋诗钞》《存吾春斋文钞》存世，收录一生所作诗文共二十五卷。

光绪五年(1879)，刘绎走完了他辉煌的人生，时年 82 岁。

刘绎生活在清代朝廷没落衰退的时期，难以施展治国安邦的才华，只得在家乡传道育人，把希望寄托在后代身上。作为状元的他，一生从未放弃对学术、对知识的追求，一直为家乡的教育文化事业殚精竭虑，直到生命最后一刻。正如他在《八十自序》中所言：“平生进未尝有一日之诡遇，退未尝有一日遐逸。”②而他，也以其丰厚的学识和优秀的品德赢得了后人的赞誉，称其道德文章与欧阳修前后辉映。

也许，刘绎此生唯一的遗憾，是没能见到白鹭洲书院重回洲岛的那一刻。

光绪十年(1885)，即在刘绎去世后的第六年，白鹭洲书院重新回到了白鹭洲上，规模更加宏大，建筑更为精美，成为江右书院之最。而刘绎倡建的仁山白鹭书院改名为阳明书院，延续着办学。阳明书院后多次更名，在民国时期曾改名为江西省立第七师范学校，这所学校在土地革命时期成为吉安共产主义的摇篮，在这里诞生了吉安第一个中共党组织，培养了一批革命先驱、仁人志士。

1929 年，已经更名为省立第五中学的白鹭洲书院，拆除旧的书院大门，原址

① (清)刘绎：《白鹭洲书院志》，合肥：黄山书社 2018 年影印同治十年刻本，第四册，第 22 页。

② (清)刘绎著，龚希健、丁功谊笺注：《存吾春斋诗钞笺注》，南昌：江西人民出版社 2018 年版，第 779 页。

新建西式教学楼——中山院。时任校长谭家湛敬仰刘绎的学识品德，保留了书院大门上刘绎亲书的四根楹联石柱，将其镶嵌在中山院的大门上。“鹭飞振振兮不与波上下，地活泼泼也无分水东西”“陵谷经几迁此处依然为砥柱，江河同万古斯文有幸见回澜。”两副楹联笔法遒劲，字体雄浑，神采俊逸。恍惚间，它就像刘绎挺拔的身躯，睿智的神情，每日里眺望着赣江上的江帆云岫，注视着来往穿梭的莘莘学子，守护着白鹭洲书院千年的荣耀与辉煌。

周立瀛

周立瀛(生卒年不详)，安福人，清道光二十四年(1844)进士，历任礼部主事、郎中，陕西道御史、漳州知府等职。

同治九年(1870)，吉安府奉上级命令编修《吉安府志》，委托白鹭洲书院山长刘绎主持此事。此时，恰好周立瀛辞官在家，刘绎力邀其参与，成为纂修之一。

第二年，刘绎被调至省府任《江西通志》主撰，长期驻扎在省府衙门，无暇顾及白鹭洲书院的教学，而彭庆钟也抱病归家休养。于是，吉安府聘请周立瀛为白鹭洲书院山长，令其以山长之职统领《吉安府志》编撰工作。

从同治十年(1871)开始，年事已高的周立瀛慨然担当，毫无懈怠，将各县文士齐聚于郡城，把编撰工作迅速排铺开来，同治十三年(1874)冬完成《吉安府志》初稿。初稿完成后，周立瀛就一病不起，并于当年病逝。可以说，他人生最后的一段路程，奉献给了吉安的教育事业和方志事业，为后人留下了珍贵的历史资料。

龙文彬

龙文彬(1824—1893)，字撷菁，又字考功，号筠圃，永新县澧田南城村人，晚清文学家。清同治四年(1865)进士。历任刑部主事、《穆宗实录》详校官等职。在朝为官十五年，光绪初乞假归乡。

光绪九年(1883)前后，龙文彬任白鹭洲书院山长。当时，白鹭洲书院尚在城西仁山办学，洲上荆榛瓦砾、凄荒不已。光绪九年(1883)，新任知府贺良桢因久闻白鹭洲书院之名，刚一上任便到洲上寻访书院旧址，见此荒凉情形，黯然神伤，郁郁于怀。

贺知府按例到书院讲课这天，不无担忧地对院长龙文彬说道："鹭洲为一郡锁钥，赖有书院镇之。书院不洲，恐水势且横，洲壤日削，不数年，并遗址不甚问矣！将若何?"意思是说，白鹭洲是因为书院而闻名，成为郡城风水宝地。如今，书院不在洲上，旧址任由洪水肆虐，恐怕要不了几年，遗址都看不见了。这可怎么办呢?

龙文彬见贺知府忧伤之情真切，于是借机以明代万历年间知府汪可受的事迹鼓动贺知府重建书院于洲，他说道："山川之灵，有待而兴。明嘉靖间，书院迁于城者五十年，黄梅汪公复之于洲。今公又以楚人莅兹，天其赐吾吉以再造鹭洲之机乎?"意思是说，嘉靖时，书院迁于城内五十年，后是湖北黄梅的汪公(可受)复建书院于洲，而今，贺公您也是湖北人，这岂不是天意要再造鹭洲吗?

这句鼓动的话果然效力十足，贺知府一听此言便跃然曰："起襄振敝，守土责也。"意思是振兴书院，是知府义不容辞的责任。"乃设局集资，捐千五百金为之倡。"号召郡中士绅为重建书院于洲而捐款，并个人捐献一千五百两白银为首倡。贺知府的倡议得到曲濑富商胡品高鼎力支持，个人独力承担重建白鹭洲书院的所有费用。

光绪十年(1884)，书院重建工程动工。光绪十一年(1885)，工程竣工。新的书院规模宏大，咸称"江右书院一巨观"。

白鹭洲书院历史上有两次外迁，又有两次重迁于洲。这次重建于洲，知府贺良桢固然起主导作用，但作为院长的龙文彬，亦功不可没，起到了重要的推波助澜作用。龙文彬年少时师从刘绎，书院第二次外迁，正是刘绎主导的，重建书院于洲是刘绎晚年最大的愿望。如今他的学生帮助他完成这一心愿，也可谓天意使然，人生无憾了。

书院搬迁至洲上后，龙文彬又向贺知府建言："郡故有阳明书院，课试经文诗赋，寇变罢课。今胡君独修鹭洲书院，请之以所集之资，酌添鹭洲膏火千金，余作阳明书院经费，改仁山白鹭书院为阳明书院。”①这个建议得到贺知府同意，由此，仁山白鹭书院更名为阳明书院。

龙文彬辞官后以育人为乐，先后在南昌经训书院、吉安白鹭洲书院、永新莲洲书院等多所书院任教育人。其品行高洁，甘守清贫，乐于奉献，人人称之为“有道君子”。

龙文彬对明史研究颇深，著有《明会要》共八十卷流传后世，是一部整理分析明代各项制度的巨著，有较高的史料价值。龙文彬还擅长诗文，诗风清新自然、情真意切，有《永怀堂诗文钞》流传。光绪二十二年（1896），病逝于家。

王邦玺

王邦玺（1827—1893），字尔玉，又字介卿，号印轩，安福人。清同治四年（1865）进士，选庶吉士，历任检讨、协修、纂修、文渊阁校理等职，守冷官之位近二十年。光绪十年（1884），晋升为侍讲，行走南书房。后得罪李鸿章遭贬斥，遂辞官回乡。

光绪十四年（1888）前后，王邦玺任白鹭洲书院山长。光绪十五年（1889），江西学政龙湛霖视察白鹭洲书院，此时书院刚迁回洲上不久，楼阁巍峨，规模宏大，龙学政不由大加赞叹，向山长王邦玺询问白鹭洲书院的历史沿革和此次修复缘由。王邦玺详细介绍了书院的历史，尤其是此次复建于洲的始末经过，并动情地说道：“溯自江公创建，及今六百年，书院之既迁而复之者，于兹再见。贺侯名为复古，实等创始，循往开来，愿嘉惠一言贞诸石，为诸生勖。”②借机请学政为此次重建于洲撰写碑记，以期让后人记住这段历史。

龙湛霖听完其介绍后，感慨万千，立即答应了王邦玺的请求，撰写了《重修白鹭洲书院碑记》，王邦玺将碑记以青石镌刻，立于书院内。至今，这块碑石还镶嵌在中山院门厅墙壁上，成为书院重要历史遗存。

---

① 汪泰荣编：《吉安书院志》，北京：中华书局2013年版，第209页。

② 汪泰荣编：《吉安书院志》，北京：中华书局2013年版，第209页。

第三节·名　生·

“圣人教泽书千卷,士子弦歌声满楼。莫道狂澜无砥柱,从兹桃李盛江头。”①这是清代学者章绂留下的吟咏白鹭洲书院的诗句。正如诗中所说,白鹭洲书院自创建以来,虽屡遭狂澜冲圮,然而始终是“弦歌传圣教,桃李盛江头”。从这里走出去的国士贤达,能臣干吏不计其数。

白鹭洲书院创办之初,因为江万里在此讲学,吸引了吉州十县俊秀之士来此求学问道。从那时起,白鹭洲书院就成了吉安教育的最高学府,文化交流中心以及人才培养中心。其招收的生员,都是从十县选拔来的优秀生童,历年科举中第人数也是吉安府各学校之最,“自文忠创书院而后,制科飙举,名硕云蒸,几当宇内之半。”“吉州之元魁科举,每由鹭院,班班可考。”“自有书院以来,科甲踵接”“数年以来,科目益巍以繁”等文字屡见于文献之中。

吉安历史上,号称进士三千,科举鼎盛,人才辈出。从上述文字中后人对白鹭洲书院科举的赞誉之词来看,自南宋淳祐至清代末期,吉安进士中至少有三分之一是从白鹭洲书院走出去的。然而遗憾的是,因为历史文献中没有书院生员的直接记载,我们无法确切统计白鹭洲书院到底出了多少进士。从史志、年谱、诗文等文献资料中,通过梳理予以确认的从白鹭洲书院走出去的学子,目前也仅有十余位,以下逐一介绍。

文天祥——用生命和信仰铸就的爱国丰碑

文天祥(1236—1283),字宋瑞,又字履善,号文山。南宋吉州庐陵县淳化乡富田(今江西省吉安市青原区富田镇)人。南宋末年政治家、文学家,爱国诗人,民族英雄,宋末三杰之一。宝祐三年(1255),文天祥进入白鹭洲书院学习,一年

---

① (清)刘绎编:《白鹭洲书院志》,合肥:黄山书社 2018 年影印同治十年刻本,第二册,第 46 页。

之后，南宋宝祐四年（1256），书院创办后第15年，文天祥高中状元，理宗皇帝亲赐匾额，白鹭洲书院因此闻名天下，成为江西三大书院之一。

文天祥不仅文才出众，更以忠节义烈流芳千古。德祐元年（1275），元军南渡占领南宋都城临安，宋室一路南逃，诏令天下各诸侯起兵勤王。然而，面对元军势如破竹的凌厉攻势，沿途守将纷纷抛戈弃甲，不战而降，唯有文天祥涕泪应诏，毁家纾难，在家乡拉起抗元义军起兵勤王。三年的艰苦抗争，难逆历史大潮，文天祥最终兵败被俘。被俘后，关押三年，誓不投降，1283年在北京就义。生时，授少保信国公，死后，赐谥号“忠烈”。

英姿勃发的理学才俊

文天祥出身书香世家，祖辈均以耕读教书传家。父亲文仪，是位品行高谊的饱学之士，在乡里以教书为业。文天祥自幼受到父亲良好的启蒙教育，熟读儒家经典，常习琴棋书画，打下了坚实的学习基础，养成了良好的学习习惯。年岁稍长，父亲又四处寻访名师教导几个儿子。文天祥先后拜胡季从、曾秀峰、王国望、朱涣为师，学业日益进步。宝祐元年（1253），18岁的文天祥参加庐陵县秀才考试，以全县第一名的成绩考取秀才，一考成名，从一个默默无闻的士子成为县内知名的青年才俊。

宝祐三年（1255）春，文天祥进入白鹭洲书院，拜理学名儒欧阳守道为师。此时，欧阳守道在学界已是久负盛名，其教育思想已初步形成。文天祥跟随欧阳守道学习一年，深受其教育思想影响，对欧阳守道的学问非常钦佩，称其学“如布帛菽粟，求为有益于世用，而不为高谈虚语，以自标榜于一时”。对欧阳守道的道德更是无比敬仰，称其德“慈如父母，常恐一人寒，常恐一人饥，而宁使我无卓锥”。他崇尚欧阳守道的正气，称其“形于色，如秋霜夏日，有不可犯之威”。① 他时时处处以欧阳守道为楷模，成为欧阳守道的得意门生，是理学“巽斋学派”的代表。

① （宋）文天祥著：《庐陵文丞相文山先生全集》，文五桂堂世传藏版，雍正三年新镌，卷十一《祭欧阳巽斋先生》。

宝祐三年(1255)秋闱,文天祥以优异成绩中举,宝祐四年(1256)二月初一,会试开榜,取得殿试资格,五月初八殿试。

殿试这天文天祥身体不适,父亲又重病在身。但他拿到试题,读到理宗皇帝关于“道”的论述及其在治国理政践行道义而产生的困惑:“朕上嘉下乐,夙兴夜寐,靡遑康宁。道久而未洽,化久而未成,天变游臻,民生寡遂;人才乏而士习浮,国计殚而兵力弱,苻泽未清,边备孔棘。岂道不足以御世欤?抑化裁推行有未至欤?”顿时文思泉涌,于是运笔如飞,下笔有神。

他以“法天地之不息”为主旨,首先从天地、道心、人心等方面进行阐述,追溯道之本原,认为“未有物之先,而道具焉,道之体也。既有物之后,而道行焉,道之用也。其体则微,其用甚广。即人心而道在人心,即五行而道在五行,即阴阳而道在阴阳,即无极太极而道在无极太极。天下无往而非道,道一不息之用也”。

他认为:于自然,道是“天以澄著,则日月星辰循其经;地以精谧,则山川草木顺其常”;于社会,则道是“人极以昭明,则君臣父子安其伦。流行古今,纲纪造化,何莫由斯道也”。而圣人“立不息之体,寓于致知以下之工夫,推不息之用,显于齐家治国平天下之效验”。基于此,他认为治理国家,要以圣人言不息之理,用《大易》《中庸》之道明纲常,重伦理,行教化,治国家。

随后,他以前代君王功业过失,分析其失道之处以启发君主,指出:“三君而言,则文帝之心,异端累之也,武帝、太宗之心,杂霸累之也。”由此恳言直谏理宗皇帝,要克服异端、杂霸之心,以史为鉴,匡正阙失,则必将取得超过汉唐帝王的功业。

接着,对理宗皇帝提出国弊“八事”,他“合而以四事”分析原因提出对策:

1. 何以天变民怨?因为“今之民生困矣!民力竭矣!”导致民困的原因是:“琼林大盈,积于私贮;建章通天,频于营缮;献助叠见于豪豪巨室,和籴不间于闾阎下户;所至贪官暴吏,视吾民如家鸡圈豕,惟所咀啖。”提出“持不息之心,急求所以为安民之道”。民生和谐了,天变自然会消弭于无形。

2. 何以人才乏士习浮?因为“士习薄也!”导致士习日下的原因是:“父兄

之所教诏，师友之所讲明，利而已矣！”“心术既坏于未仕之前，则气节可想于既仕之后。”故提出“持不息之心，急求所以为淑士之道”，士风一淳，人才自然会涌现。

3. 何以兵弱国屈？因为国家四面受敌，需要用兵的地方很多，而后方却“列灶云屯、霓裳羽衣”，国家没有形成抵御外敌的成城众志。规劝皇帝“持不息之心，急求所以为节财之道”。财力充足了，兵可强，国可救。

4. 何以虏寇盗贼不断，边防紧张？因为有“三寨水军，兴贩盐课，以资逆雏廷绅尤为是。以撼卫之师，为商贾之事；以防拓之卒，开乡道之门”的“肘腋之蜂虿，怀袖之蛇蝎”。劝皇帝要“持不息之心，求所以弭寇之道”，将只顾个人私利，与虏寇私通的卖国贼清除，则寇可清，贼可肃，边防可宽缓。

最后，他提出“重宰相以开公道之门”，“收君子以寿直道之脉”①的谏言。要皇帝亲君子，远小人，广开言路，纳谏除恶。如此，则天下幸甚！宗社幸甚！

通篇文章，博古通今，以史为鉴，切中时弊，直言以谏，是欧阳守道“巽斋学派”经世致用理学思想的集中阐述。理宗皇帝读到后，拍案叫好，钦点为一甲第一名。主考官王应璘称赞该文“古谊若龟鉴，忠肝如铁石”。殿试唱名之时，21岁的文天祥体貌丰伟，美皙如玉，秀眉而长目，顾盼烨然，理宗见之心生欢喜，又闻其名为“文天祥”，不禁拍手称道：“此天之祥，宋之瑞也。”文天祥因此名扬天下。

忠贞不渝的爱国精神

殿试唱名之时，文天祥父亲病情突然加重，不久即病故，客死京城。刚中状元的文天祥即向朝廷告假，回乡安葬父亲，居家守丧。

居家四年，文天祥时刻关注国家动向，思考治国方略，希望能早日为国家效力。当听闻蒙古军大举南侵，宋军频频败退，国家危急存亡之际，内侍董宋臣却建议理宗皇帝迁都，宋军主帅贾似道私向蒙古军请和等事，文天祥愤慨无比。

---

① （宋）文天祥著：《庐陵文丞相文山先生全集》，文五桂堂世传藏版，雍正三年新镌，卷一《御试策》。

开庆元年(1259)十一月,文天祥丁忧期满,应诏入京任职。刚上任,即冒死向理宗皇帝进谏《己未上皇帝书》,他献上自己思考已久的治国方略,直言指出皇帝的为政阙失:亲佞臣,远君子。他在疏中愤然要求乞斩内侍董宋臣,认为董宋臣之流是使国家陷入内外交困的根本原因,只有将董宋臣斩首,才能统一人心,安定社稷。

然而,文天祥的奏章却被内侍压下,没有上报给皇帝,得知这一情况,文天祥顿感报国无门,一气之下,弃官回乡。

此时的南宋王朝,已经岌岌可危。蒙古国在西北狼顾虎视,贾似道、董宋臣等权相佞臣在朝堂争权夺利排除异己,像江万里、文天祥这样精忠爱国的义烈之士,备受打压排挤。贾似道几次想拉文天祥为他效命,文天祥都义正词严地拒绝,绝不逢迎狗苟。景定三年(1262)至咸淳五年(1269),文天祥三起三落,每次任职仅几个月,都因奸臣从中作梗,使其蒙冤遭劾而罢免,仕途坎坷。

咸淳九年(1273)三月,文天祥就任湖南提刑,后改任赣州知州。主政一方,文天祥访民情、兴教化、平冤狱、赈灾荒,抚以宽惠之政,法之桀黠之徒,严明纲纪,上下肃然,遗爱在民,政绩卓然。

德祐元年(1275)正月十三日,元军渡过长江,攻占都城临安,皇室官员仓皇南逃,太皇太后令各地"疾速起发动勤王义士,前赴行在"。文天祥捧诏痛哭涕泣,立即组织郡中豪杰和吉州兵士万余人,并将自己的全部家产献出作为军饷。

文天祥的朋友劝阻道:"如今元兵分三路大张旗鼓地南下,掠地攻城,势如破竹,你以乌合之众去迎敌,这不是驱群羊去与猛虎搏斗吗?"文天祥慨然说道:"吾亦知其然也!第国家养士三百余年,一旦有急,征天下兵,无一人一骑应者,吾深恨于此。故不自量力,欲以身殉之,庶天下忠臣义士有闻风而起者。"①

短短几句话,文天祥如铁石般的忠贞爱国之心油然纸上,读之令人血脉偾张又如鲠在喉!大宋国以厚待文人立国,然而,国家陷于危难之时,却没有一个

① (清)定祥、特克绅布修,刘绎、周立瀛纂,汪泰荣点校,吉安市地方志办公室辑:《光绪吉安府志》,北京:中华书局2014年版,第1031页。

人响应！士大夫的气节风骨何在？爱国主义精神何在？民族脊梁何在？这是文天祥极度悲愤之处。从这一刻起，他就决定用自己的生命报答国家的养士之恩，为天下士人做出表率，通过自己的行动，唤起天下士人的忠义之心，重塑大汉民族的气节和风骨！

就在文天祥起兵的同时，白鹭洲书院的创办者，远在饶州城的江万里，也举家投止水殉国。在国家危亡之时，师徒二人不约而同地用自己的生命奏响了爱国主义的最强音。这，也成为白鹭洲书院，成为庐陵，成为吉州，永远的，深深的自豪与骄傲。

举兵之后，文天祥虽为宋廷所倚重，甚至封为宰相，但是，他却没享受到一日黄扉之贵，万钟之奉。他为保护流亡的南宋朝廷出生入死，南征北战，全家老少，亲朋好友，生离死别，谱写了一曲悲壮的爱国主义之歌。祥兴元年(1278)，文天祥在广东海丰县五岭坡兵败被俘。

感天动地的浩然正气

文天祥从小就有远大志向，要做一个忠正节义的国之干臣。他少年时，父亲带他到庐陵县学宫里的乡贤祠，里面祭祀着庐陵“四忠一节”，即欧阳修、周必大、胡铨、杨邦乂和杨万里。当他听完五位先贤为国家为人民所做的贡献及大义凛然的故事之后，钦慕之情油然而生，当即发出掷地有声的誓言：“殁不俎豆其间，非夫也。”

君子一诺千金重。在生命的最后时刻，文天祥用感天动地的浩然正气，为逝去的大宋王朝谱写了一曲悲壮的挽歌。

文天祥被捕后，几次自杀想以身殉国，都因元军将士严加看护，自杀未遂。元军主帅张弘范劝其归降，文天祥作《过零丁洋》以明心志：

辛苦遭逢起一经，干戈寥落四周星。
山河破碎风飘絮，身世浮沉雨打萍。
惶恐滩头说惶恐，零丁洋里叹零丁。
人生自古谁无死，留取丹青照汗青。

这首千古名篇，成为中华爱国主义丰碑，激励一代又一代的仁人志士为国家、为民族舍生取义，杀身成仁。

宋元两军于崖山海湾决战，张弘范将文天祥羁于战场，让其目睹宋室覆亡，以期摧垮文天祥意志，让他对宋室彻底绝望。文天祥目睹陆秀夫负帝投海，南宋十万将士血染沧海，痛哭流涕。张弘范说："国亡，丞相忠孝尽矣。能改心事吾君，不失为宰相也。"文天祥流泪说道："国亡不能救，死有余罪，敢逃死乎？"

在押往燕京的途中，文天祥曾绝食八日，打算身死故乡。然而苍天似乎不愿让文天祥就这么轻如鸿毛地死去，有意将重塑中华民族气节之大任交给文天祥。

"天将降大任于斯人也，必先苦其心志，劳其筋骨，饿其体肤，空乏其身，行拂乱其所为也。"在燕京阴暗湿冷的牢狱里，文天祥不食官饭，脚不落地，坐卧三年。他经受了污秽之气的考验，克服了病痛带来的折磨，抵制了高官厚禄的诱惑，经受了同胞兄弟以及好友生离死别的锥心之痛，始终不改初衷，矢志不渝。

元世祖欣赏文天祥的才学和气节，千方百计派人劝降文天祥，都遭到拒绝。最后，元世祖亲自召见文天祥，许以宰相之职，而文天祥坚定地说："宋亡，惟可死，不可生。"元世祖无可奈何，只得将文天祥处决。

在秽气横流的牢房囚禁三年，文天祥备受病痛折磨和百般诱惑，他每日奋笔疾书，撰写了《指南录》《指南后录》《集杜诗》等诗文集；他早早地为自己准备了绝笔《自赞》："孔曰成仁，孟云取义。惟其义尽，所以仁至。读圣贤书，所学何事？而今而后，庶几无愧。"①认为自己的一生仁至义尽，不愧故国，死而无憾。

他在囚室所作《正气歌》，用信仰和生命写就恢宏的爱国诗篇，充盈着感天动地的浩然正气，绝响千年，传诵不断，成为后世儒者终身追求的气节和风骨，成为中华文明进程中一座千古不朽的精神丰碑。

文天祥关押三年之后，至元十九年(1283)十二月初九日，文天祥慷慨就义。就义当天，京城万人空巷，观者如潮，人们纷纷来到刑场为文天祥送行。临行

① 丁功谊、李仁生著：《文天祥年谱》，南昌：江西人民出版社2016年版，第294页。

前，文天祥面南再拜，从容就义，见者闻者，无不流涕。

天下士子的永恒楷模

北京东城区府学胡同内，有一座始建于明代的小院，院子门不宽，与旁边的顺天府学相比，低调而内敛，但朱红大门配以黑底金字的门额却格外显眼，门额上“文丞相祠”四个字金光闪闪，直抵人心。这里，就是有着近六百年历史的北京文丞相祠。

文天祥像

院内古朴幽静，两栋红墙碧瓦的古建筑里面陈列了文天祥的事迹、书籍碑文和造像，房前屋后数棵苍松劲柏，老干虬枝，饱经风霜。令人惊奇的是二进院内的一棵枣树，整个树干向南方倾斜，几近倒地，却依然生机勃勃，绿意葱茏。这棵树，据传为文天祥亲手植下，人们称之为“指南树”。人说古树通灵，它日益向南方倾倒的身躯，是文天祥“臣心一片磁针石，不指南方不肯休”的生动写照。

明太祖洪武九年(1376)，北平按察使司副使、泰和人刘崧立文天祥祠于文天祥就义地——柴市。永乐六年(1408)，朝廷将文丞相祠列入祀典，每年春秋致祭。文丞相祠毗邻顺天府学，由此成为天下士子心中的圣地，进京赶考的举人或是顺天府的生员，都要进入祠堂瞻仰这位天下士者的楷模。

文天祥对家乡的影响更为深远。早在元代中期，元英宗至治三年(1323)，吉安官绅将文天祥供奉于郡学“先贤堂”内，又在城南的“忠节祠”内，增祀文天祥。自此，庐陵“四忠一节”变成“五忠一节”，世代承祀不已，文天祥少年时立下的誓言终于实现。

元泰定二年(1325)，庐陵县学设立“乡贤祠”，祭祀文天祥。明弘治十五年(1502)，御史周孟中请建“文丞相忠义祠”于府城东北的螺子山。由此，吉安府学、县学，城南、城北，均有祠庙祭祀文天祥。《文丞相传》《文丞相督府忠义传》等书籍也在民间广为流传，文天祥忠贞不渝，以身殉国的故事在吉安妇孺皆知，文天祥的爱国精神和忠节正气，成为吉安士人一生追求的高尚品质。

文天祥起兵之后，天下士人闻风而起，忠节之士接踵而出。元代，诸多文人隐居山林讲学，持节不仕。明代，吉安士子纷纷以文天祥为典范，刻苦读书，经世致用，成为国之重臣，国家栋梁，谱写了“一门三进士，隔河两宰相，五里三状元，十里九布政，九子十知州”的人文华章。

明末清初，面对北方少数民族的再次兴起，吉安涌现出无数忠节之士，他们像文天祥那样，奋起反抗，坚贞不屈。明末兵部尚书李邦华，在家乡闲居多年，当国家危难之时，不计个人得失，临危受命保卫北京城，城陷后在文丞相祠上吊自尽，以身殉国。明末状元吉水人刘同升，在赣州创立“忠诚社”，宣誓起兵，高举反清复明大旗，曾一度收复吉安，挺进临江。明末进士遂川人郭维经，率领部队援救被清兵围困的赣州，8000 多守城将士全部战死，城破，他在城中嵯峨寺自焚殉国。

鸦片战争以来，西方列强的坚船利炮打开了中国封闭的国门，中国沦为半殖民地半封建社会，山河破碎，民不聊生。无数鹭洲学子，传承着文天祥忠贞爱国、救国报国的人文精神，在寻求民族独立，人民解放的艰险道路中，披荆斩棘，浴血抗争。这里走出了曾延生、陈正人等一大批革命志士，他们从这里出发，走上革命道路，走上井冈山。忠节义烈的种子，燃起了燎原的星火，从井冈山走向万里长征，走向全中国。

文天祥，以铁石般的忠贞和感召日月的爱国精神，成为后人永恒的楷模，将“文章节义”的大旗永远地树立在了白鹭洲头，树立在了吉州，树立在了中国。

刘辰翁——用诗词书写的爱国情怀

刘辰翁（1232—1297），字会孟，别号须溪，自称须溪居士。南宋吉州府庐陵县灌溪村（今吉安县梅塘）人，南宋著名文学家、爱国词人。

刘辰翁幼年丧父，自强不息，读书刻苦，到处寻访名师求学。欧阳守道任白鹭洲书院山长时，刘辰翁拜其为师。宝祐六年（1258）乡试，刘辰翁本是解元，但因其对策主题为“严君子小人朋党辨”，被认为诽谤当朝宰相丁大全，而不予录用。次年，丁大全被罢相，才恢复其贡生资格。

景定元年（1260），江万里将刘辰翁补录为国子监太学生。刘辰翁性情耿直，气节凛然，而南宋朝廷，恰恰缺少的就是气节，故其仕途坎坷，郁郁不得志。

景定三年（1262），刘辰翁参加进士考试，因其廷试对策中有“济邸无后，可恸；忠良戕害，可伤；风节不竞，可憾”之句，为权相贾似道所嫉恨，拟将其落榜。这年的殿试复校教官是刘辰翁的同乡同门文天祥，文天祥慧眼识珠，将刘辰翁试卷选中呈给理宗皇帝。理宗皇帝阅其对策之后，对其忠良耿直的品德甚为赞赏，将其擢为丙第。

因与权相贾似道不和，中进士后，刘辰翁以亲老为由，请任赣州濂溪书院山长。江万里推荐他任史馆检阅，他都坚决辞谢，不愿与奸臣同朝为官。

刘辰翁的耿直、气节和才学博得了江万里的赏识。江万里爱才惜才，把刘辰翁召到幕府协理公务，刘辰翁跟随江万里十余年，对其敬重有加，以师父事之。江万里举家殉国后，尸首无人安葬，刘辰翁为此事牵肠挂肚。此时，正值元军南渡，兵火绵延，刘辰翁先跟随文天祥抗元，后又避难于吉水、庐陵等地，无法操办此事。至元十六年（1279），天下初平，刘辰翁开始到处寻找江万里的儿子江镐，找到后，和他一起奔赴都昌，安葬江万里，终于让恩师入土为安。

至元十六年（1279），白鹭洲书院山长曹奇在书院建江文忠公祠，四年之后，刘辰翁为该祠撰写记文。他在记中赞扬江万里“年四十有三，声名德业，高迈前闻”，吉州士子“而后立身名节，一以先生台谏为风采”，他的殉国之举“宇宙与之终始，虽康之山、鄱之水，同光而共洁”。

刘辰翁在文中动情地回忆他与江万里在一起的时光：“某事先生十有五年，日所见之犹史，独为庐陵言则言之。先生玉立如山，和气在眉睫间如柳，声含弘如量。”①江万里的音容笑貌，让刘辰翁时时追忆。

元统一中国后，刘辰翁终身隐居家乡著书立说，授徒传教，致力于文学创作

---

① （清）刘绎：《白鹭洲书院志》，合肥：黄山书社2018年影印同治十年刻本，第三册，第6页。

和文学批评，写下了大量的爱国主义诗词作品，文学成就卓著。刘辰翁的诗词气韵生动，慷慨沉郁，既有婉约派的轻灵婉丽，又有豪放派的雄劲跌宕，感情真实自然，寓意深远，表现出了自己深深的爱国情怀和对故国的怀念，生动地反映了南宋遗民的生活状态和心理状态。如其作于德祐二年(1276)的《兰陵王·丙子送春》：

兰陵王·丙子送春

送春去，春去人间无路。秋千外，荒草连天，谁遣风沙暗南浦。依依甚意绪，谩忆海门飞絮。乱鸦过，斗转城荒，不见来时试灯处。

春去最谁苦？但箭雁沉边，梁燕无主。杜鹃声里长门暮。想玉树凋土，泪盘如露。咸阳送客屡回顾，斜日未能度。

春去尚来否？正江令恨别，庾信愁赋。苏堤尽日风和雨。叹神游故国，花记前度。人生流落，顾孺子，共夜语。

这首词作于德祐二年(1276)，元军在这年占领南宋都城临安，宋室仓惶南逃，刘辰翁也在战火中四处避难。此词以“春去人间无路”为主题，描写了战争后曾经繁华的都城临安一片“秋千外，荒草连天”，“斗转城荒，不见来时试灯处”的衰败景象，表达了作者对“箭雁沉边，梁燕无主，杜鹃声里长门暮”的亡国之痛，读后令人有无尽的凄凉和哀伤。

后世将刘辰翁的文学成就与唐宋八大家相提并论，其词作数量仅次于辛弃疾和苏轼。代表作品有《兰陵王·丙子送春》《永遇乐·璧月初稿》等。遗著由其子刘将孙编为《须溪先生全集》，《宋史·艺文志》著录为一百卷。

邓光荐——将文天祥事迹传扬的爱国志士

邓光荐(1232—1303)，字中甫，别名剡，庐陵人。南宋末年著名诗人、爱国名臣。邓光荐年少就有奇才，以诗名闻名于乡里。他曾广泛钻研历代流派诗人作品，诗情敏捷，浑涵自然。他与文天祥同时在白鹭洲书院受业于欧阳守道，是同门师兄弟，两人年龄相近，志趣相投，成为终身挚友。

景定三年(1262)，邓光荐与刘辰翁同榜进士。中进士后，他不愿与奸臣同道,屡诏不仕,隐居在家。南宋亡国之时,邓光荐却积极投入文天祥的抗元大军,强烈的爱国精神由此可见。他为文天祥的大军募集军饷四处奔走。其间,他带领全家往福建避难,在泉州官岭一家十二口全部死于盗寇。山河破碎之时,又遭受如此巨大的家庭变故,邓光荐悲痛欲绝。他强忍悲痛,跋山涉水,依然赶赴抗元最前线。

祥兴元年(1278),邓光荐被宋室任为礼部侍郎,权直学士。祥兴二年(1279),宋军与元军在零丁洋展开生死对决,邓光荐眼看十万南宋军民沉尸海底,丞相陆秀夫抱帝赴海而亡,他悲愤绝望,两次跳海自杀,都被元兵钩起。元军主帅张弘范劝其投降,他严词拒绝。于是,张弘范将其同文天祥一起押赴大都。

从祥兴二年(1279)四月二十二日,至八月二十四日,邓光荐与文天祥从广州出发,沿珠江、北江、赣江一路北上,过鄱阳湖,入长江,至南京,一百多天的时间,两人同舟共济,患难与共。在船上,文天祥将平生事迹和抗元经历备细说给邓光荐听,以期邓光荐在他死后帮助整理成集。两人常诗词唱和,以诗明志,互相鼓舞。文天祥帮助邓光荐整理诗集,为其诗集题名为《东海集》。《东海集》是邓光荐护卫皇帝到海南之后写下的诗集,文天祥以战国合纵名士鲁仲连"愿蹈东海,义不帝秦"的典故,为其诗集名,以倡明邓光荐誓不仕元的决心。

文天祥为邓光荐的《东海集》作序,序中对邓光荐的诗情、命运及两人的友情进行了详细的叙述,赞其诗情"浑涵有英气",叹其命运多舛,慨两人患难之情:"友人自为举子时,已大肆力于诗。于诸大家,绵尝登其门而涉其流,其本瞻,其养锐,故所诣特深到。余尝评其诗,浑涵有英气,锻炼如自然,美则美矣,犹未免有意于为诗也。""自丧乱后,友人挈其家避地,游官岭海,而全家毁于盗,孤穷流落,困顿万状。""凡数十年间,可惊、可愕,可悲、可愤,可痛、可闷之事,友人备尝,无所不至。""余与友人年相若,又同里闬,以斯文相好,然平生落落不相及。及居楚囚中,而友人在行,同患难者数月。其自五羊至金陵所赋,皆予目击，或相唱和。”①

到达南京之后，邓光荐因病重被留在金陵天庆观就医，文天祥继续北行，邓光荐知道自己不能再和文天祥同行，从此生离死别，内心非常难过，于是填词一首为文天祥壮行：

酹江月·驿中言别

水天空阔，恨东风不惜世间英物。蜀鸟吴花残照里，忍见荒城颓壁。铜雀春情，金人秋泪，此恨凭谁雪？堂堂剑气，斗牛空认奇杰。

那信江海余生，南行万里，属扁舟齐发。正为鸥盟留醉眼，细看涛生云灭。睨柱吞嬴，回旗走懿，千古冲冠发。伴人无寐，秦淮应是孤月。

文天祥也非常不舍与友分别，即和其韵以酬答：

酹江月·和友驿中言别

乾坤能大，算蛟龙元不是池中物。风雨牢愁无著处，那更寒蛩四壁。横槊题诗，登楼作赋，万事空中雪。江流如此，方来还有英杰。

堪笑一叶漂零，重来淮水，正凉风新发。镜里朱颜都变尽，只有丹心难灭。去去龙沙，江山回首，一线青如发。故人应念，杜鹃枝上残月。②

两人将深切的亡国之痛和依恋的别友之情融汇于词作之中，真挚的友谊于字里行间尽显，北上途中，文天祥很想念邓光荐，还作有《怀中甫，时中甫以病留金陵天庆观》一诗，诗曰：

久要何落落，末路重依依。风雨连兵幕，泥涂满客衣。
人间龙虎变，天外燕鸿违。死矣烦公传，北方人是非。

“死矣烦公传”，可见文天祥将自己的身后事，委托给了邓光荐。他在给弟弟文璧的信中也说道：“邓先生真知吾心者，吾铭当以属之。”要弟弟请邓光荐给

① 丁功谊、李仁生著：《文天祥年谱》，南昌：江西人民出版社2016年版，第266页。

② （宋）文天祥著：《庐陵文丞相文山先生全集》，文五桂堂世传藏版，雍正三年新镌，卷十四。

他写墓志铭。

邓光荐病好后，元廷见其只有文才，而无治政之能，遂将其放归家乡。此后，他隐居家乡，著书立说，授徒教学。文天祥就义后，邓光荐信守诺言，不仅为文天祥撰写了《文信国公墓志铭》《信国公像赞》《哭文丞相》《挽文信公》等文，还著述《文丞相督府忠义传》《文丞相传》，向人们介绍文天祥生平事迹及爱国故事，颂扬一大批追随文天祥的忠节之士。

王岐瑞

王岐瑞(生卒年不详)，字诚庵，江西安福人。清雍正十三年(1735)中举，授国子监助教，曾在白鹿洞书院讲学，著有《朱子白鹿洞讲学录》。同治间祀安福乡贤祠。

王岐瑞于康熙四十一年(1702)至四十二年(1703)在白鹭洲书院学习。他于雍正三年为白鹭洲书院重建而写的《白鹭洲书院记》中有明确记载："岐自八岁入郡就试，追随祖父游此。肃拜名宦乡贤，即已私心慨慕，窃恨吾生之晚。年及成童，乃独负笈读书其中，与永丰张邦桂、泰和曾开亨、吉水杜与梅、吾邑彭眉先诸友共相切蹉，时康熙壬午癸未间也。"①

王岐瑞八岁就在白鹭洲先贤祠立下誓言，长大要来白鹭洲书院读书，十六岁，他便一个人背着书箱、行囊来到白鹭洲读书，圆了自己少年的梦想。

康熙五十二年(1713)，赣江大水，白鹭洲书院大部分建筑冲毁，唯剩洲北的云章阁独存于古吉台上。此后书院办学中断。王岐瑞每入郡城，看见书院"遂成茂草"，非常难过，"每过从，辄为感泣"。

雍正二年(1724)，上海人吴铨任吉安知府，筹款复建书院，恢复书院办学。书院建好之时，恰好王岐瑞从白鹿洞书院学成归来，吴知府将在白鹿洞学习的吉安才俊请到书院，希望他们来此讲学传道。

---

① (清)刘绎:《白鹭洲书院志》，合肥:黄山书社2018年影印同治十年刻本，第四册，第12页。

王岐瑞是否受邀担任书院主讲，目前尚未查到明确记载。雍正三年(1725)，王岐瑞撰写了《白鹭洲书院记》，记录了雍正二年(1724)书院维修经过，将白鹭洲书院自创建以来的历次维修进行了梳理记录，为后人留下了宝贵的资料。

文章中，王岐瑞感慨白鹭洲书院屡建屡毁，屡毁屡建的艰难历程，发出“白鹭之胜，不独胜于水、胜于山、胜于轮奂之美，盖胜于六君子之过化，胜于各名守之振作也”的感叹。

王岐瑞满腹才学，但其科举之路颇为艰辛，雍正十三年(1735)，在其近五十岁时，才中举人。根据王岐瑞文章记载，和他同时期在白鹭洲读书的还有永丰张邦桂、泰和曾开亨、吉水杜与梅、安福彭眉先等人。这四人中，除张邦桂于康熙五十二年(1713)中举外，其余三人均没有查到功名，也许一生就是一个乡秀才。可见清朝读书人中举之不易，求仕之艰辛，也反映出这一时期吉安科举的衰落。

姚 颐

姚颐(生卒年不详)，字震初，号雪门，江西泰和县人。乾隆三十一年(1766)以榜眼登第。历任翰林院编修、侍读学士、甘肃按察使、陕西督粮道等职。姚颐曾任贵州主考官，三次任会试同考官，他慧眼识英，为国家选拔了一批栋梁之才。

姚颐自幼好学，刻苦读书。为童生时，恰遇爱才惜才的知府王铭琮。王铭琮见姚熙英俊敏捷且非常好学，于是带在身边亲自栽培。王铭琮在吉安任知府前后十年，他常常到白鹭洲书院为诸生授课，姚颐在白鹭洲书院度过了三个寒暑。有姚颐诗作为证：

春晚登云章阁二首

三年曾此倚嵯峨，春晚登临意若何。

夹岸桃花到水尽，隔江山色上楼多。

烟霏细柳连银浦，日落孤城澹碧萝。

莫向风前追往事，等闲荒草任蹉跎。

江上冥冥暮雨来，阁中临眺独徘徊。
歙城万竹插天直，野渡孤舟冒险回。
泮藻何年飞白鹭，栏干无限长苍苔。
只应前代风流在，双水星槎傍月间。①

这首诗作是多年后姚颐重回书院，感慨万千而写下的。在一个烟雨蒙蒙的春天，他独自一人重登白鹭洲，在云章阁上放眼眺望江洲风景，只见夹岸桃花，烟霏细柳，万竹插天，孤舟野渡，不禁想起自己在白鹭洲书院求学的三年岁月，感慨时光荏苒，青春不再，一丝淡淡感伤萦绕心头。他将白鹭比喻为学子，寄予书院人才辈出的殷切期望。

乾隆二十四年(1759)，姚颐参加乡试，考中举人。五年后，赴京会试，被乾隆皇帝钦点为一甲第二名。姚颐中榜眼时，时任山长管嵩请江西督学金甡题写了"云逵鹭振"之匾，挂在书院旌表此捷，可惜此匾在后世不知所踪。

姚颐为官清正廉明，重视教化，爱才惜才。任湖南督学时，"呼吏集堂下，率幕友再拜誓天，以造人才、正文体为务，振拔寒士，文行兼勖"。率幕僚齐聚于堂下向天起誓，以造人才、正文体为要务，公正公平地选拔人才。此后，他又同巡抚商量，扩建了岳麓书院、南城书院。他尤其关心贫寒士子，一旦发现可造之才，就提供膏火，亲自在署中教授他们。自此后，湖南学风大振，"应乡试者倍于前"。离职时，士人为其立《教思碑》，称其"如冰之洁，如谷之冲，如春之煦"。史书评价其"行端志洁，足称人范"。②

姚颐擅书，古诗文造诣也很高，一度以书法、诗文入直上书房。其诗效法苏东坡、黄山谷，一洗当世铅华粉饰陋习，文风清醇且飘逸跌宕，兼有苏辙、欧阳修

① (清)刘绎:《白鹭洲书院志》，合肥:黄山书社2018年影印同治十年刻本，第二册，第55页。

② (清)定祥、特克绅布修，刘绎、周立瀛纂，汪泰荣点校，吉安市地方志办公室辑:《光绪吉安府志》，北京:中华书局2014年版，第1176页。

之风。有《雨春轩诗草》《新山草堂制艺》等诗著存世。

龙亨绣、金世英、郭绥光、郭缙光

龙亨绣，字彰五，永新人。《光绪吉安府志·文苑·龙亨绣》中称其："少负敏才，年十三应府试，知府王铭琮奇之，招入署。从浙江吴青学，见赏于鹭院山长彭元瑞、周定斋，同学姚颐、郭缙光目为畏友。以岁贡膺乡举，荐典试。赵佑评其文有大力文止风。"而在《光绪吉安府志·名宦》中关于清乾隆时期吉安知府王铭琮的记载也写道："选髫龄高才生泰和姚颐、永新龙亨绣、吉水郭缙光入衙斋肄业，聘浙江人吴青为之师，后皆掇科第，著闻于世。"

综合龙亨绣和王铭琮的人物传记，可以肯定，姚颐、郭缙光、龙亨绣都是白鹭洲书院的学子，且龙亨绣在书院时，深得先后两任山长彭元瑞、周定斋的赏识。可惜的是，龙亨绣没能中进士，中乡举之后，即任了官职。

还有一个人物，叫金世英，也是白鹭洲书院学子。《光绪吉安府志·文苑·金世英》中记载："金世英，字半塘，永丰人。拔贡生，博通经史，与姚颐、龙亨绣、郭绥光、缙光相砥砺。泰和彭履坦、庐陵梁崑皆赖其陶成。晚岁教谕泸溪，以忧归。卒年七十三。"这段话指出，金世英与姚颐、龙亨绣也是同学。金世英也只是中了举人，没有中进士。

前面几个人物传记中都提到了郭绥光和郭缙光，可肯定这两人也是白鹭洲书院学子。他俩都是吉水人，且名字中都有光字，或许是兄弟或叔伯兄弟。这两兄弟都中了进士，但《光绪吉安府志》没有传，其生平见诸《吉安登科考》：

> 郭绥光，字子仲，号笏堂，晚号平溪。乾隆三十六年登二甲第四十二名进士。授山西临县知县，改安徽石埭、山东泗水，升山东濮州知州。
>
> 郭缙光，字领侯，号亦觐。乾隆四十八年乡试第一，四十九年登第二甲第二十名进士。先庶吉士，任三通馆纂修，迁翰林检讨，卒于官。①

① 汪泰荣著，吉安市地方志办公室辑：《吉安登科考》，北京：中华书局2016年版，第373、374页。

王世业

王世业(生卒年不详),庐陵人,乾隆十七年(1752)岁贡生。贡生制,自唐开始一直延续至清代,分为岁贡、恩贡、选贡或称拔贡。清代岁贡生名额极少,府学岁贡生每年一人,州学三年两人,县学两年一人,三年题准廷试。即获取贡生资格三年后,经提名恩准可以直接参加廷试。故此,岁贡生,均为学校生员中的佼佼者,很受人们尊敬。

白鹭洲书院在清代乾隆年间,是官办的州学,其贡生、秀才等名额与府学相差无异。王世业为贫寒弟子,但勤学苦读,以优秀成绩考入白鹭洲书院。他在书院读书时,省吃俭用,省下膏火用来奉养双亲,其孝行为世人嘉赞。王世业潜心为学,一生"以穷理力学为先",潜心研究程朱理学。他学识渊博,理学造诣深邃,曾受推荐参加博学鸿词科的考试。但王世业无心仕途,以收授生徒为乐,授课"一宗程朱",培育的学生虽"无穷达",但"皆有以自立"。因此,成为乾隆时期吉安有名的醇儒。

王世业诗文俱佳。在白鹭洲书院学习时,和同学每日里在洲上徜徉,见白鹭洲优美的风景,忍不住与同学互相唱和,留下了《白鹭洲书院十咏和刘衍藜韵》十首诗作。分别为《三峰濯露》《双江印月》《柳岸征帆》《沙堤落雁》《鹭渚残霞》《螺川返照》《萧寺晚钟》《疏棂夜读》《楼宿烟云》《径环松竹》十首。在此,抄录其中三首以飨读者。

鹭渚残霞

素练澄秋水,横披一缕霞。祥岚浮远浦,烂彩迸春花。
渚淡斜阳掠,天空孤鹜斜。吉城多喜气,绕堞尽光华。

柳岸征帆

岸远迷舸舰,帆旗似转蓬。冲波无逆折,拂絮逐冥空。
摇落催归楫,轻盈舞顺风。垂条长莫系 ,泽畔识英雄。

疏棂夜读

道心无可息,茂叔此窗前。花放凭栏砌,水流看客船。

棂光明白日，夜读俨长年。共说三余好，何当拥绣眠。①

他的诗，描绘出了乾隆时期白鹭洲上优美的山水风光和佛儒双修的人文景象，像一幅清新淡雅的水墨画永远钤刻在白鹭洲的历史画卷中，给后人留下了美好且珍贵的回忆。

王世业还有一首诗叫《阅尹司马白鹭洲遗事》。这是一首叙事诗，描写了万历二十年重建白鹭洲书院的功臣吉安府别驾尹学孔筑吉台、永堤的故事。他在诗中赞扬尹学孔"南车指画倒囊金，弃家数月劳斯役"，让人们从其诗、序中了解到这位复建书院的大功臣。

王世业品行端方，处事严谨，为乡人敬重。他无心出仕，一心治学，著书立说，留有《道德经定注》二卷、《十三经性理参翼》四十卷等著作。

黄赞汤

黄赞汤（1805—1869），字莘农，号徵三，庐陵社边村（今吉安县固江镇社边村）人，道光十三年（1833）进士。历任翰林院庶吉士、国史馆总纂、户兵刑三部侍郎、河南巡抚、振威将军、广东巡抚等职，官至正二品，为咸丰皇帝的老师，道光、同治年间重臣。

咸丰元年（1851），黄赞汤应诏陈言，"上抚夷数事"，认为救时之要首在"防夷"，力主惩办汉奸，组织军民，抵抗外国侵略，展现出庐陵气节之风。太平天国时期，曾国藩收复江西战场，苦战三年，黄赞汤在江西劝捐济饷八十余万两，保障了曾国藩部队粮饷，为收复江西做出了贡献。同治元年（1862）任广东巡抚，加强沿海防御，修建水陆炮台，训练将士，一心保国安民。

黄赞汤是否白鹭洲书院学子，虽然目前没有资料明确表述，但从各方资料分析，应是从白鹭洲书院走出去的优秀学子。

理由一：道光八年，吉安知府刘体重修缮白鹭洲书院时，撰写了《重建白鹭

---

① （清）刘绎编：《白鹭洲书院志》，合肥：黄山书社 2018 年影印同治十年刻本，第二册，第 57、58 页。

洲书院记》,文中记载了书院当年科举盛事:“自有书院以来,科甲踵接,顷者功未告竣,戊子与鹿鸣者四人。”

文中“戊子与鹿鸣者四人”是说戊子年的乡试,书院有四人中举人。而查阅《光绪吉安府志》显示,道光八年吉安府共有 9 人中举,其中 4 人为庐陵,另有 4 人为安福,1 人为永新。清代后期,由于朝廷重视官学,各县都有县学,因此,外县来白鹭洲书院求学的可能性较小,故“戊子与鹿鸣者四人”指 4 名庐陵人的可能极大。而这 4 人分别是:晏纯一、康孔昭、黄赞汤、黄志云。四人中其他三人在历史上均无影响,唯黄赞汤名气甚重。

理由二:黄赞汤为庐陵县社边村人,社边离府城仅 40 余里。村族谱中关于黄赞汤的记载也有:“以县案首入郡庠生,补郡廪生,中式道光戊子科举人。”证明其在郡城读书,戊子中了举人。

郡庠生,统指选入府学读书的生员;郡廪生,则是指每月享受政府廪膳的优秀庠生。廪膳即生活补助,必须是经考试为优秀的学子才能享受。廪生名额有限,在府学、县学及官办书院才有,且仅二三十人。白鹭洲书院在清康熙年间,就和府学一样,有廪生名额。

综上分析,黄赞汤应为白鹭洲书院学子。

值得一提的是,黄赞汤与书院著名山长刘绎关系甚好。刘绎年长黄赞汤十余岁,但中进士比黄赞汤晚两年。黄赞汤官场上左右逢源,刘绎却有志于教育文化事业。两人志向不同,却惺惺相惜,视为知己。黄赞汤晚年主持社边黄氏修族谱,请刘绎、曾国藩作序,以显家族荣耀。黄赞汤每次回乡,都要与刘绎会晤,两人相谈甚欢。刘绎的《存吾春斋诗集》中留下了数首诗记录与黄赞汤会晤后的感怀,如:

莘农中丞由河帅抚粤,道经庐陵相晤,出其小照《检书看剑图》属题

百川障后挽澜回,梓里欢迎节钺来。

入画须眉仍卓荦,纵谈肝胆益雄恢。

东山愧我风尘老,南海凭公瘴雾开。

何限引杯烧烛意,安攘内外仗全才。

与黄莘农中丞邻舟夜话

君是帆归我客迁，喜无津吏报邮传。
挽河有力都宗海，作揖相期共济川。
水到顺流谁肯退，风能借助敢争先。
江湖泛宅终何定，同病相怜益自怜。①

第一首诗作于黄赞汤由河道总督转任广东巡抚的途中，黄赞汤与刘绎会晤，出示自己的画像请刘绎题诗，刘绎诗中称赞其英姿出众，才智超群，有攘外安内的突出才干。第二首诗作于黄赞汤由广州巡抚任上诏回的归途上，刘绎此时避居赣州，两人在赣州的江边相遇，秉烛夜话，感叹人事无常，世事沧桑。

据社边黄氏族人介绍，清代后期，村里有多人在白鹭洲书院读书或讲学，可惜目前尚无资料佐证，权且记录于此，留待后人补充完善。

第四节·名　儒·

白鹭洲书院因其在吉安、江西乃至全国教育、文化发展中的显要地位，自然而然成为名贤大儒倾慕关注的焦点。宋明时期，吉安人才辈出，在朝为官的名宰重臣不计其数，专注学术教育的名儒名士亦灿若星海。他们中或许有从白鹭洲书院走出去的，只可惜无历史记载，不好妄自揣测。但可以肯定的是，他们中有很多来到了白鹭洲书院，或讲学，或优游，或支持书院建设，为书院撰写诗文，在白鹭洲书院本就辉煌的历史中，又添上了浓墨重彩的一笔。

明代嘉靖之后，白鹭洲书院办学基本趋于稳定，加上阳明心学在吉安兴起，白鹭洲书院在这一文化浪潮中，当仁不让，成为阳明心学的传播中心。从明嘉靖十一年(1532)至清康熙五年(1666)，白鹭洲成为一所讲会式书院，阳明后学

① (清)刘绎著，龚希健、丁功谊笺注:《存吾春斋诗钞笺注》，南昌:江西人民出版社2018年版，第610、614页。

中彪炳史册的大家，如邹守益、罗洪先、欧阳德、邹善、邹德泳、王时槐、陈嘉谟、万廷言、胡直、尹台、邹元标、李邦华等，接踵布席书院，讲学论道。

然而，白鹭洲书院又不囿于阳明学，它以自己一贯的开放包容、独立思考的学术态度，成为各种学术思想碰撞交流的中心，与阳明学分庭抗礼的著名理学家罗钦顺，秉持正统学派的吴师尹、胡经、甘雨、刘应秋、曾同亨等，在不同的历史时期，对书院的教育教学都给予了热切的关注和支持，给了书院学子重要的思想启迪和影响。明代后期，著名旅行家徐霞客客居白鹭洲二十余天，为白鹭洲书院的传奇又增添了浪漫而绚烂的一笔。

以下，将在白鹭洲书院留下芳踪的名贤大儒，依据其时间先后，一一简要记录，以期后人铭记。

吴师尹

吴师尹（1303—1366），又名思尹，字莘乐，号桂冈，江西永新人。顺帝至正八年（1348）进士，曾任永丰县丞、庐陵县令。后弃官归隐，徜徉山水，赋诗自乐。

吴师尹为官清正廉明，纾民困，解民忧，深得百姓爱戴。在永丰任职时，恰遇当年灾荒，粮食歉收，为赈济受灾百姓，吴师尹主动请命，赴赣州借粮食。赣州知府敬重吴师尹的贤达，立即出粟二千石以济，使全县受灾百姓顺利度过灾年。离任后，百姓作歌思念他。在庐陵县令任上，他重审已判死刑的案件，释放了6个受冤的百姓。

至正十五年（1355），吉安路达鲁花赤纳速儿丁重修白鹭洲书院，请吴师尹为此次重修写记，吴师尹欣然答应，撰写了《重修白鹭洲书院记》，将书院历史及此次重修过程做了详尽记录，给后人留下了宝贵的资料。

吴师尹文采斐然，诗文尤佳，学者称为桂冈先生。代表作有《宋丞相信国公上巳诗》。此次为书院撰写重修记，吴师尹也在文中附以诗歌，以便生员吟咏。诗曰：

惟彼鹭洲，砥乎中流。孰构孰堂，创为前修。昔也弦歌，今也榛棘。百年兴废，过者怵惕。贤哉监郡，国之名臣。牧此大邦，惟时之桢。载葺县庠，载修郡泮。鹭洲之规，亦复旧观。郡地内外，诗书弦诵。吾道有辉，多士增重。不有贤侯，孰惠来学。侯之善政，冠于南国。文学之修，亦照令德。宫墙巍巍，丰碑翼翼。播之声歌，颂之无斁。①

罗钦顺

罗钦顺（1465—1547），字允升，号整庵，江西泰和人。明代著名哲学家、理学家，“气学”代表人物之一。明弘治六年（1493）以探花及第，历任翰林院编修、国子监司业、南京太常寺少卿、吏部左侍郎等职，官至南京吏部尚书。时张璁、桂萼显贵，秉政树党，排除正人君子，罗钦顺耻与之同朝为官，以孝亲乞归，后屡诏不仕。

罗钦顺居家二十余年，潜心研究程朱理学，明代理学“气派”代表人物。他认为“理即是气之理”，“理须就气上认取，然认气为理，便不是”。其学说与朱熹“理生气”论相异，明末著名学者黄宗羲《明儒学案》中称“先生之论理气，最为精确”，时称“江右大儒”。

当时，王阳明心学盛行，罗钦顺反对王学“心即理”“致良知”学说，多次与王阳明书信往返进行学术思想讨论。

嘉靖二十一年（1542），白鹭洲书院迁出白鹭洲，改建于城南仁寿山，门额为“白鹭书院”。嘉靖二十二年（1543），迁建工程完工，书院正式启用。时任吉安知府何其高邀请众多理学名儒来书院讲学，阐发义理，明辩儒学，罗钦顺也应邀来书院讲学。

何知府还力邀罗钦顺为此次迁建撰写记文。刚开始罗钦顺以年事已高为由拒绝邀请，但何其高并不灰心，一而再地恳请罗钦顺写记。他升任山东盐运使之后，还给罗钦顺写信，言辞恳切请其撰写这篇记文。罗钦顺被其诚心打动，

① （清）刘绎：《白鹭洲书院志》，合肥：黄山书社2018年影印同治十年刻本，第三册，第8页。

答应执笔，撰写了《城南白鹭书院记》。何其高为什么一而再，再而三地请罗钦顺写记？其良苦用心何在？或许在这篇记文中，人们能找到一些答案。

罗钦顺在记中说道：

(侯)属钦顺为记，欲因以申劝诸生。既以髦荒辞，而侯未肯遽释。及今擢总山东鹾政，复以书来申前请。顾诚耄矣，将何以为诸生告，以副吾侯之盛心乎？盖尝读孟子书，与闻知天、事天之训，窃以圣门之学，其大要殆不出此二言。在圣人，则不思不勉而裕如；在学者，则必仰师圣谟积勤不懈，然后可得而至……

今之学者，有能灼见夫天明不离乎出入往来之顷，常昭著于人事之近者乎？有能实用"亦临""亦保"之功，一以文王为法而不肯欺于幽暗者乎？若天自天，我自我，判然不相属，而荡然一无所忌，则凡所谓讲学者，名而已矣。吾未见虚名之尚，而实德之有成也。於戏！有志之士，其不可思而又思，勉而又勉，以求造夫知天之域而尽其事天之实乎？得之心而裕于身，举而措之天下之民，则正大光明之业，此圣门之实学也。①

罗钦顺在文中含蓄地表达了对王阳明及其后学学术理论的不同意见，并对他们的讲学活动持批评态度，认为他们的理论是错的，那么他们的讲学就没有实质性的教化作用，不过是虚名而已。罗钦顺对阳明学的态度，世人皆知，在这种情况下，何知府坚持请罗钦顺写总记，应是对罗钦顺学术思想的高度认可，以体现白鹭洲书院海纳百川、开放包容的学术态度，树立白鹭洲书院中正、冷静、兼容并蓄的教育理念。

罗钦顺撰写这篇文章时，为嘉靖二十五年(1546)，此时，白鹭书院迁建仁寿山已经三年。第二年四月，罗钦顺逝世，终年83岁，赠太子太保，谥文庄。著有《困知记》《整庵存稿》《整庵续稿》等。

万历二十二年，汪可受重修白鹭洲书院，厘清书院祀典，在书院立二程祠，

---

① (清)刘绎：《白鹭洲书院志》，合肥：黄山书社2018年影印同治十年刻本，第三册，第9页。

祭祀理学先贤程颢、程颐，以罗伦、罗钦顺配祀，由此可见罗钦顺在明代理学领域的地位。

邹守益

邹守益（1491—1562），字谦之，号东廓，江西安福县人。受家学影响，邹守益少年时已然以才高扬名乡里，17 岁时，乡试中举。正德六年(1511)，二十岁的邹守益参加会试，当时会试同考官为闻名全国的心学家王守仁(王阳明)，他见邹守益试卷非凡，将他列为第一，为新科会元，廷试又高中探花，从此声名大噪。历任翰林院编修、广德州判官、司经局洗马充经筵官、太常少卿兼侍读学士，执掌南京翰林院等职，官至南京国子监祭酒。

邹守益为王阳明高足弟子，列“阳明七子”之首，是江右王门学派的开山者和掌门人，明代著名理学家、教育家，时人称“东廓先生”。

邹守益刚正不阿，坚守儒家纲常名教思想，希望实现以礼教治国施政的人生理想。但其身逢常年不理朝政，整日里炼丹修炼，以期长生不老的嘉靖皇帝，在朝堂之上不仅难以施展才学，还因为直言进谏触犯龙颜，被打入牢狱。他两次辞官回乡，第二次辞官后，不再出仕，在家乡从事理学研究及文化教育二十余年，为当地文化、教育发展做出了历史性贡献。

正德十三年(1518)，邹守益听闻王守仁在赣州讲学，慕名前往谒见，被其学说折服，于是拜王守仁为师。从此，邹守益成为王守仁的高足弟子与忘年良友，以研究传播阳明学为已任，把王守仁“致良知”学说作为化育人心的基本守则，对“致良知”学说做了充分、正确的阐发，开创了江右王门学派，将阳明学发扬光大。

回乡后，邹守益在家乡创办书院，开设讲会，传播阳明心学。由他发起组织的“青原大会”，每年春秋两季举行大会，开展阳明学说论辩，对阳明学的发展与传播起到了巨大的推动引领作用。阳明学“心即是理”“致良知”“知行合一”等修学修心之法，和“为善去恶”的处世原则，成为吉安民间普世价值观，影响并改变了吉安文风和民风。

嘉靖二十二年(1543),邹守益应知府何其高邀请,来到位于城南的白鹭书院参观、讲学。邹守益为书院临江之楼命名为聚秀楼,并现场阐发“聚秀”之义理。邹守益说道:

秀之义,其取诸禾乎!松柏以操,桃杏以华,兰桂以馨,而非禾,则无以饫民生。管、商以权谋,申、韩以刑名,仪、秦以纵横,老、佛以清净寂灭,而非圣学则无以立民彝。士也者,万世之稻粱黍稷也。唐虞曰敷典,夏殷曰明伦,而孔门曰庸德庸言,相顾而慥慥,其后稷氏授受之正脉乎!肄业庠序者,咸黜百家,宗孔氏而顾以浮文猎时资,是谈农谱而望饱,人谓斯何?经世悯俗,创书院以新耳目、祓心志,将期上农以徯有秋也。

昧昧我思之,聚之方有三焉:祓襫弗服,钱镈弗痔,荼蓼弗耨,螟螣弗畀,火旱弗溉,而潦弗泄,将率耊倪而馁弗振,是其责在诸生。某秷稗,某稼粟,甚者曰某野葛鸟喙去,卤莽而耕,灭裂而芸,且无几尔,则后“于耜”“举趾”者,何则仿焉?是其倡在乡大夫,曰肃、曰义、曰哲、曰谋、曰圣,则雨旸寒燠以时;曰狂、曰僭、曰豫、曰急、曰蒙,则及时以恒。而百谷之成弗成,俊民之章弗章。捷若影响,其机在良师帅。隆古盛世,天子公卿,躬建中和之极。而塾师至于州长,戒其奇邪,书其孝友,任恤其归老于乡者,坐于里门,以察劝之,是以恂恂而儒,庄庄而士,自由而君子,肥于家以肥于天下,是谓聚秀之极。①

从古至今,由万物至圣贤,由天子公卿至师儒君子,洋洋洒洒进行了详尽阐述。

嘉靖三十六年(1557),白鹭书院举办大型会讲,邀请邹守益主讲《大学》《中庸》合一之旨。这次会讲吸引了省内近千名学子与会聆听,江西提学副使王宗沐慕名率众而来,创白鹭洲书院会讲参与人数之最。

邹守益推动的青原讲会和鹭洲讲会,影响极大,江西乃至全国的王门弟子

---

① (清)刘绎:《白鹭洲书院志》,合肥:黄山书社 2018 年影印同治十年刻本,第三册,第 12、13 页。

年年在这里聚集一堂，与会者常达千人。吉安，由此成为闻名遐迩的理学交流中心，以邹守益为代表的一大批阳明后学及其学术思想被后世学者称为“江右王门学派”。

《明儒学案》作者、明代著名学者黄宗羲对“江右王门学派”评价很高，称“阳明一生精神，俱在江右”，指出：“姚江之学，惟江右为得其传，东廓、念庵、两峰、双江其选也。再传而为塘南、思默，皆能推原阳明未尽之旨，是时越中流弊错出，挟师说以杜学者之口，而江右独能破之，阳明之道赖以不坠。”文中“东廓”即邹守益，由此可见，邹守益在“江右王门学派”中的核心地位。

邹守益一生著述丰厚，有《东廓文集》《东廓诗集》《学豚遗集》等，今有《东廓邹先生遗稿》传世。嘉靖四十一年（1562），邹守益因病去世，终年 72 岁。隆庆初（1567），赠南京礼部右侍郎，谥文庄。

罗洪先

罗洪先（1504—1564），字达夫，号念庵，江西吉水县人。嘉靖八年（1529）状元，明代著名理学家，杰出的地理学家。一生致力于地理学研究，跋山涉水，考图观史，以计里画方之法，创立地图符号图例，绘成《广舆图》流传后世。江右王门学派代表人物，从小倾慕阳明学，后投身阳明学研究传播，著有《念庵集》《冬游记》。卒后赠光禄少卿，谥文庄。

罗洪先出身官宦门第，父亲罗循历兵部武选郎中、知镇江、淮安二府，徐州后备副史，其为官正直，颇有声名。罗洪先受父亲身教，自幼端重，不为嬉戏，立志为学。少年时，仰慕乡贤状元罗伦，十五岁时，读到王守仁《传习录》，深受启发，欲拜王守仁为师。他的父亲坚决反对，让他拜同县名贤李中为师。在李中的教导下，罗洪先学业日益精进，嘉靖五年（1526），乡试中举，嘉靖八年（1529）殿试第一，高中状元。中状元后，他的岳父欣喜地说：“幸吾婿成大名。”罗洪先当即反驳：“儒者事业有大于此者。此三年一人，安足喜也？”

当时的明世宗迷信道教，每日醉心寻求长生之法。见此情形，罗洪先为官不久，即请告归。嘉靖十八年（1539），他再次出任廷官，不久又因联名上《东宫朝贺疏》而冒犯世宗皇帝被撤职。从此罗洪先离开官场，致力于寻求成仁成圣之路。

他归家后，潜心钻研阳明心学，在家乡的石莲洞内谢客清修，默坐一榻，三年足不出户，甘守淡泊，清苦修身，体悟圣贤之道。他主张“儒者学在经世，以无欲为本。惟无欲，然后出而经世，识精而力矩”。认为“无欲经世”为儒者最高精神境界，得到邹守益等阳明弟子的高度认可。

罗洪先积极参与这一时期由邹守益倡导的阳明会讲活动，从嘉靖十二年(1533)至嘉靖四十一年(1562)，由邹守益倡导的大规模的阳明会讲活动多达40余次，这些会讲活动中，都有罗洪先的身影。其间，有记载的，罗洪先参与白鹭洲书院会讲有两次，一次是嘉靖二十二年(1543)，另一次是嘉靖二十五年(1546)。

聂 豹

聂豹(1486—1563)，字文蔚，号双江，江西永丰县人，明代著名理学家，江右王学代表人物。正德十二年(1517)进士，历官华亭县令、苏州知府、陕西副使、兵部侍郎等职，嘉靖三十一年(1552)任兵部尚书，加太子少保。嘉靖三十四年(1555)，因反对开放福建沿海互市惹怒世宗被罢官。居家八年，嘉靖四十二年(1563)去世，终年七十七岁，谥贞襄。

聂豹推崇王阳明“致良知”学说，曾与王阳明辩论，对阳明之学心服口服，以阳明私淑弟子自处。与阳明学稍有不同之处是，聂豹认为良知不是现成的，而是要通过“动静无心，内外两忘”的涵养功夫才能达到。

聂豹一生热衷阳明讲学，是轰动京城的灵济宫会讲的发起者、组织者。他常与阳明弟子邹守益、罗洪先、欧阳德等进行解析辩论，是吉安青原大会组织者之一。他在家乡永丰创办求志会，建求志书院，著有《困辨录》《良知辨》《双江集》等著作。

白鹭洲书院也留下了聂豹讲学的足迹。他不仅参与了在白鹭书院举办的几次大型会讲活动，也给书院留下了珍贵的文字，为书院撰写了《道心堂记》。

他在文中将“道心”二字阐述得极为详尽，他说道：

道心，其未发之中乎？未发故微。微故显，君子知微之显也，戒慎乎其所不睹，恐惧乎其所不闻，所以立天地之心，造生民之命，开万世之太平……

心，一也。以言乎体，寂然不动是也。寂然者，未发之中，千变万化皆由此出，故曰“道心”。

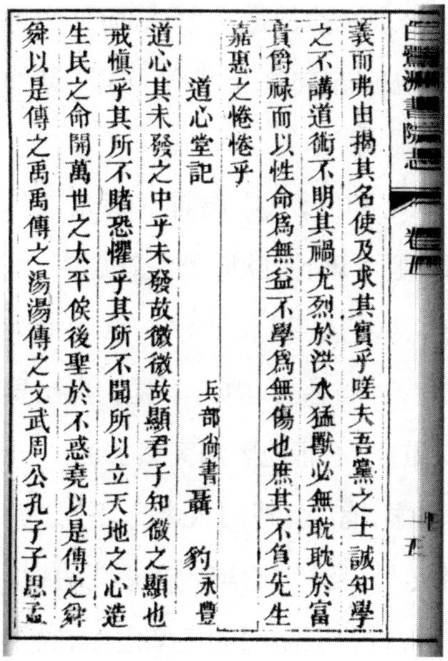
白鷺洲書院志　十五

義而弗由揭其名使及求其實乎嗟夫吾黨之士誠知學
之不講道術不明其禍尤烈於洪水猛獸必無耽耽於富
貴爵祿而以性命爲無益不學爲無傷也庶其不負先生
嘉惠之惓惓乎

道心堂記　　兵部尚書聶豹永豐

道心其未發之中乎未發故微微故顯君子知微之顯也
戒慎乎其所不睹恐懼乎其所不聞所以立天地之心造
生民之命開萬世之太平俟後聖於不惑堯以是傳之舜
舜以是傳之禹禹傳之湯湯傳之文武周公孔子子思孟

《道心堂记》

认为“道心”即是对未知的敬畏之心，见微知著的戒慎之心。道心惟微，千变万化。君子因为懂得“道心”之微之显，所以戒慎，所以立天地之心以造生民之命，树立经邦济世，为万世开太平的伟大理想。

聂豹认为后世对“道心”的理解产生了偏差：“不知中之为和也，假之为王霸之功利；而外和以求中者，流而为二氏之虚寂。功利之害，陋而易见；虚寂之祸，隐而难知。”“盖道心惟微，本虚寂也。虚而受，寂而感，后天奉天，何思何虑。曷尝以虚寂为枯槁，以感应为障妄？自私自利，至于遗弃伦理而不顾，涂耳目而祸生灵。尚可复见唐虞三代之治哉？”①

正是因为对道心的理解产生了偏差，才导致很多人自私自利，遗弃伦理祸害生灵。这怎么可能实现尧舜及夏商周三代时期的长久太平之治呢？

① （清）刘绎：《白鹭洲书院志》，合肥：黄山书社 2018 年影印同治十年刻本，第三册，第 15 页。

欧阳德

欧阳德(1496—1554),字崇一,号南野,江西泰和县人。明代著名理学家,江右王学代表人物。嘉靖二年(1523)进士,历官六安知州、刑部员外郎、翰林编修、国子司业、太仆少卿等,官至礼部尚书。

欧阳德从小聪颖好学,记忆超群,九岁即以奇童闻名乡里,十三岁即中秀才,二十一岁中举人。中举后,欧阳德并不是北上京城参加进士考试,而是南下赣州慕名投奔王阳明,专程拜阳明为师,可见他的志向在于求学问道,寻找真理。

欧阳德性格刚直不阿,以诚正立身,遇事气定神闲,气宇温粹。嘉靖二年(1523)参加科考时,殿试策问的题目是诋毁阳明心学理论,欧阳德在答题时,将老师的学术思想进行阐发辩论,毫无阿谀之气。嘉靖皇帝讳言立储,欧阳德为国家大计不顾皇帝禁令,常为建储之事直言进谏,言辞恳切,中正不党。嘉靖皇帝被他的诚正感动,没有处罚他,反而准备委以重任,不想他因病突然去世。

欧阳德为官之暇,热心收徒讲学,传播阳明学,有“南野门人半天下”之美誉。在家乡丁忧期间,他与邹守益、聂豹、罗洪先日日讲学论辩。在京为官时,与徐阶、聂豹、程文德等显贵官员,常聚于灵济宫,讨论王阳明的良知之学,吸引了京城内外数千名学子与会,影响很大。

欧阳德是青原大会的倡导者与组织者之一,他与邹守益、罗洪先关系亲密,是志同道合的好友。嘉靖二十二年(1543),欧阳德应邀来白鹭洲书院讲学,在这之后的几次大型阳明学讲会活动中,白鹭洲书院都留下了欧阳德的足迹。

欧阳德为仁寿山白鹭书院撰写了《集义堂记》。集义堂,是书院讲堂,堂以集义为名,意义深远。文中,欧阳德分别以《告子》《孟子》关于义、性的论述,做了深刻而详尽的阐发:“义者性之德,非自外也。心之良知之谓性,成性存存之谓德;动不拂性,慊于其心谓之义。精义入神,协于克一,百虑殊途,充周不穷之谓集义。圣人之所以尽性至命,集义其至矣。”

欧阳德赞同孟子的思想,认为养性,即是集义,义集而德至,一个有义气,有节义的人，就是一个德行至高无上的人。有了优良的品德，就有无穷的能量，这就是集义，圣人就是这样成就的。

文中谈到白鹭洲书院此次迁建过程及集义堂名的深刻含义："吉安旧有讲学之地，曰白鹭洲书院，在洲之上。自宋逮今，兴而废，废而复。今郡守何白坡先生移置郡城西，因废寺基材为之阁，为中堂、为东西堂，皆东向，各有退息之室，有左右学舍，门途午错，会归于一。缭以周垣，前为都门，集九邑士讲学其中。堂各有名，其西堂之名曰集义，来属余言。先生之意，无亦以佛宇废为儒宫，则将祛佛学以崇儒术，则莫若孟氏之训为深切著明矣乎！抑以后世集义之学，少异于孟氏，而徇利者又昏瞀迷惑，弃义而弗由揭其名，使及求其实乎！"

最后他说道："学之不讲，道术不明，其祸尤烈于洪水猛兽，必无耽耽于富贵爵禄，而以性命为无益，不学为无伤也。"①认为讲学十分重要，只有通过讲学辩论，才能明白道之本义，树立正确的价值观和人生观，否则，将沉迷于功名富贵，无节义之德，无礼义之学，这样的人，对社会的祸害比洪水猛兽更厉害。

尹　台

尹台(1506—1579)，字崇基，号洞山，江西永新县人。嘉靖十四年(1535)进士，授翰林院编修，历官国子监司业、南京乡试主考、南京国子监祭酒、少詹事兼侍读学士，官至南京礼部尚书，江右王门学派代表人物。

尹台为官一身正气，光明磊落。他的学识深得嘉靖皇帝欣赏，严嵩看皇帝对尹台委以重任，欲与其交好，被尹台当场严词拒绝。任南京礼部尚书时，他革除弊政，触动了一些权要关系，遭人弹劾而被罢官回乡。

尹台崇尚阳明心学，罢官回乡之后，潜心治学，"读书至老不倦"。在家乡建崇正书院，讲学授徒，培养了一批优秀门生，其中有明末著名理学家、东林三君子邹元标。

① (清)刘绎:《白鹭洲书院志》，合肥:黄山书社2018年影印同治十年刻本，第三册，第13页。

尹台和第二代阳明弟子王时槐、陈嘉谟等在家乡大兴讲会活动，规模和气势不逊于第一代邹守益等组织的讲学活动，使阳明讲会在吉安继续呈现蓬勃发展态势。他们将阳明学不断进行丰富、完善、修正，使阳明学深入民间，指导促进了社会实践，为当地文化发展和文明建设做出了积极的贡献。

嘉靖二十二年（1544），尹台受邀参加白鹭书院会讲，并为书院撰写了《学田记》。他在《学田记》中介绍了事情缘由："太守嘉陵何公，既兴复白鹭书院。成，于是大召九邑之士，使咸业游其中，以相观道艺于有就也。乃九邑士应牒挟策来者，亦罔不欣欣然慕类而簪合矣！公曰：'盛哉！士之聚于学也！夫吾居之，弗能食，学将累焉！聚庸可久乎？'乃出罚籍之金若干锾，创田若干亩，以饩士之来学者，命曰学田，令有司岁榷掌之，而属予为之记。"

又对"学田"二字的意义进行了阐发：

> 公以学名田也，欲使士食焉而思学也。学至乎，道焉尔矣？是故士子之道也，犹农夫之于田也。
>
> 学之于诵习而有《诗》《书》六艺之文，犹农夫之播也；学之于耳目心志手足之举措，而有弦匏干羽升降俯仰之节度，犹播而欲其长也；学之于敬孝礼让，而有朝聘丧祭乡射饮老之仪，犹长而欲遂之也；学之于莅官守政，而有考艺选廉讯囚献馘之法，犹遂而欲敛其获也。①

最后，尹台又指出士者该学什么？那就是要以"周程朱氏数大儒与吾圣人仁义中正之道"为学之根本，不要受"二氏"之学影响（"二氏"指佛教与道教）。他指出"异道入人深而易沉溺者，莫如禅家之论"，佛教禅宗与儒家的一些说学看似相近，实则根本不同，学者尤其要小心甄别。

尹台在白鹭书院有记载的讲学活动还有一次，是在万历元年（1573），这时的白鹭书院已由城南仁寿山迁至城北庐陵县学。这期间，尹台多次参加在吉安城外青原山、西原山举办的青原大会和西原大会。

---

① （清）刘绎：《白鹭洲书院志》，合肥：黄山书社 2018 年影印同治十年刻本，第三册，第 17 页。

万历七年(1579),尹台去世,终年七十四岁。尹台死后,后人在他创建的崇正书院右侧建“四贤祠”,纪念唐代姚崇、宋代刘沆、明代刘定之和尹台这四位永新先贤。有《思补轩洞麓堂集》《永新志》等著作留世。

王时槐

王时槐(1522—1605),字子植,号塘南,江西安福人。著名理学家,江右王门学派第二代传人领军人物。嘉靖二十六年(1547)进士,历官南京兵部主事、礼部郎中、福建佥事、太仆寺少卿、陕西参政。张居正柄国,以京察罢归。万历中,复起用为贵州参政、太常寺卿,皆不赴任。

王时槐一生主要的贡献是对王阳明心学的传承与弘扬。他年轻时拜阳明弟子刘文敏为师,致力于寻求达到圣人精神境界的方法途径。《明儒学案》:“姚江之学,惟江右为得其传,东廓、念庵、两峰、双江其选也。再传而为塘南、思默,皆能推原阳明未尽之旨。是时越中流弊错出,挟师说以杜学者之口,而江右独能破之,阳明之道赖以不坠。”其中“两峰”是指刘文敏,“塘南”则是指王时槐。

王时槐五十岁被罢官后,回乡躬身自省,反身实证,开始深切体悟到阳明学理论中蕴含的真理,并积极投身于阳明讲会的活动中。隆庆元年(1567),他和庐陵陈嘉谟在吉安城外的西原山能仁寺成立讲会组织“能仁会”,亦称“西原惜阴会”,定于“每岁季月小会,九月大会”,一年会讲四次于西原山。每次讲会邀请诸多当时声名卓著的阳明学者临会讲论,与会听讲者近千人,时称“西原大会”,与赣江之东的“青原大会”呼应唱和。

他还奔波于吉安各书院,阐发阳明理论,传播阳明精神。白鹭书院也留下了王时槐的深深足迹。

万历十四年(1586),庐陵知县钱一本捐个人俸禄修缮城北白鹭书院,常与王时槐一起探讨学问,在书院内轮番讲学。一时间,庐陵学风大兴,士子皆以正心修身为学习目的,以知行合一为实现理想抱负的途径,一批品德才学俱佳的醇儒应运而生。

王时槐还为此次修缮写记,撰写了《重修白鹭书院记》。受钱一本委托,万历十四年(1586),王时槐还主持了《白鹭洲书院志》的第二次编撰。《白鹭洲书院志》第一次编撰在嘉靖二十五年(1546),王时槐编志时,书院已经由仁寿山迁到了城北庐陵县学内,时间已经过去四十年。王时槐在第一次《志》书的基础上补充了后世四十年书院发展建设情况。可惜此版《志》书早已散佚,所幸他撰写的《重修白鹭书院记》流传于世。

王时槐研究王阳明的致良知,是建立在孟子“性本善”思想基础上的,他在《重修白鹭书院记》中留下了自己这一学术思想,他说:“人性至善,万古如一。即倡之而悟,导之而趋,亦不过触吾固有之善,万古不泯者也。以诸生固有之善,宁有倡之不悟、导之不趋者乎?诚悟而不趋,不越子臣弟友之常,以全根衷复性之理,退则善乡,出则善世,夫然后不愧孔门之后裔,足称是院之良士。”①

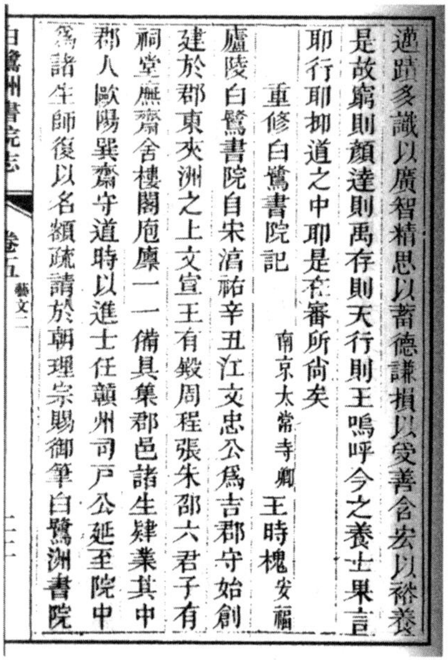
遡蹟多識以廣智精思以蓄德謙損以受善含宏以裕養
是故窮則顏達則禹存則天行則王嗚呼今之養士果言
耶行耶抑道之中耶是在審所尚矣
重修白鷺書院記　南京太常寺卿　王時槐安福
廬陵白鷺書院自宋淳祐辛丑江文忠公爲吉郡守始創
建於郡東夾洲之上文宣王有殿周程張朱邵六君子有
祠堂廡齋舍樓閣庖廩一一備具集郡邑諸生肄業其中
郡人歐陽巽齋守道時以進士任贛州司戶公延至院中
爲諸生師復以名額疏請於朝理宗賜御筆白鷺洲書院
白鷺洲書院志　卷五　藝文二　二十二

《重修白鹭书院记》

这段话将一个善良、和蔼、睿智、明达的智者形象生动地勾勒出来。他认为每一个人的内心都是善良的,老师的作用就是帮助学生去体悟心中的善,发现心中的善,并用自己的行动去践行心中的善。从而使学生们退则为一乡之贤达,出则为社会有用之人才,这样,才不愧孔子门生这一称号,不愧为白鹭洲书院培养的贤良之士。

万历二十二年(1594),知府汪可受将书院复建于白鹭洲,又邀请王时槐参与这一盛会,并请他撰写了《道心堂记》。王时槐在记文中对“道心”二字进行了阐发,他说:“道心者性也。性先天而统万物,非有我之得私,故强名之曰‘道’。道则冲乎寂乎,莫知其端倪,可谓‘微’

---

① (清)刘绎:《白鹭洲书院志》,合肥:黄山书社 2018 年影印同治十年刻本,第三册,第 22 页。

矣！人心者情也，性动为情，形生神发，乃属于人，故直名之曰‘人’。人则涉形气而纯驳分，由薰习而理欲判，可谓‘危’矣。精一者，慑情复性之功也。研几以造于极深，洗心以入于藏密，是谓‘惟精’。精则垢尽天全，情归性初，致一不二，是谓‘惟一’。一则中矣，凡分寂感、歧内外、见生灭，皆二也。二则有对而为偏。不二则无寂感、内外、生灭之相。一也一则无对而为中。执之云者，贞夫一之谓执，而曰允，言非造作矜持以为执，而适得其性之本然也。”①

《尚书》中“人心惟危，道心惟微。惟精惟一，允执厥中”称为儒学“十六字心传”，这段话，王时槐对这十六字做了详细的阐释，辨思严谨，推论准确，理学大家的学术风范由此可一窥之。

万历三十三年(1605)，王时槐以八十三岁高龄离世。著有《友庆堂存稿》《友庆堂合稿》《广仁类编》《论学书》等著作。

曾同亨

曾同亨(1535—1607)，字于野，江西吉水人。明代著名的文学家、诗人、书法家。曾同亨出身官宦之家，父亲曾存仁官至云南布政使，弟弟曾乾亨万历五年(1577)进士，以“一门三进士”享誉乡里。

嘉靖三十八年(1559)，曾同亨中进士，授刑部主事，后历官礼部主事、吏部主事、大理寺少卿、顺天府尹、右副都御史、南京太常寺卿、大理卿、工部右侍郎、工部尚书等职，官至南京吏部尚书，加太子少保。年七十五卒，赠少保，谥恭端。著有《泉湖山房集》。

曾同亨一家清正廉洁，忠心谋国，兢兢业业，殚精竭虑，父子三人均以名德闻名一时。曾同亨任工部右侍郎时，奉诏督建寿宫，他凡事亲自督办，事必躬亲，整个工程下来，节省各项浮费三千余万两。他改革军器运输过程中的弊政，为国家节省了很多不必要的开支。任南京吏部尚书时，对官员实施京察，公平

---

① (清)刘绎:《白鹭洲书院志》，合肥:黄山书社2018年影印同治十年刻本，第三册，第35页。

公正地评价每一个人，不徇私情。

万历二十二年，曾同亨为白鹭洲书院撰写了《白鹭洲书院二程先生祠记》，将书院二程祠的来龙去脉进行了详细的记录：

由秦汉以来，士汩没于训诂，浸淫于佛老，沉酣于功利词章之习，圣人之学不明于天下者。千四百余年，有宋诸大儒先后辈出，慨然以继往开来为任，相与究晰性命之奥，以缵承道统。自是谈名理者代有其人。然或驳而不纯，或偏而不该者有之。明道、伊川两先生崛起，圣远言湮之后，师传心悟，独得其宗。所著《定性书》《易传》，并发前圣未竟之蕴，其为言粹然至正，廓然至公，无复不纯不该之弊。故学者信若蓍蔡，尊若神明，使志于希圣者，咸有所恃以折衷，盖其学直溯子舆氏，以上接洙泗之传，非后儒所可企及……

二先生尝侍大中公来尉吾吉，因受濂溪学于南安，辙迹所至，流风余韵，往往而在。曩有司尝建祠祀二先生，益以周、张、朱、邵，号六君子祠，用慰仰止之思。后三百余年，阳明王先生起，迁谪令庐陵，至抚虔中，郡人士亲受业其门者尤众。于是郡城复有阳明祠，最后再祠于青原。而所谓二先生祠者，岁久圮，不复葺。

今郡大夫楚黄汪公，自礼部曹郎临莅兹土，考故问俗，喟然叹曰："吉理学之盛，实由三先生过化始。顾阳明两祠并峙，而二先生祠废不复举者何？岂其以久近之故异与视？夫道不可变，教因其时，今天下学术敝矣，表章二先生之道，示之标的，以救末流之失，固今日事。"请于当道，移白鹭书院于故址，创风月楼，取吟风弄月意，祀二先生其中，而以近代文毅、文庄两罗公配享。①

正是曾同亨的这篇文章，让后人能客观、翔实地了解这一时期不同思想文化的碰撞、发展和变化，给后学者以警醒、借鉴。

---

① （清）刘绎：《白鹭洲书院志》，合肥：黄山书社2018年影印同治十年刻本，第三册，第32页。

陈嘉谟

陈嘉谟(1521—1603),字世显,号蒙山,自号蒙山居士,江西庐陵人。嘉靖二十六年(1547)进士,历官泸州推官,户、吏、兵三科给事中,四川布政使司副使、湖广参政等职。为官刚正不阿,敢于担当,擒贼平乱,政绩显著。

陈嘉谟与王时槐年龄相仿,少时两人同师安福刘文敏,结下了深厚的友谊。学成后,两人一起参加科举考试,为同榜进士,又同朝为官,且都身居显位后辞官回乡。两人有着相同的奋斗理想和人生抱负,那就是要弘扬阳明学,以教化民众为己任。

因看不惯朝廷贪黩风气,隆庆四年(1570),陈嘉谟以疾请归。辞官后,与王时槐在吉安城外的西原山能仁寺内创办了西原会馆,并担任西原会馆首任山长,全面主持西原会事务。他们订立西原会约,每月以十一或十三为期,举办阳明学讲会,邀请众多名儒大家与会讲论,参会听讲者近千人。

陈嘉谟积极参与白鹭洲书院的重建及讲学活动。万历二十年(1592),白鹭洲书院重建,他捐输十两纹银以助庐陵号房的建设,并撰写《白鹭洲书院庐陵号房记》。

白鹭洲书院重建于洲,分县建有十所号房,以供十县优秀学子居住,书院当时规模蔚为可观。陈嘉谟在文中将庐陵县号房建设情况进行了详细记录:"书院之兴以造士也! 堂宇带山川,楼阁凌霄汉。惟兹形胜,足以坐收东南千里之秀,称伟观矣! 顾横经者肄业无地,奈何? 乃出其匠氏砻斫之余,为十学髦士藏修之房舍若干。庐陵侯沈君推广公意,增建三楹以居附郭多士,而房舍比屋鳞次,称'号房'。于是书院之制,井然大备。"

陈嘉谟对知府汪可受建号房之事充分肯定,将他与书院创办人江万里相提并论,他说:"公慨然中兴书院,成嘉惠于庐陵之挟策来游者,而坦夷乐易,使人亲已，士啧啧颂公，以为古心先生再见于今日。”①

著有《念初堂稿》四卷，《续稿》二卷行于世。

邹 善

邹善(1521—1600)，字继甫，号颖泉，邹守益第三子，江西安福人。嘉靖三十五年(1556)进士，历任刑部主事、员外郎、山东提学佥事，官至广东布政使、太常寺卿。

邹善继承父亲邹守益遗风，终身致力教育事业。任山东提学期间，常率诸生讲明圣学，所选拔之人“后皆为名贤”。后以病辞官归乡，接替父亲主持安福惜阴会、青原大会等阳明讲会活动，每日聚讲不辍，为江右王门学派第二代代表人物。

用阳明学理论教化育人，是邹守益家族的传统，且取得了傲人的成绩。邹氏一门，从邹守益的父亲邹贤开始，邹贤、邹守益、邹善及其两个儿子邹德涵、邹德溥，两个侄子邹德泳和邹德淇，一门七进士，且都官至高位，成为当地名门望族。

万历二十二年(1594)，汪可受邀请吉安名儒齐聚白鹭洲书院会讲，邹善也应邀出席了盛会。此外，他还为书院此次复建留下《鹭洲书院建坊记》。记中写道：“特建三绰楔于书院之前。首理学，自欧阳文忠而下若干人；次忠节，自杨忠襄而下若干人；次名臣，自周益国而下若干人，以风示多士。多士仰瞻俯思，莫不曰：‘均是人也，均是耳目心志也。’绰楔所记，岂绝能而不可几？见往哲之尽性立命，克配乾坤也，宁无立德之思乎？见往哲之效忠树节，争光日月也，宁无立节之思乎？见往哲之尊主庇民、建勋朝野也，宁无立功之思乎？是昭昭轨范，

① （清）刘绎：《白鹭洲书院志》，合肥：黄山书社2018年影印同治十年刻本，第三册，第47页。

咸在目前,固不必远稽于古训,别询于国乘,而夙夜孜孜于此,有余师矣!"①

这篇文章将白鹭洲书院建"三坊"这一重要历史事件进行了详细记录。三座牌坊建于书院泮池之南,分别为理学坊、忠节坊和名臣坊。理学坊上刻的是自北宋欧阳修以后的若干位理学名儒;忠节坊上刻着自北宋杨邦乂之后的若干忠节义烈之士;名臣坊上刻着自南宋周必大之后若干国之干臣。汪可受建三坊的目的,是展示吉安名硕云蒸的人文盛况,让学子见贤思齐,树立"立德、立节、立功"的宏图远志,成为经世致用的栋梁之才。

万廷言

万廷言(1531—1610),字以忠,号思默,江西南昌人。进士出身,历官礼部郎官、湖广佥事、四川参议、提学副使。后辞官归隐,居家三十余年,精研学问。

万廷言从小受阳明学熏陶,父亲是王守仁弟子,言传身教,长大后又拜罗洪先为师,在石莲洞精研《易》。他以精于《易学》而闻名于世,著有《易学》《易说》《经世要略》《学易斋集》等书。是江右王门学派第二代代表人物,在当时的阳明学界声望很高。

万历二十二年(1594),白鹭洲书院迁回洲上,知府汪可受邀请众多名儒齐聚书院举办会讲,万廷言受邀出席。他不仅参与了书院的讲会活动,还为书院撰写了《道心堂记》。他在记中写道:"世之君子,诚思坚冰可畏,身与家国天下,惠迪之吉必本于惟微,于是况心抑气,暗然离丧,其朋类而反于道初,敬信于未言动之先,而无恶志于所不见之密,神明潜潜,确乎其不可拔也,则庶乎其征也已。"②

---

① (清)刘绎:《白鹭洲书院志》,合肥:黄山书社2018年影印同治十年刻本,第三册,第42页。

② (清)刘绎:《白鹭洲书院志》,合肥:黄山书社2018年影印同治十年刻本,第三册,第37页。

刘应秋

刘应秋(1547—1620),字士和,江西吉水人。明万历十一年(1583)探花及第。授翰林院编修,迁南京国子监司业,后召为经筵日讲官,任右庶子、司经局洗马、国子监祭酒等职。著有《刘大司成文集》,崇祯时,赠礼部侍郎,谥文节。

刘应秋为官忠勇谋国,才高气傲,好直言抨击时弊。万历十八年(1590),他上疏弹劾首辅申时行,称其"不能抒诚谋国,专事蒙蔽"。直言说道:"辅臣者,天子所与托腹心者也。辅臣先蒙蔽,何责庶寮?"①抨击首辅对皇帝不忠,蒙蔽皇帝,因此导致权臣忌恨。万历二十六年(1598),受诬陷被贬,遂以病辞官归乡。

回乡二十余年,刘应秋著书立说,教育后代,积极参与家乡的文化教育工作。万历二十二年(1594),白鹭洲书院重新迁回白鹭洲上,知府汪可受属刘应秋为此次盛事撰写文章以记。刘应秋因此撰写了《重修白鹭洲书院记》记录下了这一吉安教育文化上的重大历史事件。

他在文中描绘了白鹭洲迷人的风光:"洲在郡治之东,踞江中流,延袤数里,状如游龙。青原、神冈、天瑞诸峰在右,拱挹入其抱,赣江合泸禾二水循涯而西,小者洄潏,大者澎湃,出乎舄履之下,居然郡中一形胜也。"记录了书院沉寂外迁的过程:"久,圮于水,已又毁于兵。递修递废,最后竟议迁,书院亦递迁不常,有司仅存其名为故事。故址日颓,半为鲛室,残碑断碣,时犹隐见于沙碛水汊间。"

将汪知府兴复过程进行了详细的描述:"太守汪公来治郡之明年,政清讼简,公庭多暇。孳孳以化俗作人为本务,乃简十校之士,课肄而手校之,间者进而与之道古谊、称先辈。一时文学彬彬自喜,以为得师,则聚族谋曰:'有侯若此,真千载而旦夕哉!非白鹭再造之一会乎?'退而谋诸缙绅,韪其义相率以请于公。公谛观之,跃然若有当也。叹曰:'兴废振敝,宁异人任?'亟请于当道,咸报可。乃考图度基,鸠工庀材,尅日而兴。"

---

① (清)定祥、特克绅布修,刘绎、周立瀛纂,汪泰荣点校,吉安市地方志办公室辑:《光绪吉安府志》,北京:中华书局2014年版,第1154页。

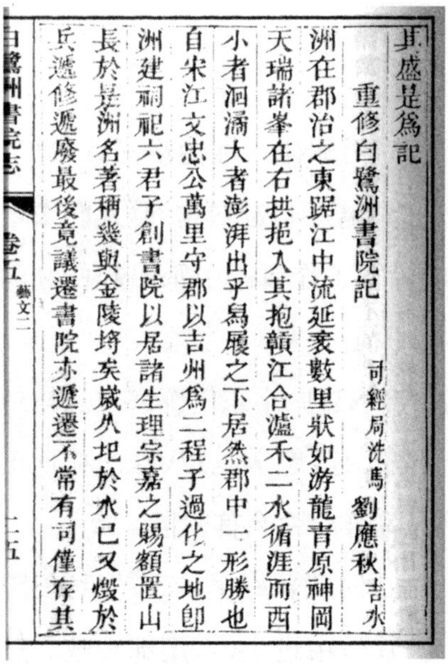

其盛是爲記

重修白鷺洲書院記　司經局洗馬　劉應秋　吉水

洲在郡治之東踞江中流延袤數里狀如游龍青原神岡天瑞諸峯在右拱挹入其抱贛江合瀘禾二水循涯而西小者洄滀大者澎湃出乎舄履之下居然郡中一形勝也自宋江文忠公萬里守郡以吉州爲二程子過化之地卽洲建祠祀六君子創書院以居諸生理宗嘉之賜額置山長於是洲名著稱幾與金陵埒矣歲久圮於水已又燬於兵遞修遞廢最後竟議遷書院亦遞遷不常有司僅存其

白鷺洲書院志　卷五　藝文二　二五

《重修白鹭洲书院记》

又把书院恢宏气派的建筑群逐一详细介绍：

增庳垫敧，垒石为台。崇九尺，修三十五丈，广视修十之六。南有重门，北为巍阁。有堂有楼，有池有亭。堂曰道心，楼曰风月，阁曰云章，其下曰山长厅，亭曰浴沂，皆仍宋时故额，而总署其名曰“白鹭洲书院”。

云阁高五丈，翼以栏楯，可俯可眺，沓嶂环青，万顷一碧。朝旭夕映，花雨涛雪，千姿万态，靡不呈奇献秀于棂栊几席之间，书院之大观备矣。前乃为楼五，筵祀二程夫子，而以一峰、整庵二罗先生配之。又前筵为大堂，则所谓道心堂也。阁之后植竹万竿，洲水支流绕出其下，可濯可风，是为浴沂亭。

门以外为月池，环池左右翼为舍百楹，择九邑之髦隽讲业于此。当两翼夹路中，为坊者三，曰理学、忠节、名臣。断自欧文忠、杨忠襄、周益国而下若干人，皆揭其爵邑姓名以备一郡伟观。

极台而南，聚土筑堤以捍冲决，广三十丈有奇，周五十丈有奇。高称台，倚台而东，建庵曰净土，沙门守之。起自壬辰十月，落成于甲午二月。帑不费公，调不程民。郡人莫不色喜。①

这篇文章辞藻华丽，优美流畅，将白鹭洲书院的历史及此次重修的过程进行了生动而翔实的记录，由衷地对此次书院迁回洲岛并进行防水患处理的做法给予了肯定和赞扬。

① （清）刘绎：《白鹭洲书院志》，合肥：黄山书社 2018 年影印同治十年刻本，第三册，第 26 页。

邹元标

“春水引行舟，桃花夹岸流。沙明群鹭白，雨过万峰幽。浊酒浇孤兴，青山笑晚愁。萋萋芳草绿，无语对江洲。”这首脍炙人口的《春日赴白鹭洲》是明末著名理学家、江右王学殿军人物邹元标所写，诗中描写了作者雨中乘船赴白鹭洲途中所见的优美景致，表达了作者孤独而郁郁的心情。

邹元标（1551—1624），字尔瞻，号南皋，江西吉水县城小东门邹家人。与赵星南、顾宪成为明末“东林三君子”。一生著作丰厚，有《愿学集》八卷，《礼记正义》六卷、《四书讲义》二卷、《工书选要》十一卷及诗作二百余首留世。

邹元标是明代后期闻名全国的著名学者。他少时聪颖好学，二十岁拜王阳明第二代弟子胡直为师，始有声名。万历五年（1577）中进士，入刑部观政。然而，时运不佳，仕途坎坷。刚入职不久，就因反对张居正“夺情”而被贬任贵州都匀卫。

贵州都匀卫所处荒蛮之地，与夷獠共居，生活不便，条件艰苦，邹元标身体又因廷杖备受病痛折磨。但身处逆境的邹元标泰然处之，怡然自得，更加刻苦钻研理学，探寻人生真理。和王阳明相同的人生遭遇，使他对阳明学有了更透彻的感悟，从此开始讲学生涯，成为当世大儒。

他和王阳明一样，悟道后在贬谪地讲学，启发民智，培育人才。在都匀卫所谪居六年，以其渊博的学识和优秀的品德，深受当地百姓爱戴，他离开之后，当地百姓以其号“南皋”，将都匀卫所改为南皋书院。

张居正死后，邹元标被皇帝召回朝廷，任吏部给事中。面对皇帝怠政，政事弊端，任事勤直的邹元标常常直言进谏，为此而遭贬谪。然而，邹元标无论在哪个岗位，都殚精竭虑为国事谋划，先后上吏治十事、民瘼八事等奏疏万余言。无奈上疏如石沉大海，无声无息，几年后，对朝廷失望至极的邹元标以病体乞归，回归家乡，开始了三十余年的讲学生涯。

天启元年（1621），明光宗即位，召邹元标还朝并委以重任，先后任大理寺卿、刑部右侍郎、吏部左侍郎、左都御史等职。此时的邹元标已 60 多岁，历经岁月沧桑，加上学术思想的日益臻熟，看人看事更为客观全面。他向皇帝进“和衷”之说，建议皇帝不拘一格选拔人才。他以自己年轻时对待张居正的态度为鉴，建议大臣要以“护持国体”为重，以和为贵，不要因为一些风纪小节问题互相弹劾，反对大臣之间立门户分派别。

然而，此时朝政为魏忠贤把持，他结党专权排除异己，邹元标谏言遭到阉党忌恨，于是魏忠贤以“宋室之亡由于讲学”危言，发起了禁毁天下书院之难，以此打击聚集于首善书院、东林学院讲学，抨击时弊的清流派，向邹元标等一批忠正耿直的大臣发难，掀起了一场迫害正直文人大臣的血雨腥风。

邹元标无奈之下，只得向皇帝“疏辨求去”，皇帝加封其为太子少保，同意其致仕告归。向皇帝辞行时，邹元标还上《老臣去国情深疏》，历陈军国大计，其爱国之忠心，为天下士人传诵称赞。天启四年（1624），邹元标在家中郁郁而终。崇祯元年（1628），明思宗即位，赠邹元标太子太保、吏部尚书，谥忠介。

邹元标一生以讲学育人为乐。致仕回乡后，立即在家乡吉水创办仁文书院，常年在书院内举办阳明学讲会，传播阳明心学。全国各大书院如白鹿洞书院、东林书院也纷纷邀请他前往讲学。

邹元标多次在白鹭洲书院讲学，还在白鹭洲书院举办了两次盛况空前的阳明心学交流大会。一次是万历二十三年（1595），邹元标与贺沚、罗大紘、甘公亮等人齐聚于白鹭洲书院讲学辩论，群贤毕至，听者云集。江西岭北道参承龚道立亲临表示祝贺并参与讲学。另一次是万历三十三年（1605），邹元标组织青原大会，后将会场移于白鹭洲书院。

还有一次讲会活动，邹元标因身体欠佳不能到会，他为此深感遗憾，在家中作《鹭洲胜会以病阻赴漫占》表达自己的心情。

《白鹭洲书院志》中还收录邹元标一篇文章，名为《陈柱史观风白鹭洲记》。文章记录了时任监察御史陈明麓巡查吉安，应知府汪可受邀请登风月楼观览赣江风涛的故事。陈御史巡查吉安时发现吉安民风“人物淳庞，狱讼简息，缙绅雍序”，大为赞叹，观风时他问大家：“美哉风乎！何修而臻此？”询问大家为什么吉安的民风如此淳朴有序？大家回答说因为吉安人爱读书，注重伦理纲常，所以民风民俗渐渐被理学思想浸润而不自知。陈御史听后感叹“澄清有本，风化有源”，白鹭洲书院就是吉安民俗淳朴的源头啊！

陈御史离开吉安一个月后，邹元标来到了书院。知府汪可受对他讲了陈御史观风的故事，请邹元标撰文以记，邹元标为此撰写了《陈柱史观风白鹭洲记》。

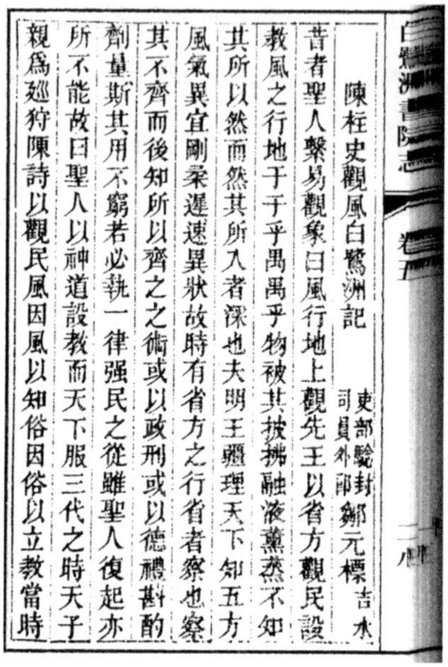
陳柱史觀風白鷺洲記

吏部驗封司員外郎鄒元標 吉水

昔者聖人繫易觀象曰風行地上觀先王以省方觀民設教風之行地于于乎禹禹乎物被其披拂融液薰蒸不知其所以然而然其所入者深也夫明王軆理天下知五方風氣異宜剛柔遲速異狀故時有省方之行省者察也察其不齊而後知所以齊之之術或以政刑或以德禮斟酌劑量斯其用不窮若必執一律强民之從雖聖人復起亦所不能故曰聖人以神道設教而天下服三代之時天子親爲廵狩陳詩以觀民風因風以知俗因俗以立教當時

《陈柱史观风白鹭洲记》

他在记中赞扬陈柱史（御史）对教化民风的重视，对书院发展的关切，并就“教化风纪”发表了一番感慨。他认为教化风纪乃为政之本，“圣人以神道设教，而天下服。三代之时，天子新为巡狩，陈诗以观民风。因风以知俗，因俗以立教，当时事治，民安后世”。而古之名臣深谙此为政之道，“其职虽寄于法令典章之中，而精神往往流注于法令之外”。这是因为刑法治理的只是人们的表象行为，不能深入人心，要根本转变社会风气，还是要靠教育，“澄清有本，风化有源，未可以刑法威令整齐之也”。①

邹元标一生培养英才无数，桃李满天下，其中最为著名的是明末兵部尚书李邦华及崇祯十年（1637）的状元刘同升。李邦华在明末国家内忧外患之时，挺身而出，担任兵部尚书，护卫北京城，城破，自缢于北京文丞相祠。刘同升在明朝灭国之后，投身反清复明的抗争之中，一度收复吉安、临川。

王汝坚

王汝坚（生卒年不详），又称如坚，字介石，安福人。万历十四年（1586）进

① （清）刘绎：《白鹭洲书院志》，合肥：黄山书社 2018 年影印同治十年刻本，第三册，第 28 页。

士。历任怀庆推官，刑部给事中等职。万历二十一年(1593)，因上疏反对万历皇帝三王并封事件，惹怒了皇帝，欲将其发配边疆。后因朝中大臣上疏解救，才免戍边之苦，但被贬为民回乡闲居。

王汝坚虽然被贬，但他卓然的才学和刚直不阿的品格却为当时士大夫所钦佩。万历二十二年(1594)，知府汪可受重建书院于白鹭洲，给他写信，要聘他为白鹭洲书院山长，但王汝坚辞谢不受。不久，汪可受又写信给他，请他为云章阁写记文。他本想再次辞谢，然而不好再次拒绝太守公的美意，遂挥笔成文，写下了《重修云章阁记》以留传后世。

《白鹭洲书院志》中描写云章阁的诗不少，但文章仅此一篇。他在文中描绘云章阁“干霄而崇乎其巅者”，赞叹其巍峨耸立，直入云霄。又赞扬汪可受常登阁为诸生讲课：“汪大夫自公之暇，潇然振衣其上，非今太守也，诸生以大夫为师，大夫以青云为友。吏耶？仙耶？吾不得而知也。”将太守比喻为仙人，超然脱俗，与青云为友。

王汝坚才华横溢，其以云章二字阐发的议论精彩绝妙。他在文中写道：“云之散聚于天，起为油裔，蒸为轮团，布为霞绮，蔼为瑞霭。而郁然，而纷然，而泱泱然。遍于大虚者，此天之至文也。”“提风云而挈月露，春夏秋冬，代变于其间矣；皇王帝霸，铺舒于其间矣。况夫乾坤浮胜之区，层云缥缈之阁！俯瞰川流，仰视碧落，培塿都邑，四顾寥廓，有不足以回元气、振空音而扶八纮者乎！非天意矣！故知阁之所以作，则知天祐斯文之机。”①将云天与文章巧妙融合起来，云章阁之所建，乃天祐斯文之机缘也！

习孔教

习孔教(生卒年不详)，字豫南，号时甫，又号豫川，江西庐陵人。嘉靖三十七年(1558)以解元中举，声名大噪。隆庆二年(1568)进士，选庶吉士，历任春坊

---

① (清)刘绎：《白鹭洲书院志》，合肥：黄山书社2018年影印同治十年刻本，第三册，第40页。

谕德、侍读、翰林院脩撰、经筵讲官、国子司业等职，官至吏部侍郎。

习孔教沉毅方正，隆庆时，因忤逆权相张居正，被劾回家，万历时复被起用。为官以民为重，关心百姓疾苦，重视教育，化育民风，常亲自讲学，培育提拔优秀人才。

万历二十二年(1594)，书院复迁于洲，他撰写《十学号房记》。十学号房，是万历年间，书院为十县学子所建的宿舍。记中将建号房的缘由和规模都一一记录在案：

> 念诸生越在下邑，往来供亿之费以勤馆入，藉令群聚而州处。其风雨之不蔽以暴露，二三子恐不能卒业，亦太守之累也。乃于洲之东西偏，为学房十区。首郡国，次九邑，博士弟子各占一区。区各南向，为堂四楹。堂左右为夹室四，前后斋阁、庖湢、什器俱备，择诸生高弟读书其中。又稍前东西偏，各为一区，以居郡邑各孝廉茂才异等并四方之来学者。星罗棋布，夹垲虚明。济济誉髦，洋洋诵声。①

从这段文字的描述，我们可以准确地复原书院当时号房的情况。号房位于洲之东西两边，共十栋，吉安十县每县各一栋，每栋房子面阔四间，左右为卧室共四间，中间为厅堂、饭堂、厨房、浴室，生活所需的器具全都备齐妥当。为了方便前来游学的士子住宿，书院还在号房前(南)东西两边各建一区，专供各方来学者住宿。

汪太守孳孳为学的兴教之心令人感奋，习孔教因此希望士子们安心在此读书："士无他虞，则其心安焉，不见异物而迁焉。居与乐群，出与戮力，今世将唯诸生是赖。"又赞扬汪太守："其奠居造士，至人尸而祝之，士诵而思之。则太守之功，当不在禹、周下矣。后有能修废坠，隆师儒，文诗书礼乐之化，其在

---

① (清)刘绎：《白鹭洲书院志》，合肥：黄山书社2018年影印同治十年刻本，第三册，第44页。

斯乎!”①

彭应时

彭应时(生卒年不详),字化中,号宜所,江西庐陵人。隆庆五年(1571)进士。历任礼科给事中、漳州通判、转广西按察佥事、升云南布政使,官至浙江布政使。

彭应时为官,不避权贵,直言不讳。他虽为文官,但有胆有识。任广西佥事时,当地土司兄弟不和,起兵争斗,不听朝廷号令。广西巡抚欲发兵平乱,彭应时则认为大山深处,山洞密密麻麻,土司若躲进山里,易守难攻,官兵不熟悉地形,很难平定。他自请一人一骑深入土司巢营,抚慰劝说兄弟俩,使他们相互罢兵,双双听命于朝廷。

万历二十二年(1594),彭应时受知府汪可受委托,撰写了《白鹭洲书院新建吉台记》,记录下了书院这一泽被千年的宏大工程。

彭应时开篇点题:“鹭洲之有吉台,盖汪使君经始石画也。”指出吉台工程由汪可受谋划实施。其后又阐明为何要建吉台:“奈何令川溢丘墟,鞠为茂草。惟是洲沂螺浦而上,亘长江十余里,水所从来自赣江而下,建瓴数百里,并挟泸廓,抱陂鹅岭,百川湍汗,春夏漫漭四溢。鹭渚横截下流,兼授数河之任,势不至于沦胥不已。”

紧接着记录下了修建吉台的过程:“以乡大夫应高胡君夙有心裁,悉其事而重托之。”“胡君敬梓殷念,如重家事,召彼徒人剪棘披草,爰诹日揆工,扣石垦壤,中覆以土,周遭延石而叠之。”“使君时行劳来慰息,众益兢劝于来,陾陾薨薨,不以尺捶相加。”②

---

① (清)刘绎:《白鹭洲书院志》,合肥:黄山书社2018年影印同治十年刻本,第三册,第44页。

② (清)刘绎:《白鹭洲书院志》,合肥:黄山书社2018年影印同治十年刻本,第三册,第50页。

这段话意思是说，汪可受委托乡大夫胡应高负责吉台垒筑工程，胡应高像营造自家房舍一样用心，择吉日开工，组织了无数人力，在洲上剪除荆棘，铲除草木，用土石填覆在洲中间，四周用条石叠垒围封。汪知府又常到工地上慰问劳工，大家越发干劲十足，工地上人头攒动，人们用竹笼盛土，投掷于围堤之内，捶打之声此起彼伏。

据《志》书记载，吉台“高一丈多，长三十五丈，宽二十一丈”，换算成今天的长度单位，这个台子高3米多，长116米，宽70米。这么一个巨大的高台，需耗费的土石量达两万多立方米。当时全靠人挑肩扛，且都需要从洲外通过船只运送进来，其工程之艰巨难以想见。所以，彭应时将吉台修筑工程与愚公移山相提并论。他描绘修建之后的白鹭洲书院“廓如也，轩如也”“俯瞰江流，骇嘱怡神，弈如也，言言如也，可不谓匡蠡以南一都会哉！”

他赞扬汪知府：“使君经学治行，华实并茂。天下想望其风裁，因上士所树立则然。是故以身率，多士有所向往，以效大业于不朽者，具是。诗曰：‘维其有之，是以似之。’盖莅郡三年，于甿黎，未尝忘兼照之心，而于衿佩，亦未尝一日懈缁衣之念。”①称其不仅学识渊博，更加实干为民，既关心百姓疾苦，又关心士人学养，是一位尽心尽职、旷古少见的好官、能官！

王命爵

王命爵（生卒年不详），字元德，号性宇，庐陵县人。万历四年（1576）乡试，中解元，万历五年（1577）中进士，历任山东东昌、河南怀庆知府，陕西河西道按察副使等职。

王命爵与邹元标同科进士，此榜吉安进士8名。王命爵虽学术声名不如邹元标，但乡试解元亦非常优秀，可谓人中龙凤。他久任地方父母官，备受当地士人尊重。汪可受上任吉安知府时，他恰好回家探亲，便专程前去拜会，并向汪可

① （清）刘绎：《白鹭洲书院志》，合肥：黄山书社2018年影印同治十年刻本，第三册，第53页。

受表达了郡中士绅重修白鹭洲书院的诉求，他说："比居长安，日闻公治状，大都兴学育材，惟修白鹭洲书院为亟亟。"

两年后，他再回到家乡，白鹭洲书院已是"升其堂，恢恢如；登其阁，峨峨如；徐而临月池，步号舍，秩秩如；已环视所筑堤，若护堤，屹屹如也"。见此宏大坚固的兴学工程，王命爵感慨万千，在书院内外久久徘徊，不舍离去。"三载苦心，千秋盛事"，王命爵发出了此等感叹。他为书院捐献了一间店铺，还撰写了《白鹭洲书院永堤记》歌颂汪可受、尹学孔的功德。他在记中写道："审尔公之勋名，百世不可毁也！别驾君幸哉，附青云而显，斯堤亦永永有闻哉！"①期盼永堤，成为白鹭洲书院永远的护航者，劈波斩浪，永远前行！

邹德泳

邹德泳（生卒年不详），字汝圣，一作汝臣，号泸水，江西安福人，邹守益孙，邹善侄。明万历十四年（1586）进士，初授行人司行人，后任云南道监察御史。时万历皇帝禁止言官谏言立储之事，凡谏言立储的言官，均被问罪罢免。年轻气盛的邹德泳，明知山有虎，偏向虎山行，以社稷江山为己任，上疏据理力争，因此惨遭廷杖，罢免官职。

邹德泳居家三十年，继承家学，修复古书院，聚生徒讲学，"皆推守益遗教"，"而其言一以忠恕为本"，乡风民风因此大变，人皆彬彬有礼，仁良忠恕。

天启年间，朝廷重新起用邹德泳，历任太常寺少卿、通政使、太常寺卿、刑部侍郎等职。但因魏忠贤擅权乱政，令天下建生祠祭他，邹德泳听闻愤慨不已，用其太常寺卿之职权，抹去魏忠贤官籍，并说"羞恶之心尚存，请君从此中辍"，刚正不阿，不畏权贵的高尚品德令人敬仰。

崇祯即位，下诏"寻访经明行修之儒"，邹德泳因学识渊博被皇帝选在太学学宫传授经学，成为明末闻名一时的名儒。

---

① （清）刘绎：《白鹭洲书院志》，合肥：黄山书社 2018 年影印同治十年刻本，第三册，第 53 页。

万历二十二年(1594),修缮一新的白鹭洲书院迎来了众多乡贤名儒,邹德泳亦名列其中。他为此次重建撰写了《白鹭书院学田记》,对白鹭洲书院当时的学田院产进行了翔实记录,成为后人研究古代书院运行管理的珍贵资料。

邹德泳因其品德纯正贤良,去世后,县人建专祠祭祀他,并称其为“纯道先生”。有《湛源文集》《学庸归旨》《应求微旨》《平旦录》《振玩录》《易林说疑》《安福复古书院纪事》等著述行于世。

甘　雨

甘雨(生卒年不详),字子闻,号义麓,江西永新人。万历五年(1577)进士,和邹元标、王命爵同科。先入翰林,后历任南京兵部员外郎、礼部郎中、粤西提学、贵州提学、福建按察副使、湖广参政等职。卒于官。

时邹元标上疏反对宰相张居正夺情而遭廷杖,命在旦夕,甘雨秘密买通内侍营救,保全了邹元标性命。万历年间,甘雨陷入议储之争,遭贬谪,遂归家。数年后复任用,官至湖广参政。

甘雨遭贬归家期间,恰逢白鹭洲书院重建工程启动,汪可受特地把甘雨请来共同谋划此事,请甘雨为书院募资撰写《重修白鹭洲书院募劝疏》。

甘雨欣然提笔,极尽华彩辞章,为书院重建于洲劝募。他在募劝疏中写道:“大江浩淼,洲踞其中,负青螺而揖天玉,神冈在盼,二华为辅。章贡泸禾诸水远近合沓,绕出洲前,其形势为特胜。文忠即洲建院,揽其胜而置之几砚之间,地与人相得而章,盛有由矣!厥后院徙洲芜,水冲气泄,阖郡人文一蹶而不复振,岂青衿髦髦直不前人若哉?避小害而妨大德,宜必有任其咎者。”告诉大家,白鹭洲为形势极胜之地,因为白鹭洲书院建于洲上,吉安的人文才得以兴盛。自从白鹭洲书院迁出去之后,吉安人文一蹶不振,怎么能因为水患这样的小害,而舍弃教化育人这样功德无量的事呢?号召大家“各捐己赀,量力协助,于以嘉惠来学。仰继前修，勤宣德令，远垂芳誉，知诸君子有同心焉！”①

然而，他还觉意犹未尽，鹭洲之重，重在何处？鹭洲之胜，胜在何方？他在文中饱含深情地用骈文形式，将白鹭洲书院历史和此次复建的缘由进行叙述：

鹿洞结庐，多士云蒸于南渡；鹅湖辟院，真儒星聚于西方。相彼工师，业且精于居肆；矧乎士类，教可弛于乐群。惟兹吉郡白鹭洲者，秀撷湖心，清涵地脉。沙头蜿蜒，遥吞章贡之流；渚尾盘旋，近纳泸禾之派。建瓴南下，三江于此会同；砥柱东回，九邑胥其捍卫。当江公益国擢守是邦，实有宋理宗淳祐盛际。菁莪敷化，文教渐以翔流；朴棫作人，书院由之经始。璇题岳峙，勒御墨以标名；银榜天开，排强澜而作障。……

兹幸汪使君道航圣海，才冠儒缨。三十领专城，翩翩凤翥；八九吞云萝，矫矫龙骧。期月而吏畏民怀，尽撤牵挛之纲；片言而政平讼理，尤探导化之原乐矣。其有忧乎？遍访青螺之遗事，举之莫可废也，无如白鹭之讲堂！谓“仁寿一更，倏成陈迹。即黉宫改建，亦属偏安。将振吉郡之颓风，必复江公之故宇”！

机从天启，虽夙兴夜寐以不遑；谋协众思，诸大夫国人皆曰可。陈圭度地，筮日鸠工。捐俸以倡，惟取裁于公帑；择贤而任，不倚办于闾阎。顾数仞堂高，孰运成风之技；且九层台回，曷施驱石之谋。②

这篇文采斐然的募劝疏一出，郡中士绅拍手赞好，各县有点名望的家族都纷纷慷慨解囊，此次募集的款项甚为丰厚，完成了吉台和书院的建设工程。

两年之后，甘雨又在司马尹学孔的请求下，撰写了《白鹭洲书院义田募疏》，向士绅再次号召捐款，建设保护吉台的永堤和增置书院学田院产，以永防书院水患，保书院长久。这前后两次募捐，共有600余位士绅参与，甘雨将他们的名

① （清）刘绎：《白鹭洲书院志》，合肥：黄山书社2018年影印同治十年刻本，第三册，第64页。

② （清）刘绎：《白鹭洲书院志》，合肥：黄山书社2018年影印同治十年刻本，第三册，第64页。

姓一一记录于《鹭洲志》中永为彰表。

甘雨还应汪可受之请，担任了《书院志》的编撰工作。他把前两次《志》书的内容统合在一起，将书院自创建以来的历史沿革完整地记录下来，并新增了祭祀、学田、设教、馆规等内容，还将此次维修所有名儒撰写的文章，一一收录其中，给后人留下了宝贵的文献资料。

著有《春秋注疏》《翠竹青莲山房集》《鹭洲志》《古今韵注撮要》等书。

徐霞客

徐霞客(1586—1641)，名弘祖，字振之，号霞客，明朝南直隶江阴(今江苏江阴市)人。明代著名地理学家、旅行家和文学家。徐霞客出身官宦家庭，幼年博览史籍及图经地志，成年后应试不第，又见宦官擅政，党争剧烈，遂断功名之念，立下“大丈夫当朝碧海而暮苍梧”“问奇于名山大川”的志向。

徐霞客从 21 岁起开始旅行，30 年间，足迹遍及今 21 个省、市、自治区，历尽艰辛，矢志不渝。他每到一处，探幽寻秘，记录观察当地人文、地理、动植物等状况，撰写成 60 万字的鸿篇巨著《徐霞客游记》。《徐霞客游记》开辟了地理学上系统观察自然、描述自然的新方向，既是系统考察祖国地貌地质的地理名著，又是描绘华夏风景资源的旅游巨篇，还是文字优美的文学佳作，对地理学有深远的影响，在国内外享有盛誉。《徐霞客游记》开篇之日——5 月 19 日，被定为中国旅游日。

崇祯九年(1636)冬，徐霞客来到吉安，十二月初二日从吉水坐船逆江水而上，当晚在白鹭洲净土庵住宿。从初三到初七日，雨雪交加，不宜出行，徐霞客便在城里转了转，看望朋友，登临了螺子山，晚上依旧住在白鹭洲。从初八到二十四日，天气晴好，徐霞客沿水路到吉安城周边的天玉山、西华山、青原山一带考察，其间回吉安城时，还是住在白鹭洲净土庵，直到二十五日下午坐船前往永新县。

在吉安城周边旅行时，他前后在白鹭洲住了十几个晚上，这在徐霞客的旅行生涯中并不多见，可见他对白鹭洲的喜爱。白鹭洲书院在崇祯八年刚刚修缮一新，洲上环境优美，风景宜人，白天书声琅琅，晚上清幽静雅，怎不令人留恋？因为这段历史，后人将徐霞客常登临的码头称为霞客码头。2013 年，吉安市委、市政府对白鹭洲进行整体改造时，将霞客码头修葺一新，并竖立了一块碑石，上刻“霞客泊舟”四字，以纪念这位伟大的地理学家。

张贞生

张贞生(1623—1675)，字干臣，一字篑山，江西庐陵人。顺治十五年(1658)中会试第一名，为该科会元。后历官翰林院编修、国子监祭酒、翰林院侍讲学士。

张贞生自幼聪慧灵敏，为人端重方严。从小跟随乡先生习王阳明致良知之学，立下圣贤之志。后读罗钦顺《困知记》，乃专宗考亭，以“慎独主敬”为归，遂归于“程朱”，为清代初期理学名家。

张贞生任日讲起居注官时，日夜在皇帝身边，尽心尽力，随事立即启奏，知无不言，言无不尽，每每总是得到皇帝的肯定采纳。后因谏言“请停谒陵，罢遣巡方，不必更调大臣”而遭贬谪二级，遂乞病归家。几年后，朝廷打算重新起用他，没想到天不假年，到京后竟一病不起，年五十三卒。

康熙六年(1667)前后，归家养病的张贞生应湖西道守施闰章之约，赴白鹭洲书院讲学，且留诗一首，诗云：

赴施守愚讲学之约

宣城家学此登峰，疑义晰时任扣钟。
主敬褆躬真本领，存诚立训识儒宗。
道风甫振尼山铎，紫气遥瞻柱下龙。
寿世箴铭堪不朽，荐觞蚤献岁寒松。①

另外，他还利用自己在朝廷的影响，向江西学宪申请恢复了白鹭洲书院明代时期的科举名额，捐出自己的住宅，建诚意书院，以实际行动支持家乡的教育

① (清)刘绎：《白鹭洲书院志》，合肥：黄山书社 2018 年影印同治十年刻本，第二册，第 51 页。

文化事业。

张贞生归家期间，在泰和王山建“我师堂”，专心著书立说。著有《王山笔记》《庸书》，另有《唾居随录》四卷录于《四库书存目》。死后祀于乡贤祠。

宋 荦

宋荦(1634—1714)，字牧仲，号漫堂、西陂、绵津山人，晚号西陂老人、西陂放鸭翁，归德府(今河南商丘)人。清代诗人、画家、政治家。康熙三年(1664)，授湖广黄州通判，累擢江苏巡抚。宋荦为官正直，被康熙帝誉为“清廉为天下巡抚第一”，康熙皇帝三次南巡，皆由宋荦负责接待，官至吏部尚书、太子少师，年八十卒，赐祭葬于商丘西陂别墅(今大史楼村)。

宋荦与施闰章交好，与其同称“康熙年间十大才子”。施闰章主政湖西道期间，宋荦慕名游览了白鹭洲书院，并为白鹭洲书院风月楼撰写了一副楹联，联曰：“白鹭交流，挹注直将分泗水；青螺高峙，步趋端可接尼山。”这副楹联一直保留在风月楼上百余年，乾隆年间，书院山长孔兴浙将此联记录在其诗作《风月楼》中。

毛奇龄

毛奇龄(1623—1716)，字大可，号秋晴，又号初晴、晚晴，浙江绍兴府萧山县人。清初经学家、文学家，学者称为“西河先生”。毛奇龄少年时聪颖过人，诗名远扬，以“神童”闻名。青年时逢明清朝代更替，一腔爱国热情，力主反清复明，参与南明鲁王军事。鲁王败，亡命江湖十余载，于深山筑土室读书。清康熙十八年(1679)举博学鸿儒科，授翰林院检讨、国史馆纂修等职，参与纂修《明史》。康熙二十六年(1687)以病辞官归隐，专心著述。

毛奇龄于康熙五年(1666)受湖西道守施闰章邀请，来白鹭洲书院讲学，主讲《诗经》。同时，有湖南名士杨洪才率徒数人受邀前来书院讲姚江之学。两位博学才子因治学观点不同在白鹭洲书院展开了一场为期三天的辩论。毛奇龄以为“不宜舍事物求心情”，意思是客观世界对人的思想认识会产生影响，而杨洪才则认为“宜舍事物求心情”，他传承的是王阳明心学理论，认为“心是身之主”“心外无物”“心外无理”。从哲学范畴来看，两人实质上是客观唯心主义与主观唯心主义之间的辩论。最终，杨洪才学高一筹，毛奇龄拱手称谢。

这场辩论，史称“庐陵辩论”，一时间，江南名士齐聚白鹭洲开展学术研讨，成为一时佳话。多年之后，毛奇龄根据施闰章对这次辩论的记录，将其中涉及《诗经》部分的内容，辑为《白鹭洲主客说诗》一卷。

李　绂

李绂(1675—1750)，字巨来，号穆堂，江西临川人，清代著名政治家、理学家、诗文家。康熙四十八年(1709)进士，初任编修，后官至内阁学士，历任广西巡抚、直隶总督、户部侍郎等职。其学说传承陆王心学，梁启超誉其为“陆王派之最后一人”。著有《穆堂类稿》《陆子学谱》《朱子晚年全论》《阳明学录》等书。

李绂出仕前曾在吉安游历，著有《螺川诗草》一卷。在吉安，他担任过永新秋山书院山长，入过庐陵知县刘廷瑛的幕府，其间他到白鹭洲书院游玩，见书院墙壁上有康熙初年著名学者施闰章诗作，遂兴致大发，用施韵和诗一首。诗曰：

漫寻残迹抚碑阴，太守犹能说古心。
遗教有神风力劲，虚堂不毁道根深。
百年坠地悲周室，六月参天忆孔林。
莫问前朝旧钟鼓，风帆沙鸟只如今。①

这首诗收录在《白鹭洲书院志》中，成为李绂游览白鹭洲书院的见证。

第五节・义商・

白鹭洲书院虽然是官办书院，但是它的兴衰起落得到吉安各界的关注和支

① (清)刘绎:《白鹭洲书院志》，合肥：黄山书社2018年影印同治十年刻本，第二册，第51页。

持。从元代后期开始，书院的重建和维修，基本都是靠民间捐输而完成。在这一历史进程中，还出现了几位独力捐资重建或重修书院的义商。他们慷慨助教的义举，为吉安教育事业的发展做出了贡献，为良风美俗的形成做出了表率，应该被后人铭记。

欧阳成德

欧阳成德（生卒年不详），江西泰和人。

至正十二年（1352）到至正十四年（1354），白鹭洲书院先后遭受红巾军战火和赣江洪灾，书院被摧毁殆尽，白鹭洲荡为荒洲。在郡中士绅的请求下，吉安路最高长官纳速儿丁决意兴复书院。

但是，因吉安城刚刚平定红巾军叛乱，被毁坏的城池、府衙、官署均要维修，修缮书院的经费实在无法解决。纳速儿丁听闻欧阳成德家财万贯，于是，“命西昌欧阳成德捐赀特力修之”。

欧阳成德捐款复建白鹭洲书院，这是白鹭洲书院历史上有记载的第一位捐资兴学的民间义士。欧阳成德捐了多少钱呢？资料上记载：“凡用楮币至五万缗。”楮币是指元代发行的纸币，是元代基本的流通货币。五万缗在当时可不是个小数目，相当于元代初期全国一年的茶叶税收。

无论此次捐助欧阳成德是否出于自愿，毕竟捐出了巨额款项，使被毁于战火洪水的白鹭洲书院重建一新，值得后人铭记。遗憾的是，这么一位对书院发展有过巨大贡献的富商，目前在各种史料中均未找到对他的记载，权且记录于此，留待后人补充完善。

欧阳慎

欧阳慎（生卒年不详），江西庐陵（今吉安市吉州区兴桥镇钓源村）人。欧阳慎出身钓源村商贾家庭，祖父欧阳国宝做生意发了大财，寄希望后辈能读书光耀门庭，于是倾情帮助当地发展教育事业。他和儿子欧阳黻、欧阳班，先后捐款修建庐陵县学、维修省城的庐陵贡院和吉安府学，多行义举，捐银近万两。欧阳慎屡试不中，后因祖、父义举而捐得兵部郎中一职，在朝廷待了几年，终不得用，后乞归回乡。

道光八年（1828），欧阳慎的儿子欧阳笃在白鹭洲书院读书，当年春天，风雨大作，绵延不绝，强风暴雨导致书院许多房屋墙圮垣断。知府刘体重不愿增加百姓负担，用自己的俸禄重修了云章阁，并打算用三年时间逐一将书院建筑修缮一新。欧阳笃将书院房屋倒塌情况及知府所为告诉了父亲欧阳慎及祖父、太祖父欧阳国宝。欧阳国宝一听，“命其孙慎以二万金重建白鹭洲书院”①，重建事务，均委派在书院读书的欧阳笃负责。

此事在《白鹭洲书院志》中也有记载：“庐陵庠生欧阳笃以遵父命，承先志，捐赀接修。”②工程历时近一年，于道光九年（1829）六月竣工。

清代中期，吉安府庐陵县钓源村属安平乡林四十三都，是吉安有名的富裕村，在清代中后期号称“小南京”。欧阳慎家族是村中望族，且好义乐施，多行义举，屡被朝廷旌表。欧阳慎与其弟欧阳杰、欧阳桀，兄友弟恭，“白首怡怡”，一大家庭和谐美满，为乡里典范，里人争相学其治家之法。

孙　明

孙明（生卒年不详），字启东，江西泰和人。孙明年少时，父亲去世，家境窘困，他与母亲相依为命。长大后，他前往湖南常德经商谋生，为人纯朴，节俭勤劳，很快就发家致富，道光年间已然富甲一方。

孙明以孝母、义行闻名乡里。他对母亲特别孝顺，母亲去世后，他哀伤思慕，直至终身。他一生善行义举无数，不留名，不邀奖。人们问他为什么这么喜

① （清）定祥、特克绅布修，刘绎、周立瀛纂，汪泰荣点校，吉安市地方志办公室辑：《光绪吉安府志》，北京：中华书局2014年版，第1384页。

② （清）刘绎：《白鹭洲书院志》，合肥：黄山书社2018年影印同治十年刻本，第四册，第16页。

欢行义举，他每次都回答说“承母故训”。因此，“两湖江省间，皆知有孙孝子”，其孝子名声闻名于湖南、湖北和江西省。

孙明尤其支持家乡的文化教育事业。曾捐建泰和澄江书院膏火；为泰和贡院（泰和县学）增建号舍；在省城南昌建县士馆，供参加乡试的泰和生员学习住宿；捐建府试院（吉安府学）等等。他还经常帮助宗亲偿还拖欠官府的赋税，在乡里建义庄、义屋，帮助贫困的宗亲邻里，其义举所捐银两不下十万两。咸丰元年（1851），地方官府为旌表其义举，向朝廷举荐其任孝廉方正，赐六品章服，以备召用。

《白鹭洲书院志·建置》记载：“咸丰二年壬子，泰和职员孙明，以鹭洲东堤大水冲溃，逼近浴沂亭畔，独力捐修堤岸，赀费万金。”咸丰二年（1852），赣江大水，将白鹭洲上的永堤东段冲溃，大水涌入书院，几将淹没位于洲北的浴沂亭。洪水退后，孙明捐出万两白银，将永堤重新修好，护书院之功可嘉。

孙明纯朴节俭、善行义举的优良品德对子孙后代起到言传身教之效。其子孙涝，传承家风，多行义举，被官府旌表为义士。子焕衡及其孙鸣谦，在咸丰五年和咸丰十一年，“以巨金两次修建”被太平军烧毁的吉安府学。真是一门义士接踵，家风传承不断！

胡日升

胡日升（1830—1912），字品高，号翼恂，江西庐陵（今吉州区曲濑胡家村）人。清末吉安著名义商，人称胡百万、品老爷。胡品高自小跟随族中亲戚在湖南衡阳学徒，学成后自立门户经商。因其聪明勤劳，诚信友善，生意逐渐兴旺发达起来。据传，胡品高在衡阳，有一条街都是他的店铺，当地人称为吉安街。

胡品高乐善好施，仁义并重。族中亲友有鳏寡孤老，他全力救济帮扶，在衡阳经商的乡亲，如有困难，只要能说出胡品高的名字或其亲人的名字，胡品高均予以帮扶解困。经商致富后，他在家乡建私塾、办书院，培养族中子弟。他还出资实施村庄改造工程，规划村庄建筑格局，用青石铺设村中巷道，开挖环村水系，营造了优美宜人的村容村貌，胡家村成为方圆百里有名的富庶之村。

为方便吉安商人往返湖南，胡品高还独力出资修建了一条从庐陵到湖南衡阳全程500多里的商道，商道用青石板和鹅卵石铺就，五里一短亭，十里一长亭，五十里一客栈，至今，沿途仍有路亭遗存。光绪末年，他曾一次为朝廷进贡800万银洋，得到慈禧太后的嘉奖，封赠其为同知衔加三级荣禄大夫。

清末，胡品高因实力雄厚，德高望重，被衡阳江西商人推举为衡阳江西会馆会首，即江西商会会长。

光绪十一年(1885)，胡品高独力捐资一万多两白银重建白鹭洲书院，胡品高这一义举，使外迁已16年的白鹭洲书院重新回到白鹭洲上，为此，江西学政龙湛霖在《重修白鹭洲书院碑记》中特予详记以旌表其义举。文中写道："庐陵胡君日升自楚南归。胡君乃义士，俟邀商之，即慨然独任无吝色。""于是揆工饬材，经始于甲申五月，迄明年告竣。周围广若干千丈，袤若干丈，费白金万两有奇。"①这块碑石，至今还镶嵌在白鹭洲书院中山院的走廊内。

民间还流传着胡品高"一掷万金震群贾"的传说。光绪十年初(1884)，吉安知府贺良桢打算复建白鹭洲书院于洲，可是官府拮据，拿不出建设资金，为此，贺知府决定向民间发起募集。他摆了一桌宴席，邀请当时吉安著名的几位大富商赴宴。酒过三巡，贺知府谈及振兴吉安教育复迁书院于洲的计划，希望得到他们的鼎力支持。与会的富商明白，这是知府要大家捐款。可是，捐多少合适呢？与会的富商各自沉吟地打起了算盘，场面顿时冷了下来。胡品高见此情形，端起酒杯站起来说道："白鹭洲书院是吉安文脉，振兴书院，义不容辞。我自小经商，没读到书，成为终身遗憾。今日，承蒙知府大人抬爱，给我等这兴教助学的机会，胡某甚为感动。请各位老兄承让，就由胡某独力承担重建书院的所有费用。"胡品高此语一出，震惊满座富商，大家皆露汗颜之色。贺知府一听，则连连叫好，举杯频频敬酒。

故事或有民间添加粉饰之处，但贺知府给胡品高送了一块匾那是确有其事。匾额上写着贺知府手书的四个大字"饰馆树英"，原一直悬挂在书院讲堂，

① 汪泰荣编:《吉安书院志》，北京:中华书局2013年版，第209页。

“文化大革命”期间被毁。如今白鹭洲书院展厅内将此匾复制悬挂,向来往游客述说着胡品高的仁义故事。

康桂林

康桂林(1858—1936),字文卿,江西庐陵人,清末民初吉安著名义商。康文卿自小生活贫穷,命运多舛。少年时,父亲不幸病丧,文卿和三个年幼的弟弟,全靠母亲帮人做针线活维持。寒门出孝子,作为长兄,康文卿瘦小的肩膀主动挑起了家中生计重担,年龄稍长,便外出学徒习商。

学徒期间,文卿吃苦耐劳,刻苦勤奋,加上天资聪颖,很快得到老板赏识,委以重用,几次生意做下来,文卿便掌握了经商之道,开始自立门户。康文卿家临赣江,终年有往来商船停靠,商贾云集,他自小常游走其间,深知竹木生意利润丰盈,但苦于无资本投入,于是他先做起了竹木生意经纪人,经他促成的生意皆利润丰厚,生意很快发达起来。

积累了一定资本后,康文卿自己创办了“隆昌木行”,在他的精心打理下,木行生意越做越大,逐渐垄断了吉安竹木市场。民国时期,吉安城赣江边上曾有个康家码头,即为康文卿的隆昌木行所有。码头上岸即为康家巷,康文卿的“隆昌木行”就在康家巷西头的永叔路上。据民国时在赣江上跑船的船工回忆,那时的“隆昌木行”的确是生意隆昌,每日放出的木筏竹排如过江之鲫般密集。经过四十余年的苦心经营,康文卿终成吉安城屈指可数的富翁。

然而富贵并没有改变康文卿自小磨砺出来的良好品德。经商致富后,康文卿奉行粗衣粝食、节俭朴素的家风,对家人严格要求,把关注的目光投向了贫苦百姓,投向了需要帮助的社会弱势群体,投向了社会公益事业。

康文卿尤其关心教育事业,城内外先后有 31 所学校受过他的捐助,捐资金额达 49440 银圆。1905 年,白鹭洲书院改为吉安府中学堂,开启新式分班制教学。新的教学制度需要多间教室,而书院原来留下的讲堂只有两间,故教室严重不足。无奈之下,学校将学生住宿的号舍,拆除板壁将其打通,当作教室使用。由于号舍建筑狭长、阴暗又潮湿,长期作为教室使用非常牵强,学校因此多次向省教育厅申请经费,要求新建教室。

1924 年,学校已更名为省立第六中学校,时任校长邓天民再次向上级申请建设教室经费,但上级均以"国库空空,预算不足"为理由,要学校自己想办法解决。邓校长听闻康文卿乐善好施,不久前刚捐助了省立第七师范学校 5000 银圆建校舍,于是也想去找康文卿求助。

他邀请同事龙钟銮、李志芳、余家闻及李光焘一同前往康家拜访。邓校长说明来意后,康文卿无丝毫为难之色,而是直接询问需要多少钱。邓校长刚开始不好意思多说,开口要了 3000 银圆。没想到康文卿听了后直摇头,说 3000 元肯定不够。同行的李光焘见此情形,立即补充说出实情,如实告知康文卿,至少需要 5000 元。

康文卿听了点头道:"是矣! 吾意中以为必需此数。今欲我出三千,此二千又从何处觅之? 无已,可照第七师范例,亦输五千元,免得别作计画,岂不省事!"立即答应明天就到银行取 5000 元捐给学校。其豪爽慷慨之性情,令在场的邓校长和诸位老师动容。

邓天民校长收到捐款后,很是感动。他与省立第七师范校长李松风一合计,决定联合给国民政府教育部递个报告,请求给予康文卿嘉奖。报告标题为《吉安第六中学、第七师范两校联衔请奖呈文》,文中将两校办学困境和康文卿捐输情况如实汇报:"省立第六中学、第七师范两校,校址皆就从前书院所改。屋宇既非适用,斋舍更复不全。筑室道谋,三年未就。扃门聚议,百喙无成。蹙额绕廊,恨点金之乏术;容膝无地,问兴工以何时;八储难求,于今始信诸策皆废,至此真穷。乃有吉安县木商康桂林者,观两校之束手无措也,自愿捐洋壹万圆,各以五千圆为两校添筑校舍费。遂少陵未竟之愿,欲使寒士欢颜;助孟子极乐之心,更令英才有造。累累鹰饼,非同杨子之一毛,弈弈龙元,远胜齐王之百镒。"又赞扬康文卿勤劳节俭、乐善好义的优良品德,指出请求褒奖的原因:"其人俭啬性成,自奉甚薄,勤劳习惯,坚苦弗辞。三十年狐裘,仅存肘间败絮,八百株蚕茧，悉出手植柔桑。常人所不堪，此君独能耐。资产为艰辛所得，既非张说之横财，捐输以诚恳而施，更异卜式之狡术。此尤往古所罕见，近世所难求者。假无酬报之资，何以劝善敢援褒扬之例？相与请旌，为此！”①

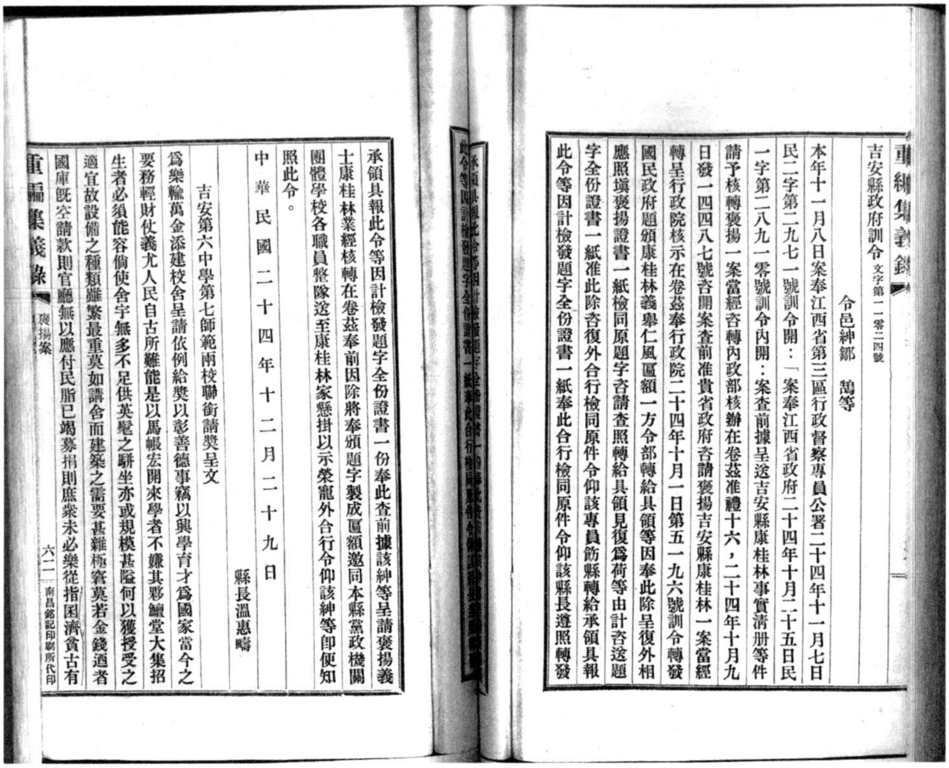
重編集義錄
吉安縣政府訓令 文字第一一零二四號
令邑紳鄒 鵠等
本年十一月八日案奉江西省第三區行政督察專員公署二十四年十一月七日民二字第二九七一號訓令開：「案奉江西省政府二十四年十月二十五日民一字第二八九一零號訓令內開：案查前據呈送吉安縣康桂林事實清册等件請予核轉褒揚一案當經咨轉內政部核辦在卷茲准禮十六，二十四年十月九日發一四四八七號咨開案查前准貴省政府咨請褒揚吉安縣康桂林一案當經轉呈行政院核示在卷茲奉行政院二十四年十月一日第五一九六號訓令轉發國民政府題頒康桂林義舉仁風匾額一方令部轉給具領等因奉此除呈復外相應照塡褒揚證書一紙檢同原題字咨請查照轉給具領見復爲荷等由計咨送題字全份證書一紙准此除咨復外合行檢同原件令仰該專員飭縣轉給承領具報此令等因計檢發題字全份證書一紙奉此合行檢同原件令仰該縣長遵照轉發承領具報此令等因計檢發題字全份證書一份奉此查前據該紳等呈請褒揚義士康桂林業經核轉在卷茲奉前因除將奉頒題字製成匾額邀同本縣黨政機關團體學校各職員整隊送至康桂林家懸掛以示榮寵外合行令仰該紳等即便知照此令。
中華民國二十四年十二月二十九日
縣長溫惠疇
吉安第六中學第七師範兩校聯銜請獎呈文
爲樂輸萬金添建校舍呈請依例給獎以彰善德事竊以興學育才爲國家當今之要務輕財仗義尤人民自古所難能是以馬帳宏開來學者不嫌其夥鱣堂大集招生者必須能容倘使舍宇無多不足供英髦之騈坐亦或規模甚隘何以獲授受之適宜故設備之種類雖繁最重莫如講舍而建築之需要甚雜極窘莫若金錢迺者國庫既空請款則官廳無以應付民脂已竭募捐則庶衆未必樂從指囷濟貧古有
重編集義錄 褒揚案 六一 南昌銘記印刷所代印

《重编集义录》影印本

呈文送上去不久，大总统发话了，嘱咐学校要勒石以记，等教室建好之后，再予以嘉奖。为此，学校老师李光焘撰写了《吉安第六中学校添建讲舍碑记》，将他们一起拜访康文卿的经过进行了详细的描述，刻石立碑在学校里。可惜碑石在战乱时被毁，所幸此文收录在《重编集义录》中，所以，今天的人们，才得以知晓当时的每一个细节，才能对康文卿的好义之举、为善之德有更深切、更鲜活的认识。

---

① 《重编康文卿义举录》影印本，南昌铭记印刷所代印，第62页。

不久，校长邓天民调离，两三年内接替他的校长有好几位，还没来得及铺开工作就已调离，不得已，教室建设搁置下来。直至民国十六年（1927），省立第六中学校和省立第七师范学校合并，更名为省立第五中学校，谭家湛任校长，在他全力推动下，教室于民国十八年（1929）年建成使用。

这次学校新建教室，拆除了古书院大门，在其基址上新建了三栋建筑，取名中山院；又拆除了原泮池东西两侧的号舍，分别建了文山院、阳明院。三栋建筑均为两层西式风格现代建筑，宽敞明亮的教室共有22间，在当时全省的新式学堂中，办学条件瞬间首屈一指，引领风尚。如今，中山院和文山院依然矗立在书院内。

民国十八年（1929），随着教室的落成，教育部的奖状也下来了，奖状原文如下：

教育部奖状

（甲字第八号）

康桂林于民国十三年捐资建筑江西省立第七师范附属小学及江西省立第六中学校舍，共计现银一万元。照捐资兴学褒奖条例之规定，特授与一等奖状。

此证。

部长　蒋梦麟

民国十八年九月三十日①

康文卿一生善行义举数不胜数，得到了城内外各界人士的交口赞扬。1926年，江西省省长李定魁授予他“急公好义”匾额，1935年南京国民政府授予他“义举仁风”匾额。1935年，吉安县政府组织专人将康文卿一生善举及社会各界人士对其的赞誉诗文，编成《康文卿义举录》。书中，时任吉安商会会长肖宗川作诗赞他：“我欲善士行，特出前无古。起义自微寒，眼光超市贾。积财不自

① 《重编康文卿义举录》影印本，南昌铭记印刷所代印，第63、64页。

私,济施常遍普。慷慨解囊助,不作守财奴。”①

“安得广厦千万间,大庇天下寒士俱欢颜”,人们应该记住这位为教育事业慷慨奉献,为莘莘学子遮风避雨的慈善家——康文卿。

① 《重编康文卿义举录》影印本,南昌铭记印刷所代印,第11页。

第五章 建筑与遗存

八百年沧海桑田，白鹭洲书院虽经历了数次重建，十余次维修，但劳动人民用智慧创造的物质文化遗产，在这里依然留下了深深的印记。踏上洲岛，满目古迹，古韵醉人。这里古建筑鳞次栉比、错落有致，古樟树虬枝盘曲，华冠入云。它们让无数名儒驻足吟唱，留下锦绣诗篇，它们见证了万千学子刻苦奋斗，书写壮丽人生。徜徉其间，穿过那曲径回廊，抚摸那一梁一柱，俯瞰那一花一草，恍若走进一本厚重的历史书，与先贤同游，与古人对话，感受庐陵深厚的历史人文。

第一节 · 历史遗存

白鹭洲书院改为吉安府中学堂，开启西式分班制教育后，古代书院建筑逐渐被拆除。在其基址上逐步建起了新式的教室、学生宿舍、教工宿舍和食堂。

至20世纪80年代，白鹭洲上保存完好的古代书院建筑仅存云章阁、风月楼、复古亭、泮池和泮桥、吉台和永堤。2013年，白鹭洲书院建筑群（包括民国建筑中山院、文山院）命名为全国重点文物保护单位。

（一）泮池和泮桥

白鹭洲书院的泮池始建于南宋书院创立时期，历史上也称鹭池。现存泮池为明代万历二十年（1592）重建，一直保存至今。泮桥，因立于泮池之上而得名，历代均有维修。2013年，白鹭洲书院修缮工程对泮池和泮桥进行了整修。

泮池和泮桥，是官学的标志性建筑。古代学校建置有严格的规定，中央设学宫，称为太学，太学学宫四周环水，亦称“辟雍”；地方诸侯之学只能南面泮水，故称“泮宫”。唐代之后，民间书院兴起，书院效仿官学设泮池，后相沿成习。古代科举考试时，各地学子汇聚学校应考，必经过泮桥进入学宫里的孔圣庙拜谒孔子，此举称为“入泮”，后逐渐引申为孩童入书院启蒙。

白鹭洲书院的泮桥，因文天祥从这里出发走向京城高中状元，民间亦称之为“状元桥”。时至今日，白鹭洲中学的学生，依然沿袭传统，每年高考前夕，三三两两结伴走过泮桥，进入书院祭拜先贤和孔圣人，希望得到圣贤保佑，金榜题名。

泮池为半圆形，面积946平方米，其规模之大在国内较为罕见。泮桥长27.6米，宽4.4米，为砖石结构五孔桥，桥面铺设红石，泮桥两边及泮池四周有麻石栏杆，古韵犹存。倚栏临池，俯瞰云霞倒影，鲤跃龟游，微澜漾起，刹那间身心空灵。

清代乾隆时期的书院山长孔兴浙有诗咏泮池，诗名《鹭池》，诗前有小序：

> 丹林内环鹭池，池为半月形，修可六丈，横倍有余，深二丈许。平桥石栏，桥之阴为洞五，周围垩以三和沙土，可以注水，日久渗坏，水不能潴。
>
> 泉深思有本，水落竟如何。欲振于飞鹭，涟漪漾此波。①

---

① （清）刘绎：《白鹭洲书院志》，合肥：黄山书社2018年影印同治十年刻本，第二册，第59页。

泮池泮桥不仅仅寄托着学子们“修齐治平”的人生理想，也有实用功能。其一是美化环境。中国古代建筑群注重园林景观的营造，书院内亭台楼阁，小桥流水，与周边山水风光相得益彰，景色宜人。其二是蓄水防火。中国传统建筑大多为砖木结构，最怕火灾。泮池常年蓄水，万一有火灾可立即取水灭火，防止灾害造成大面积损坏。

(二)吉台和永堤

吉台和永堤始建于明代万历二十年(1592)。在此之前，因白鹭洲上水患不断，书院屡被洪水冲毁，无法继续在洲上办学，不得已搬出了洲岛。万历二十年，知府汪可受为彻底根除书院水患，采纳吉州通判尹学孔的意见，在洲尾四周用条石垒围，围内用沙土填实，修建了一个丈余高的台子，再在高台上建书院。后来，尹学孔又在吉台东、南、西三面修建了永堤以护卫。

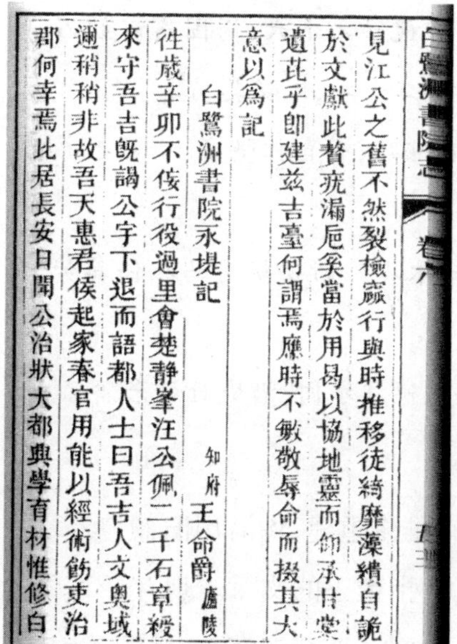
白鷺洲書院志　卷六

見江公之舊不然裂檢竄行與時推移徒綺靡藻繢自詭於文獻此贅疣漏巵奚當於用曷以協地靈而卻承甘棠遺芘乎卽建茲吉臺何謂焉麃時不敏敬辱命而掇其大意以爲記

白鷺洲書院永堤記　知府王命爵廬陵

往歲辛卯不佞行役過里會楚靜峯汪公佩二千石章綬來守吾吉旣謁公宇下退而語郡人士曰吾吉人文奧域邇稍稍非故吾天惠君侯起家春官用能以經術飭吏治郡何幸焉比居長安日聞公治狀大郡興學育材惟修白

《白鹭洲书院永堤记》

那么吉台永堤有多大多高呢？根据万历年间刘应秋在《重修白鹭洲书院记》中的描述，据笔者实地测量，吉台的规模，即包括泮池在内的以北的区域；永堤则在泮池以南，包括白鹭洲中学大部分校区在内的区域。也就是说，今天我们所见到的白鹭洲中、北部的地面，是古人靠人挑肩扛，人为垫高了近3米的地面。

吉台永堤修筑之后，就算百年一遇的洪水来袭，书院也能安然无恙。自此，白鹭洲上弦歌不绝，人才辈出。为了感谢汪、尹二人对书院的再造之功，人们在洲北立了一块汉白玉石碑，上书“古吉台”三个大字。这块碑刻，至今仍立在吉台之上。

吉台和永堤，经过五百年风霜雨雪，如今已和白鹭洲融为一体，犹如白鹭洲的脊梁，使得白鹭洲更加坚强挺拔。它是古人智慧的结晶，是白鹭洲书院栉风沐雨、劈波斩浪的见证，更是吉安文化教育事业永远的卫士，护卫着白鹭洲书院这艘文化巨轮永远航行。

汪可受、尹学孔筑吉台修永堤的故事，随着岁月的流逝渐渐被人们淡忘，但白鹭洲书院每每在洪水中安然无恙的传奇，引发了人们无限的遐想。于是，民间开始流传着《白鹭仙子驮洲》的故事。民间传说：白鹭洲下有个白鹭仙子，每每洪水来袭，白鹭仙子便会将白鹭洲驮起，水涨洲高，再大的洪水，也不会将白鹭洲淹没。

后世学者和文人，留下不少吟咏吉台永堤的诗作。清代庐陵人王世业的《阅尹司马白鹭洲遗事》，将吉台永堤的建设过程进行了详细阐述。乾隆时期，书院山长孔兴浙作《吉台》《永堤》两首诗序，歌颂前贤的功绩。诗序曰：

吉台

堂后为台，高一丈有余，修五十五丈，广视修之十六，周围累以红石，明万历时筑，为永新尹别驾学孔所董成。遂成二十字，以铭其功。

别驾功尤钜，悠悠江水铭。至今春涨后，台自作坚城。

永堤

堤与台称，而外复为护堤以临江，名曰永堤。新安胡司马相任其劳，与吉台同功。诗曰：

大江水涌一洲孤，在昔先民有定谟。何异铁幢江水固，沿堤日好采蒲菰。①

（三）云章阁

云章阁，白鹭洲书院始建之时设立，历代有维修重建，均沿用旧额。云章一词出自《诗经·大雅》“倬彼云汉，为章于天”，意指帝王的文章。现存云章阁为清代光绪十一年（1885）重建，但建筑内的红石柱础为明代遗存。

现存云章阁为两层楼阁式建筑，一层为山长厅，二层为藏书阁。山长厅是书院内的重要建筑。山长，是古代对书院院长的尊称，相当于现代学校的校长。

---

① （清）刘绎：《白鹭洲书院志》，合肥：黄山书社 2018 年影印同治十年刻本，第二册，第 60、63 页。

书院始建时，并未设立山长厅。山长和学生一样，住在狭小的号舍内，学生要向老师请教问题，连坐的地方都没有。书院创办 22 年后，即南宋景定四年（1263），始设山长厅。

云章阁为山长厅，大约在宋代末期。万历二十年（1592）刘应秋撰写的《重修白鹭洲书院记》有："南有重门，北为巍阁。有堂有楼，有池有亭。堂曰道心，楼曰风月，阁曰云章，其下曰山长厅，亭曰浴沂，皆仍宋时故额。"指出万历年重修书院，所有建筑门额，包括云章阁，都是沿用"宋时故额"。

万历二十年（1592）重建时，云章阁位于洲最北端，是洲上最雄伟的建筑。清代咸丰年间，书院被太平军一把火烧成灰烬，光绪十一年（1885）重建时，将风月楼和云章阁换了个位置，风月楼建于洲最北端，云章阁紧靠其南，成为今天人们所见到的格局。乾隆年间书院山长孔兴浙吟咏云章阁的诗及小序也可证明这一变化：

云章阁

楼后通阁，北窗星斗如悬，屋檐有拱辰之义。西望螺川，凛然怀信国大节，天锦烯发，殆有如斯。若夫风樯上下，鸟飞鱼乐，过之而亦足豁人眸矣。诗曰：

朝朝一片云，飞自东北来。锦织天孙巧，何人查泛回。
矞云连紫气，翘首日中天。西望螺峰翠，葵心景昔贤。①

历代官员、士人吟咏云章阁的诗作很多，同治版《白鹭洲书院志》中收录的有 13 首，是吟咏单个建筑诗作最多的一处。

如今的云章阁，依然保留了古时山长厅的陈设，游客进入其中，可以身临其境感受到古代师者工作生活的景象。

（四）风月楼

风月楼始建时间，《白鹭洲书院志》里的记载莫衷一是。

《白鹭洲书院志·建置》载："宋淳祐元年辛丑，知吉州军江万里建，理宗御

---

① （清）刘绎：《白鹭洲书院志》，合肥：黄山书社 2018 年影印同治十年刻本，第二册，第 62 页。

书‘白鹭洲书院’以赐，院立文宣王庙、棂星门、云章阁、道心堂、万竹堂、风月楼、浴沂亭，斋舍庖湢具备。”

明代万历二十二年(1594)重修书院时，曾同亨撰写的《白鹭洲书院二程先生祠祀》却道：“创风月楼，取吟风弄月意，祀二先生其中，而以近代文毅、文庄两罗公配享。”

综上两段文字分析，风月楼到底始建于宋代还是明代，的确不好判断。但对上述文字加以分析，再结合其他资料，可以肯定的是：风月楼成为祭祀二程之所，应是从万历二十二年(1594)开始，原因有二：

一是宋代没有《白鹭洲书院志》，书院建置是凭后人口口相传。曾同亨在万历二十年写的文章，完整收录于志中，事实非常清晰。

二是自南宋建书院，书院有祭祀“二程”的场所，但门额不是“风月楼”，而是“六君子祠”，《白鹭洲书院志・崇祀》载：“江古心公以吉州为二程过化地，故即洲建祠，并祀周、张、邵、朱，号六君子祠。”

那么，万历二十二年(1594)年之前有没有风月楼呢？我认为应该是有的，因为元代吴师尹的《重修白鹭洲书院记》中，就有关于风月楼的记载。

古时的风月楼位于何处呢？并不是今天大家见到的这个位置，而是位于道心堂北，云章阁南。光绪十一年(1885)重建时，才移至洲尾，且将浴沂亭、风月楼、魁星阁三处建筑合三为一，为现在人们所见到的三层楼阁式建筑，为书院最高建筑，气势宏伟。

为什么把纪念理学大家“二程”(程颢、程颐)的场所命名为风月楼呢？曾同亨的文章里讲了“取吟风弄月意”。这是什么意思呢？因为程氏两兄弟少年时曾跟随父亲在吉州游学，他们年长时回忆这段生活，称其为“吟风弄月”的时光，故后人将祭祀他俩的场所，取名为风月楼。

另外，结合“风月”二字的出处，我们或可从更深层次去理解其含义。理学六君子中，周敦颐被称为开山鼻祖。周敦颐品德高洁，学问精深，后世理学集大成者朱熹称其“风月无边，庭草交翠”，意指周敦颐的道德品质及学问如同绝佳之风景，令人向往。由此可知“风月”二字和理学思想、境界有关，意指醇儒高洁的品质和操守,是儒者追求的人生境界。"二程"又是周敦颐的学生,传承了老师的学养道德,故以"风月"二字命名其祭祀之所,再恰当不过。

浴沂亭,原是位于洲尾的一座亭子。"浴沂"二字出自《论语·先进》:"浴乎沂,风乎舞雩,咏而归。"喻指怡然处世的高尚情操。古时士儒爱在浴沂亭观风吟咏,道光年间山长刘绎就有《浴沂亭八咏》,描写他在浴沂亭中见到的江天四季风景。

魁星是主宰文运兴衰的神,古时学校、书院一般设有魁星阁,以祈求学子得到魁星庇佑,逢考必中,文运昌盛。

风月楼楼高十余丈,面阔三间,高挑的飞檐,雅致的花格窗,明黄屋面,尽显不凡气势。它雄立于洲北,面对赣江,视野开阔,令人心旷神怡。门廊红石柱上镌刻了一副楹联,联云:

千万间广厦重开看杰阁层楼势凌霄汉;

五百里德星常聚合南金东箭辉映江山。

志书中留存的吟咏风月楼的诗作不多,仅有乾隆间山长孔兴浙的诗序一首。但在这首诗序中介绍了两副描写风月楼的楹联,都意蕴不凡,令人拍案叫绝,特录于此,以飨读者:

风月楼

堂后缘梯上楼,楼名"风月",系江文忠旧题。有宋商邱荦一联云:"白鹭交流,挹注直将分泗水;青螺高峙,步趋端可接尼山。"徘徊俯仰,令人起千载之思。禾川尹元士光榜,以一联寄余,曰:"风过试留声,檐角振文江之铎;月斜还有影,楼头照字水之书。"亦同一怀古之蓄念也。诗曰:

风月在楼头,吟弄几时休。古心如可作,余韵日悠悠。

壁上绵津句,楼头崔颢诗。风流施宋后,遗泽起人思。①

从诗序得知:乾隆时,风月楼的楹联为河南商邱人宋荦所留。该联对书院

---

① (清)刘绎:《白鹭洲书院志》,合肥:黄山书社 2018 年影印同治十年刻本,第二册,第 61 页。

及其在人才培育领域上的评价很高，将其比拟为孔子的家乡。禾川人尹元士高中后，写的“风月”藏头联也意境高远，“风振文铎，月照字书”，描绘出一幅风月江天里师生授受、勤奋苦读的励志意境。

如今风月楼里还原了古时的陈设，二楼墙壁悬挂“二程”画像，祭祀这两位理学家。

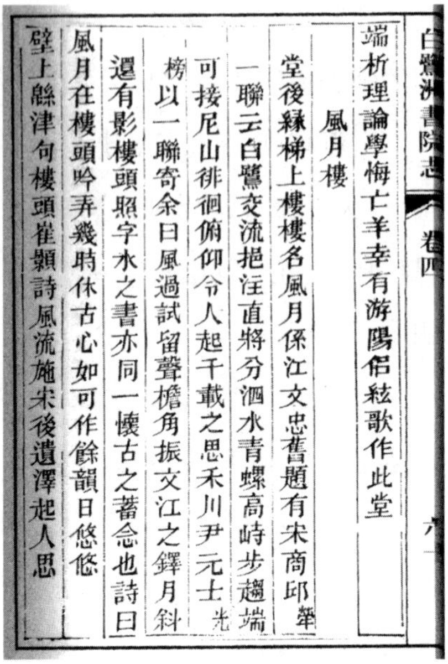
白鷺洲書院志　卷四　六

端析理論學悔亡羊幸有游陽侶絃歌作此堂

風月樓

堂後緣梯上樓樓名風月係江文忠舊題有宋商邱犖
一聯云白鷺交流挹注直將分泗水青螺高峙步趨端
可接尼山徘徊俯仰令人起千載之思禾川尹元士光
榜以一聯寄余曰風過試留聲檐角振文江之鐸月斜
還有影樓頭照字水之書亦同一懷古之蓄念也詩曰
風月在樓頭吟弄幾時休古心如可作餘韻日悠悠
壁上緜津句樓頭崔顥詩風流施宋後遺澤起人思

《风月楼》

（五）中山院和文山院

中山院和文山院，建成于民国十八年(1929)，为当时的省立第五中学校长谭家湛主持兴建。至今，中山院墙壁上还存有建造时嵌入的红石，上刻“民国十八年校长谭家湛建”十一个字。但是，中山院、文山院的建成非一人之功，汇聚了几代校长的不懈努力。

1924 年，时任省立第六中学校长邓天民为改善学校办学条件四处筹款，得到富商康文卿的鼎力帮助，筹得 5000 银圆建校舍，可惜邓天民不久就调离了。此后两三年内，学校校长更替频繁，教室建设因此搁置。直到民国十六年(1927)，谭家湛担任校长，才全面推动教室建设工程，并于民国十八年(1929)建成使用。

这次学校新建教室，拆除了古书院大门，在其基址上新建了三栋建筑，取名中山院；又拆除了原泮池东西两侧的号舍，西边建文山院，东边建阳明院。三栋房子取了三个著名人物的名字，分别是宋代书院学子文天祥，心学大家王阳明和近代革命先驱孙中山，或许有激励学子勤奋学习，报效国家之意。

中山院，由三栋欧式风格建筑组成，呈“凹”字形布局。三栋楼房均为两层砖混结构，青砖墙体，清水墙面，人字屋架和小青瓦屋面，屋面开老虎窗采光透气。中山院门楼上，镶嵌了原书院大门保留下来的四根红石楹联石柱。

中山院和文山院，共有宽敞明亮的教室 22 间，在当时全省新式学堂中，办学条件比较优越。此后，吉安十县优秀人才常云集于此，奋发学习，成为国之栋梁。从这里，走出过曾延生、陈正人、黄欧东等无数为新中国浴血抗争的革命家，也涌现了万籁、胡克、王梓坤、胡守仁等无数新中国的建设人才。

直到 2012 年，中山院、文山院一直是白鹭洲中学的教室，见证了白鹭洲书院改为学堂制后的百年辉煌。

2013 年，为打造白鹭洲书院这一精品文化景区，使之成为展示吉安庐陵文化的重要窗口，吉安市委、市政府在城南投入 5 亿元建设白鹭洲中学新校区，将中山院、文山院教室全部腾出，并在内设立了《白鹭洲书院文化展览》，该展览荣获 2018 年江西省博物馆展览精品展，开放以来，受到社会各界一致好评。

（六）复古亭

复古亭，始建于元代，为山长余天民所建。历代有毁废重修，现存建筑为清光绪十一年（1885）重建。

白鹭洲，最早为佛教场所，大约东晋末年，洲上开始有僧人修行弘法。书院创办后，洲上一直为佛儒双修之地。元仁宗延祐年间（1314—1320），寺庙住持大张旗鼓开展传教活动，想弘佛抑儒，这样一来，来来往往的香客，严重干扰了书院的办学。

山长余天民在忍无可忍的情况下，请求当时的吉安路总管，撤掉洲上的净土庵。在余天民的努力下，洲上寺僧终于全部撤离。为防止再有僧人来此修行，余山长将庙宇也都拆除了，并在拆除之后的空地上立了一座亭子，额曰“复古亭”，为“敦复古道”之意，告诫士子不要信奉异教，中华传统的儒家礼教应成为唯一信奉。这就是复古亭的来历。

后世，白鹭洲书院屡遭洪灾，复古亭亦时有时无，位置也不确定。乾隆时期书院山长孔兴浙有吟咏复古亭诗序：

此元时山长余天民白总管撤浮屠居而改立者，今其址俱犁为田矣。然其高处尚有片土可结茅亭。面天玉而临江口，以野竹为篱，曲径而至社祠，倚大树为门，足供行吟之乐矣。诗曰：

江汪开大业，胡尹亦功臣。复古亭何在，苍茫气象真。①

（七）《重修白鹭洲书院记》碑刻

在六百余年的历史长河中，白鹭洲书院留下无数贤达的诗句文章，其中一小部分被刻碑留存在书院的碑廊内。可惜，经历了百余年的战乱之后，书院内的碑刻基本消失殆尽，现仅剩两块，一块为“古吉台”，另一块为《重修白鹭洲书院记》。

石刻《重修白鹭洲书院记》的作者为江西学政龙湛霖，于光绪十七年（1891）立，记录的是光绪十一年（1885）重修白鹭洲书院，将书院由城西仁山重新迁回洲上的过程。

光绪十五年（1889），龙湛霖视察白鹭洲书院，见书院楼阁巍峨，规模宏大，不由大加赞叹。时任书院院长王邦玺，向龙湛霖详细介绍了书院的历史，尤其是光绪十一年复建书院于洲的始末经过，并恳请龙湛霖为此次重建撰写碑记。龙湛霖听完介绍，感慨万千，立即答应了王邦玺的请求，撰写了《重修白鹭洲书院碑记》，王邦玺遂将碑记以青石镌刻，立于书院内。

至今，这块碑石还完整地镶嵌在中山院门厅墙壁上，成为书院最后一次重建的重要历史见证。

（八）霞客码头和兴贤渡

白鹭洲上有两个古码头。一个位于洲东边北段，名霞客码头；一个位于洲西边南段，名兴贤渡，两个码头名字都有其来历。

霞客码头之名，缘于明代地理学家徐霞客。崇祯九年（1636），徐霞客开启江右之旅，十二月初二来到吉安，当晚在白鹭洲东边码头登洲，宿净土庵。之后二十余天，徐霞客白天乘船出游，晚上回洲住宿，小船基本在此码头停泊，因此，后人称此码头为霞客码头。2013 年，吉安市委、市政府对白鹭洲书院周边环境

---

① （清）刘绎：《白鹭洲书院志》，合肥：黄山书社 2018 年影印同治十年刻本，第二册，第 63 页。

进行改造时，将霞客码头修葺一新，并竖立了一块碑石，上刻“霞客泊舟”四字，以纪念这位伟大的地理学家。

兴贤渡之名，缘于洲对岸的兴贤门。吉安古城，自至正二十七年（1367）始，定五座城门：南兴贤，西永丰，东迎恩、广丰，北嘉禾。兴贤门紧临赣江，旁边为府学，过江即为白鹭洲书院，两处都是培养人才的地方，故此门名为兴贤。兴贤门外有渡口，方便白鹭洲书院学子往来，渡口随城门名，故称兴贤渡。

20 世纪 70 年代之前，城内往返白鹭洲都是在此码头乘船过渡，官府会专门安排两三条小船负责运送来往人员。1981 年，随着白鹭洲中学办学规模的不断扩大，政府为保证学生上课安全，在兴贤渡上架起了一座浮桥，渡船基本不用。1987 年，白鹭洲大桥建成，进入白鹭洲非常便捷，浮桥因此被拆除，渡口亦废弃不用。如今洲上还保留刻有“兴贤渡”的石坊残柱，在旁边新建了一座兴贤亭，纪念这漫长的摆渡登洲的历史。江岸宽阔的青石台阶，向人们诉说着渡口曾经的繁忙景象。

（九）柳径、桃溪、竹坞和桑园

古时的白鹭洲书院，不仅建筑宏伟华丽，书院四周景致亦是移步换景，桃李春风。旧时，洲上有柳径、桃溪、竹坞和桑园，江水环绕间一派江南旖旎风景。乾隆时期书院山长孔兴浙有诗描写书院周围这些园林景观。如今的白鹭洲上，柳、桃、竹、桑依然是主要植物，你若在洲上细细寻找，依然能找到这些景观的痕迹。

柳径位于书院西边的护堤上，从书院大门前一直至洲尾约 500 米的堤岸上，一排垂柳风景怡人，春夏之时，万条绿绦，翠色浓郁，踱步其中，恍若置身于杭州的苏堤。其实，自明代万历之后，人们就在永堤上种植了柳树以护堤，东边因濒临大河，容易遭水流冲刷，所以东边的柳树大多不存，至清乾隆时，只剩西边的柳树枝繁叶茂，形成柳径之景。

柳径之内到处是桃树，春天来时，书院建筑旁桃花烂漫，桃红柳绿，互相争艳，如人间仙境。古时，江对岸的吉安城外，亦是桃花十里，春风一吹，灿如红霞织锦，映得城里城外嫣红一片。两岸桃林相映成趣，花叶飘落江中，一江春水盛桃李，于是，人们称白鹭洲西边的赣江水为桃溪。山长孔兴浙亦迷醉于这绝妙美景之中，作《桃溪》一首：

洲上桃花，遍处皆是。对隔一溪，则城下十里皆红。传说汪水部执桓宰邑时，劝民分植，至今城如锦也。咏曰：

一溪桃李正敷荣，何必芙蓉城上行。

小集花茵酲半醒，柳阴深处听流莺。

竹，是君子最爱之物。书院乃君子之家，岂能无竹？书院内外，竹子一丛丛一簇簇，大多临水而聚，故称之为竹坞。孔山长亦有诗吟：

幽篁临水曲，万个洒清风。方竹难求侣，萧萧三五箳。

孔兴浙山长还有一首《桑园》诗，诗前有序，诗序为：

老者大数围，女桑则遍地皆是，而尤以阁后蔬菜园外为最多。然洲子不知蚕事，春日望之沃若。洵所谓十亩闲闲已尔。诗曰：

舟渚何人身最闲，吟风弄月破名关。

桑间泄泄浑无事，坐看轻帆送远山。①

这首诗，诗人自嘲不谙农桑事，只会吟诗作赋，表达了诗人常“吟风弄月，坐看江帆远去”的文雅恬淡之情。

如今的白鹭洲上，沿江依然有一排垂柳，院内桃树、竹林交错，数株古桑树高大苍劲。最大的一株古桑位于复古亭南边，枝丫粗壮，叶片繁茂，夏天来临之时，桑葚满枝，引得无数少年垂涎欲滴，或爬树摘，或摇枝捡，一串串往嘴里塞，吃得满嘴紫乌。这株古桑见证了白鹭洲百年沧桑巨变，留下了无数学子愉悦而青涩的记忆。

第二节 · 复原建筑 ·

2013 年，中共吉安市委、吉安市人民政府启动了白鹭洲书院保护利用工程。

---

① （清）刘绎：《白鹭洲书院志》，合肥：黄山书社 2018 年影印同治十年刻本，第二册，第 64 页。

工程对白鹭洲书院历史遗存进行了全面修缮，拆除了穿插在古建筑群中的现代建筑，但保留了民国建筑中山院、文山院。因为这两处建筑是古代书院教育向近代学堂教育的重要见证，有重要的时代价值和意义。中山院以北，按清代建置格局和建筑风格，新建了道心堂、逢源堂、号舍和碑廊等复原建筑。复原建筑和历史遗存完美融合，向人们完整展示了一座古代书院的迷人风韵。

(一)棂星门

棂星，本称灵星、天田星，最早是人们为祈求风调雨顺而祭祀的神，亦为祭天。到了宋代，儒家把孔子与天相配，在祭祀孔子时用祭天之礼，所以在文庙内建灵星门用以祭祀。因见灵星门的形状像窗棂，又把“灵星”改为“棂星”，成为文庙的标志性建筑。

宋代以后，各地书院仿文庙之制，建棂星门。白鹭洲书院始建之时就有棂星门，原立在泮池之北，为古书院大门。民国初年，棂星门被拆除，建了中山院。2013 年，在泮池之南复建棂星门，恢复古代书院建置格局。棂星门门额上刻有“理学”“忠节”四个字，这代表着白鹭洲书院办学的理念，即弘扬理学，崇尚忠节义烈。中间石柱上刻有一副楹联：

智水仁山日日当前逞道体

礼门义路人人于此见天心

这副楹联是清代康熙年间吉安知府赵士骥撰写，是书院棂星门上旧联。此次复建，请现代书家重书。

(二)道心堂

道心堂为书院讲堂，始建于书院创办之时，历代维修均沿用堂名，现建筑为2013 年复建。道心堂位于中山院北，面阔三大开间，气势不凡。道心堂大门上，高悬“白鹭洲书院”匾额，门廊红石柱上刻有一副楹联，联曰：“高节雄文锻造千秋俊杰，宏韬伟略翻腾百代风云。”联意大气磅礴，描绘出白鹭洲书院千年辉煌。

堂内悬挂“道心堂”之匾。道心，是理学思想的核心。《古文尚书 · 大禹谟》：“人心惟危，道心惟微；惟精惟一，允执厥中。”宋代理家们称此为儒学“十六字心传”。程颐认为:“人心,私欲,故危殆;道心,天理,故精微,灭私欲则天理明矣。”朱熹说:“道心是天理,是天命之性;人心是天理与人欲相杂的气质之性,有善有恶,故要革尽人欲,复尽天理。”所以,理学家所说的道心,是指追求世间法则的至理之心,也指人天生的仁、义、礼、智、善之心。道心越胜,人心就越善,道业就越深。书院创办者江万里,是理学大家,师承朱子,将书院讲堂命名为“道心堂”就是要激励学子正心修身,战胜私欲,成为心怀家国天下的有为之士。

八百年来,白鹭洲书院虽经历了二十余次维修和重建,但道心堂门额始终未变。在这里,师传生授,历代山长忠实秉承儒家教育理念,为国家培养栋梁,为乡土培养贤士,涌现出了一代又一代国之重臣,乡之贤达。恰如原白鹿洞书院院长孙家骅为道心堂门额所撰写的楹联描绘的那样:“访白鹿建白鹭,大道传薪江万里为民族完节;有贤士出贤徒,精英接棒文天祥给国家尽忠。”

(三)逢源堂

穿过道心堂,就是逢源堂,古代称为逢原堂。逢源堂也是书院讲堂,始建于清代乾隆三十八年(1773),为吉安知府卢崧倡建,现存建筑为2013年复建。为啥取名为“逢原”呢?卢知府自己在《逢原堂记》中写道:“诸生过是洲而悟智者之乐、求观澜之术。其于道也,居安而资深,左宜而右有,将无所往而不逢其原矣。抑余闻百川学海而必至于海,章贡之原过是洲沿湖入江以达于海,亦其原之裕耳。诸生诚体江公特奉二程子之意,因以绍吉前贤之道脉,取有本而耻过情务,循序而戒猎等,则由鹭洲推之鹿洞、鹅湖,又推之洙泗、邹峄,莫非学海之所必至者。”①

其意是告诫学生,要正心诚意,体悟江万里建书院弘“二程”的本意,在追求学问的过程中,追根溯源,循序渐进,寻儒学之本源,悟圣贤之道义。只有自己足够丰盈,才能在问道寻理、进取功名的进程中左右逢源。可见逢原之名表达了卢知府对做学问的真知灼见,寄托了卢知府对书院学子的殷切期望。

① (清)刘绎:《白鹭洲书院志》,合肥:黄山书社2018年影印同治十年刻本,第四册,第15页。

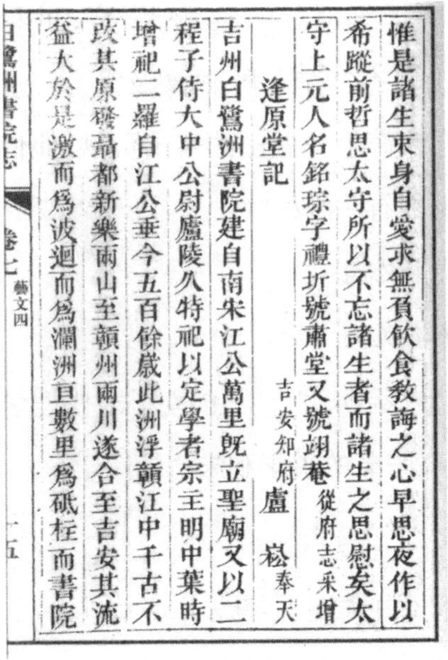

惟是諸生束身自愛求無負飲食教誨之心早思夜作以希蹤前哲思太守所以不忘諸生者而諸生之思慰矣太守上元人名銘琮字禮圻號肅堂又號翊菴從府志采增

逢原堂記

吉安知府盧崧奉天

吉州白鷺洲書院建自南宋江公萬里既立聖廟又以二程子侍大中公尉廬陵久特祀以定學者宗主明中葉時增祀二羅自江公垂今五百餘歲此洲浮贛江中千古不改其原發聶都新樂兩山至贛州兩川遂合至吉安其流益大於是激而爲波迴而爲瀾洲亘數里爲砥柱而書院

白鷺洲書院志 卷七 藝文四 十五

《逢原堂记》

如今的逢源堂是书院内最宏阔华美的建筑。重檐歇山顶造型，气势不凡，门廊高挑，堂前堂后有轩廊，廊顶卷棚绘彩，两面山墙青砖到顶，前后花格门窗古朴雅致。廊柱、门柱上均有楹联，前廊楹联为现代学者、书家撰写。联一为：

逢自有缘，诵弦同乐鹭鸥伴；源而无尽，沂赣相通文道传。

描绘出一幅学子相聚于白鹭洲上，山水鸥鹭相伴，砥砺修心悟道的场景。联二为：

源自尼山，一脉江流流万里；堂逢赣水，千秋德泽泽三槐。

赞扬白鹭洲书院为弘扬儒学，育德树人，泽被千秋的传教圣地。

后廊楹联一为古书院老联，联曰：

白鹭交流，挹注直将分泗水；青螺高峙，步趋端可接尼山。

为清初著名诗人、画家、政治家，河南商丘人宋荦所撰，此次重建，请书家重写刻于逢源堂后廊柱上。

另一联则选自清代广东典试李调元七律诗《题逢源堂》的颔联：

一林蕉雨分窗绿，四面书灯映水红。

逢源堂内，设置了书院创办者江万里的生平事迹展。堂中立江万里汉白玉雕像，他正襟端坐，目视远方，右手微抬，竖起食指，似在给学生授课。雕像上方悬挂“古心德润”的匾额。古心，为江万里的号，德润，指江万里高尚的品德，孕育了无数人才，润泽了庐陵大地。

(四) 六君子祠

六君子祠，始建于书院初创时期，历代沿袭，数次重修，现建筑为 2013 年复建。祠内祭祀六位理学大儒：周敦颐、张载、邵雍、程颢、程颐、朱熹，世称“六君子”。神龛内立有“六君子”造像，东西山墙有“六君子”画像及简介。堂上高悬“百代教泽”匾额，赞颂六位大儒为后世教育事业做出的突出贡献，他们的思想、学说恩泽后世，恒久绵长。堂内木柱上刻有一副楹联：

道统一源学继诗书论孟

儒宗六子派分濂洛关闽

指出六位理学家的教育思想源于传统的儒家经典，六君子创立了宋代理学的四大主要学派，即周敦颐的濂学、二程的洛学、张载的关学和朱熹的闽学。

（五）景贤祠

景贤祠始建于同治七年（1868）。咸丰年间，白鹭洲书院毁于战火，同治七年，知府定祥、山长刘绎就城西仁山废寺建白鹭书院，书院讲堂前，左建六君子祠、右建景贤祠。景贤祠将原来书院祭祀的名宦、乡贤皆分龛合祀其中。光绪十一年（1885），书院迁回白鹭洲，保留景贤祠门额。现建筑为2013年复建。

现在景贤祠内祭祀的是吉安历代先贤，分理学、忠节、名臣三龛，合祀其中。明万历二十一年，知府汪可受兴复书院，在泮池之南树立三座牌坊，分别为理学坊、忠节坊、名臣坊。理学坊上刻以欧阳修、周必大为代表的26位先贤名姓，忠节坊上刻以陈乔、杨邦乂为代表的61位先贤名姓，名臣坊上刻以胡铨、王庭珪为代表的37位先贤名姓。此次复建景贤祠，即将明代三坊上名单分刻于木主牌之上。

景贤祠内，两边山墙各有一幅铜浮雕，东边为“庐陵五忠一节”塑像，西边为历朝十八位吉安籍宰辅塑像。堂上高悬“高山仰止”匾额，赞颂这124位先贤高迈的道德文章与经世之才。堂内木柱上刻有一副楹联：

九派四公江右骨

五忠一节庐陵魂

这副楹联用十四个字，将吉安先贤在中华文化中的历史地位和功绩高度概括。

今天的景贤祠,依然成为人们虔诚敬仰之所。无数游客步入祠内,双手合十,向先贤鞠躬。每当清明、冬至,祠内神龛下总会出现一束束的鲜花,人们依旧用传统的方式怀念先贤。

(六)号舍

号舍也称学号,有两种功能,一是学校、书院内学生的宿舍,另指科举考试时考生的号房。科举考试一般在府学、县学内举行,书院号舍极少用于科举考试,主要是学生自学、住宿的地方。

号舍是古书院的主要建筑,一般在中轴线两侧依次排铺。白鹭洲书院初建之时,号舍就不少,能容纳学生数百人,这在欧阳守道的《白鹭洲书院山长厅记》中有明确记述。明万历二十年(1592)重建书院于洲时,号舍规模更大,有十二栋房子,布列于中轴线建筑两侧。当时在朝为官的庐陵人习孔教为此专门撰写了《十学号房记》,文中记载:"乃于洲之东西偏,为学房十区。首郡国,次九邑,博士弟子各占一区。区各南向,为堂四楹。堂左右为夹室四,前后斋阁、庖湢、什器俱备,择诸生高弟读书其中。又稍前东西偏,各为一区,以居郡邑各孝廉茂才异等并四方之来学者。星罗棋布,夹垲虚明。济济誉髦,洋洋诵声。"①

由此可见,当时白鹭洲书院的学习条件相当不错,学生规模也不小。每县一栋号房,每栋号房4间房,还有饭堂、阁楼和厨房,生活用具齐全。十县共十栋,又在前面建两栋,供四方来游学之士居住。十二栋号房,48间房间,至少可容纳百名学生。

清代有多次增建号舍的记载,如"雍正二年,知府吴铨、庐陵县知县涂宗震兴复书院,建号舍五十间"。"乾隆三十九年,知府卢崧增立号舍十一间。"同治七年,书院迁于城西仁山,"东西翼号舍六十间"。光绪十一年,书院最后一次重建,号舍更多,"前后夹室、左右斋舍,共百余间"。

书院改制学堂之后,因为多学科分班级教学,教室不够用,书院号舍一度被

---

① (清)刘绎:《白鹭洲书院志》,合肥:黄山书社2018年影印同治十年刻本,第三册,第44页。

拆除隔板，改为教室使用。新建中山院、文山院后，号舍为学生宿舍和教工宿舍。新中国成立后，号舍渐次拆除，新建了学校教工宿舍和食堂。

2013 年对书院进行复原重建时，恢复了部分号舍，向游客展示古代书院完整的建置格局。如今，号舍内设立了复原陈展，复原古代书院学子学习、生活和考试的场景，还设立了书院文化展览，通过微缩景观、视频、雕像等多种艺术展示形式，展示吉安状元故事、师生春游及尊师重道场景，极大地提升了游客的体验感。

（七）碑廊

碑廊，位于书院北端风月楼、云章阁两侧，为 2013 年复建。书院原来的碑廊保留了历代名贤大儒为书院写的诗文碑刻，近代以来，碑廊被拆除，碑刻也损毁不存。2013 年复建，请吉安当代书法家书写书院馆规院约及诗词，刻石重新镶嵌其间。游客穿梭其间，既能欣赏书法和古诗，还可以了解书院历史和文化。

（八）洗心亭

洗心亭，位于西边碑廊最北端，连接通往风月楼的长廊，为 2013 年新建。古时，书院内有不少亭子，清乾隆时期山长孔兴浙就有诗吟咏书院内的所有亭子，分别为万竹亭、时雨亭、浴沂亭和复古亭，但没有洗心亭。因为洗心亭始建于清道光年间。

道光年间，书院山长刘绎在书院最北端云章阁东北角，新建一座小室，门额为“洗心藏密”，并自己写了两首七律以纪，诗序曰：

鹭洲云章阁后东偏，新拓小室，江帆云岫，都入窗间，颜曰“洗心藏密”，因成二律：

新启东窗似野航，水光无际接山光。
室中虚白生朝爽，槛外遥岚入暮苍。
高树过帆横渡鸟，丛篁绕涧暗鸣梁。
分明一橙营邱画，坐对烟峦笔砚旁。

昼长无客叩柴荆，时听前村鸡犬声。

芳草绿迷沿岸涨，晚樵红带隔江晴。

收筒闲羡渔知足，趁路忙怜渡起争。

我已斋居还退步，不妨斗室独盱衡。①

洗心，语出《周易・系辞传》，原文为："圣人以此洗心，退藏于密，吉凶与民同患。"意思是指君子要常常修心自省，清除杂念，修炼自己的精神世界，让自己心正德厚，胸怀天下苍生，厚德而载物，自强方不息。

刘绎是江西最后一位状元，也是书院晚期著名山长，担任书院山长前后三十余年。如今新建洗心亭于书院内，就是为了纪念他。亭柱上有一副楹联：

濯足濯缨怜二水；登楼登阁仰三贤。

激励学子们要以先贤为榜样，刻苦读书，成为良臣贤达。

（九）万竹亭

乾隆年间山长孔兴浙有诗序记载万竹亭，诗序曰：

阁后平台，向植丛筱无数，构亭于中，名曰"万竹"。今址已废，惟见春时野笋遍地，可以为林。往往被刍者剃去，为之惘然。因赋诗云：

箵篔真可爱，竹径已成空。苦笋年年发，何曾解作龙。②

"筱"是指密密的细竹，"箵篔"是指竹色青翠的样子。从诗中我们知道，书院最北端云章阁后的平台上，原来是一片竹林，竹林中间有"万竹亭"供师生悠游休憩。乾隆年间，亭子竹林已成废址，但是那片空地每到春天，竹笋遍地，若任其生长，可以成林。可惜每每被人挖去成为果腹之物，诗者感到无比怅然。

可以想象，当年竹林、亭子、小径都还在时，书院后院是多么美丽惬意的风景啊！学子们徜徉其间，那必是乐不思蜀，体悟深切。2013 年重修白鹭洲书院

① （清）刘绎：《白鹭洲书院志》，合肥：黄山书社 2018 年影印同治十年刻本，第二册，第 79 页。

② （清）刘绎：《白鹭洲书院志》，合肥：黄山书社 2018 年影印同治十年刻本，第二册，第 62 页。

时，修建者依照书中记载，复建了万竹亭于风月楼东，亭子南通碑廊，西接长廊通向风月楼，东边种了一片筱竹，恢复了当年曲径通幽处，箵筤惹人爱的景致。

第三节 • 现代景观 •

（一）书院桥

白鹭洲书院景区建成后，为保证白鹭洲中学正常教学秩序，方便游客进入白鹭洲书院景区参观游览，2016 年 7 月，吉安市委、市政府启动了书院桥建设工程，2018 年 9 月建成通行。

书院桥位于白鹭洲西岸中北部，是连通白鹭洲与对岸沿江路的仿古廊桥，为钢混木结构。主桥长 194 米，是赣江上最长的仿古廊桥。

书院桥集桥、廊、亭、屋为一体，东西两端有桥亭，桥中间有桥屋，桥亭与桥屋之间有廊桥相连。桥身木构件均为红木，桥面用红木铺装，桥顶用红木架梁并施以彩绘装饰，桥身的栏杆和天花，均用红木雕刻镂空花板装饰，华美典雅，古风浓郁。两端桥亭的屋面为歇山顶，覆以小青瓦，飞檐翘角，仪态万方，与书院古建筑群相互辉映。

书院桥内部结构和装饰手法，融合了地方传统建筑风格。桥亭和桥屋的顶部为藻井，支撑屋顶的梁架采用庐陵传统房屋梁架结构，安全牢固又有浓郁的地方建筑特色。梁架和藻井上的彩绘更是书院桥一大亮点，借鉴了庐陵传统建筑中常用的藻井画和檐画装饰手法。藻井上描绘的是书院人物故事，自西而东，依次为书院创始人江万里，著名山长欧阳守道，书院著名学子文天祥和刘辰翁，以及清代江西最后一位状元、白鹭洲书院著名山长刘绎。横梁上，600 余幅书画小品，描绘的是吉安各书院建筑图、白鹭洲书院诗词，以及代表祥瑞的花、鸟、鱼、虫等图案，充溢着浓郁的文化气息，如红袖添香，令古朴典雅的书院桥更加迷人，行走其间，令人流连忘返。

在两岸远眺书院桥，如长虹卧波，旖旎柔美。桥面下方与桥墩接合部，采用了上海世博会中国馆的外观造型——中国红钢结构斗拱予以装饰，大气恢宏，桥身外部用浇铸着白鹭飞翔图案的紫铜封板饰面，可谓匠心独具。

桥西广场中间，立了一方汉白玉石碑，上书“白鹭洲书院”五个大字，是20世纪80年代，时任全国人大常委会副委员长、中国近代教育家、书法家周谷城参观白鹭洲书院留下的墨迹，字迹俊逸潇洒，苍古灵动。

汉白玉的背面则镌刻着一个“魁”字，是书院学子文天祥的手迹。这个“魁”字苍劲有力、端方饱满，其原迹藏于山西平遥文庙内。在平遥文庙大成殿的墙壁上，有一个和原迹一模一样，但却是一丈见方的巨大的“魁”字。“魁”字旁说明牌介绍：此字为清乾隆时期，文庙学子将文天祥手迹“魁”用油灯放大（幻灯技术）临摹而成。

书院学子文天祥诗文绝佳、气节出众，其书法亦堪称一绝，不仅擅长楷、行、草书，还善榜书。榜书，是中国一种古老的字体，也称“署书”“擘窠大字”，一般用于宫殿匾额题写。古时，庐陵县学内有进士第一堂，为旌表文天祥中状元而建，进士第一堂板扉之上，也有文天祥手书的“魁”字，其字长宽一丈有余，连文天祥自己都说此字是“书之魁”。

横卧在赣江之上的书院桥，其桥面标高为吴淞高程56.25米，桥墩标高为吴淞高程53.85米，可抵御百年一遇大洪水。站在桥上，江风习习，衣袂飘飘，赣江两岸旖旎美景尽收眼底。碧波荡漾间轻舟摇曳，绿树掩映间楼阁高耸；井冈山大桥雄踞北面，宏伟壮观如巨龙戏水，白鹭洲大桥南面毗邻，朴实无华如老牛踏浪。书院桥，成为吉安新的人文胜景。

（二）正气廊

正气廊位于泮池东边，为20世纪80年代白鹭洲中学新建的仿古风格钢混木结构长廊。正气廊长60余米，两头有亭相连，廊檐、横梁上有彩绘，上绘花鸟鱼虫，祥花瑞草。廊、亭四周有栏杆，栏杆下有石条凳，可坐可倚，是学生早晚自学读书的好去处。

正气廊的位置，民国时为阳明院所在。阳明院，与中山院、文山院同时期建设，一直是学生宿舍。1980 年，白鹭洲中学拆除阳明院，改建了正气廊。

（三）观澜亭

观澜亭，建于洲最北端的西角，为 2013 年新建。观澜亭的建设和题额，缘于“古庐陵八景”之一的“鹭洲文澜”。

白鹭洲将赣江水一分为二，洲东水面宽阔，水流湍急，人们俗称为大河；洲西水面窄小，水流缓慢，人们俗称为小河。丰水时节，赣江水自南而北奔流而至，大河和小河在洲北的西角汇合，激起千层浪花，阵阵回澜。此景与白鹭洲书院文脉一同让人向往，因而人们称此景为“鹭洲文澜”。

2013 年打造白鹭洲书院景区时，吉安城赣江一段已经是峡江水利枢纽的库区，水流常年平缓如镜，原先两股河水汇合激起的回澜之景已不可见。为了让人们了解白鹭洲这段曾经的历史景观，建设者们在原先观澜的位置建了一座“观澜亭”。

观澜亭建在高台上，视野开阔，江天美景及两岸城市风光尽收眼底，是人们游览白鹭洲时休憩、眺远的好去处。

（四）凤凰台

凤凰台上凤凰游，凤去台空人自流。
吴宫花草埋幽径，晋代衣冠成古丘。
三山半落青天外，二水中分白鹭洲。
总为浮云能蔽日，长安不见使人愁。

这是唐代诗人李白的《登金陵凤凰台》一诗，诗中描写了诗人在南京凤凰台上的所见所思所感，是一首较为经典的唐诗。这首诗流传之后，吉安人见赣江之中这座绿洲的景色与诗中所写景色一致，亦是“三山半落，二水中分”，故以诗中白鹭洲为洲名。

2013 年，在对白鹭洲进行整体改造时，为了美化洲南的大片空地，在洲南设计建造了一座楼台，并用李白诗中“凤凰台”为额。这也是为了告诉人们，吉安白鹭洲洲名与南京凤凰台的渊源。

(五)白鹭洲浮桥

很多吉安人都知道,赣江上原来有座浮桥通往白鹭洲,曾经走浮桥去白鹭洲中学读书的学生更是记忆犹新,甚是怀念。那么,浮桥建于何时?废于何时呢?很多人就不太清楚了。

其实,20 世纪 80 年代之前,通往白鹭洲都是乘渡船的。政府专门安排了几只渡船,运送去往洲上的师生和物资。1981 年,才在兴贤渡架设了一座浮桥。

有了浮桥之后,通往洲上的交通便捷了许多。但由于上学、放学高峰时段,学生蜂拥而至,浮桥的安全性也堪忧。不得已,学校在上学、放学时段,安排行政干部在浮桥两头维持秩序。即便这样,也常常发生学生落水的情况。

为了彻底解决通往白鹭洲中学的交通问题,保障学生上下课安全,1985 年,由省、地、市财政拨款 110 万元,修建白鹭洲大桥,1987 年 7 月 25 日建成通行。桥长 217 米,桥宽 10 米,系三墩四拱钢筋混凝土结构。白鹭洲大桥的建成,结束了白鹭洲千百年来靠人工摆渡过河的历史,浮桥也随之被拆除。所以,白鹭洲浮桥的历史只有短短 7 年时间。

第四节 • 楹联匾额 •

走进白鹭洲书院,映入眼帘的不仅有古雅的建筑,精美的花格门窗,还有梁柱门额上镌刻的字迹俊逸潇洒的楹联和匾额。书院内共有 14 栋建筑,每栋建筑的门额上都悬有木质牌匾,牌匾两侧红石柱上均刻有楹联。中轴线的主要建筑,在堂内也都悬有匾额,两侧木柱上亦挂有楹联。

白鹭洲书院建筑上的匾额共有 17 块,楹联共有 29 对。因白鹭洲特殊的地理位置加上近代的数次搬迁,书院原有的匾额楹联,大多毁坏流失,历史留存下来的极少,只剩中山院门口两对红石楹联和风月楼门口一对红石楹联为清代建筑遗存。如今书院内的楹联大多为 2016 年面向全国征集而来,另从《白鹭洲书院志》等书中撷取了几副旧联、诗句,匾额则基本恢复古代书院旧额,全部请吉安当地书法家书写镌刻而成。

这些楹联不仅将书院历史和文化内涵充分体现出来，有的还表现了中国古代富有哲理的理学思想，发人深思，令人深省，为白鹭洲书院景区增添了浓郁的文化氛围。

（一）棂星门

门额：棂星门 书：张敬津（江西泰和）

理学、忠节 书：刘宗彬（芗山子）（江西吉安）

联：智水仁山，日日当前逞道体；礼门义路，人人于此见天心

撰：赵士骥（清·山西） 书：王渐鸣（江西峡江）

释义：此联为书院大门旧联。上联“智水仁山”语出《论语·雍也》，意指白鹭洲书院优美的山水风光，是仁者智者修心悟道的好地方；下联语出《孟子·万章下》，指明了修养涵养的途径，即通过习礼知义，人人都可找到自然界发展变化的规律，成为智者仁者。

（二）中山院

联一：鹭飞振振兮，不与波上下；地活泼泼也，无分水东西

撰：明清时旧联 书：刘绎（清·江西永丰）

释义：此柱联及柱石为清代历史遗存。上联字面上描述的是白鹭在赣江上飞翔，不随波逐流的样子，实则喻指书院学子在求学问的道路上不随波逐流；下联字面上理解描述的是书院特殊的地理环境，位于洲岛，二水中分，草木苍翠，生机盎然，实则喻指书院办学有生气、有影响，海纳百川，有教无类。

联二：陵谷经几迁，此地依然为砥柱；江河同万古，斯文有幸见回澜

撰：刘绎（清·江西永丰） 书：刘绎（清·江西永丰）

释义：此柱联及柱石为清代历史遗存。上联写白鹭洲书院屡遭水患兵燹，几经迁徙，如今依然是江中的中流砥柱。下联意指赣江之中，因为白鹭洲书院，使得回澜之中斯文永在，万古长存。

（三）道心堂

匾一：白鹭洲书院　　书：陶佛锡（清）

匾二：道心堂　　书：萧海（江西吉安）

联一：访白鹿建白鹭，大道传薪江万里为民族完节；有贤士出贤徒，精英接棒文天祥给国家尽忠

撰：孙家骅，号敷阳墅人（江西德安）　书：张鉴瑞（江西南昌）

释义：此联将白鹭洲书院两位杰出的师生代表江万里和文天祥的崇高品质精准勾勒，高度概括了白鹭洲书院传承八百年的文化价值。“白鹿”指白鹿洞书院。

上联意思是，书院创办人江万里年轻时在白鹿洞书院求学，立下弘扬理学、培育人才的远大志向。他一生传道授业，培育了无数人才，当南宋灭亡之时，他举家殉国，树起了忠节义烈的民族精神丰碑。下联指出白鹭洲书院创办后，无数名贤大儒在此倾心育人，贤士育贤徒，从白鹭洲书院走出了一大批国之栋梁、乡之贤达。他们中的精英文天祥，在民族危亡之时，气节凛然，宁死不降，为国尽忠，以如铁石般的坚强意志，铸造了忠贞爱国的民族风骨。

联二：高节雄文锻造千秋俊杰；宏韬伟略翻腾百代风云

撰：李争光（湖南邵阳）　　书：刘龙泉（江西吉安）

释义：这副楹联高度概括了白鹭洲书院从古至今的历史地位。上联指出书院以培养有高尚节操、治世雄文的德才兼备人才为办学目标，七百多年来，从书院走出的俊杰之士不计其数。下联说书院的贤达之士用宏韬伟略治理国家和地方，成为时代风云人物，名垂青史。

联三：道微天地悠，诸君谁省；心远波澜阔，吾鹭何止

撰：李汤汤（籍贯不详）　　书：廖承武（江西峡江）

释义：道，是中国传统哲学思想中重要的定义，指世间万物的法则和规律。宋代理学家程颐认为：“人心，私欲，故危殆；道心，天理，故精微。”此联富含哲理，发人深省。上联意指天地悠远广博，“道”就蕴含在其中，精细而微妙。下联指出士君子只有不断学习探究，丰富自己的“道心”，方可战胜人心的私欲，树立远大的理想抱负，为国家建功立业，为鹭洲扬名。

联四：我曾入室思名相；尔可凭栏吊古人

撰：蒋石麟（江西丰城）　　　书：边经仁（江西峡江）

释义：白鹭洲书院著名师生代表江万里、文天祥官至宰相，还有无数贤达国士在书院内讲学求学，步入白鹭洲书院，徜徉在古建筑群内，入室静坐或凭栏远眺，他们的事迹令后人无比怀念敬仰。

（四）逢源堂

匾一：逢源堂　　书：冯为民（末将）（江西兴国）

匾二：古心德润　　书：甘立平（江西永新）

联一：逢自有缘，诵弦同乐鹭鸥伴；源而无尽，沂赣相通文道传

撰：刘宝田（湖南邵阳）　书：（不详）

释义：沂，指山东的沂水，喻指孔孟之乡的传统儒学。赣，指江西的赣江。上联描绘了各方俊杰因为同一个目标和志向，相聚于白鹭洲上，与山水鸥鹭相伴，砥砺修心，潜心悟道的场景。下联指出中国传统儒学源远流长，白鹭洲书院是江南理学传播中心，将传统儒家文化进行传承和发扬，沂水和赣江虽相隔万里，但文化的源流相通，文化的传承相连。

联二：源自尼山，一脉江流流万里；堂逢赣水，千秋德泽泽三槐

撰：刘宝田（湖南邵阳）　　书：刘少坤（江西永丰）

释义：尼山，原名尼丘山，孔子父母“祷于尼丘得孔子”，为圣人孔子的诞生地。三槐，周代宫廷外种有三棵槐树，三公朝天子时，面向三槐而立。后世以三槐喻三公。宋王祐曾手植三槐于庭，曰：“吾子孙必有为三公者。”后其子果然入相，后世因此以“三槐”为王氏代称。

上联指出白鹭洲书院所弘扬的道统学问与孔子创立的儒家学说一脉相承，传统儒家学说沿着江河湖海，流传万里，泽被千秋。下联写位于赣江之中的白鹭洲书院千年来奉行正学，将儒家学说不断传承发扬。在传统儒学的润泽下，吉安人才辈出，造就了三千进士、十八宰辅的辉煌历史。

联三：左右逢源闻道通经寻至理；古今探秘质疑解惑悟真诠

撰：王春霖（湖北黄冈）　　　书：王渐鸣（江西峡江）

释义：通读经典可闻道，熟读历史可解惑。这副楹联指出读书、做学问的路径和方法。上联写学习得追根溯源，通读传统经典，才能知晓世间万物至理法则。下联指出做学问必须深入了解历史，读史使人明鉴，方能解开心中疑惑，悟得人生真谛。

联四：一林蕉雨分窗绿；四面书灯映水红

撰：李调元（清）　　　书：刘征谊（江西井冈山）

释义：此联出自清李调元《题逢源堂》诗中。全诗为：

白鹭飞翚讲席崇，輶轩暂过此观风。

一林蕉雨分窗绿，四面书灯映水红。

在昔伟人钟宋瑞，即今太守得文翁。

诸生幸际菁莪化，休让当年甲第雄。

这首诗描绘了诗者慕名前往白鹭洲书院参观时的所见所感。雨打蕉林，蕉叶低垂，在号舍的窗外摇曳，窗户似乎都染成绿色的了。每间屋子里，学子们都在灯下苦读，那灯光将江水映得通红。书院曾经有江万里、文天祥师生铸就的辉煌伟业，希望今天也能有名师遇良才的佳话，书院学子再创科举盛事。

联五：白鹭交流，挹注直将分泗水；青螺高峙，步趋端可接尼山

撰：宋荦（清·河南）　　　书：萧海（江西吉安）

释义：此联为古书院风月楼内旧联。泗水：指山东曲阜泗水河，意为孔子教泽之地；尼山，是孔子的诞生地。上联将赣江喻为泗水，赞颂白鹭洲书院传播儒家学说。下联将赣江之滨的螺子山喻为尼山，意指白鹭洲书院培育端良国士的卓著教育成就，几可与古代孔子教泽地曲阜相比肩。

（五）云章阁

匾一：云章阁　　　书：李真（江西永新）

匾二:万世师表 书:冯为民(末将)(江西兴国)

联一:道若江河随地问成洙泗;圣如日月普天皆有春秋

撰:(不详) 书:杨仁根(江西吉安)

释义:此联位于孔子像旁。洙泗,即洙水和泗水,位于山东曲阜,春秋时属鲁国地。孔子在洙泗之间聚徒讲学,后因以“洙泗”代称孔子及儒家。春秋,指孔子的著作《春秋》。

上联写孔子的儒家学说像江河湖海一样博大精深,士子应随时随地心存敬畏,不断思考探究,才能成为像孔子那样的圣人。下联意指圣人的经典像日月一样润泽大地,悉心学习领悟圣人的经典,每个人都能写就自己的《春秋》华章。

联二:月印万川知道本;色生四体见心根

撰:(不详) 书:周叔垣(江西吉安)

释义:四体,指人的身体。上联指明月印照万川,这一生活中常见的景物,如果深究其理,就能知道“道”的根本含义。下联指出容貌和气质,与你的身体和修为息息相关,看外表就能知晓一个人的根本。

(六)风月楼

匾一:风月楼 书:王梓坤(江西吉安)

匾二:浴沂亭 书:王渐鸣(江西峡江)

匾三:魁星阁 书:张敬津(江西泰和)

联:千万间广厦重开,看杰阁层楼势凌霄汉;五百里德星常聚,合南金东箭辉映江山

撰、书:(不详)

释义:此柱联及柱石为清代历史遗存。“千万间广厦重开”借用杜甫诗句“安得广厦千万间,大庇天下寒士俱欢颜”,指书院重建后学子们读书学习的场所有了保障;“杰阁层楼势凌霄汉”形容风月楼及书院里的建筑高大宏伟直入云霄;“五百里德星常聚”指吉安方圆五百里的地域,有道德有学问之人,常聚于白鹭洲书院,“合南金东箭辉映江山”:南金,指南方的金属;东箭,浙江一种细小坚实可作箭杆的竹子，是制作利器弓箭的最好材料，喻指优秀人才。

上联描绘书院建筑规制完整、气势恢宏，是学子们读书学习的绝佳之地；下联指出书院是人才汇聚之地、培育中心，培育的人才如文天祥、邓光荐、刘辰翁等，青史留名，辉映江山。

（七）六君子祠

匾一：六君子祠 书：刘健之（江西吉安）

匾二：百代教泽 书：田芳兰（江西吉安）

联一：理悟咸明光道统；我来犹自坐春风

撰：刘后涛（湖南长沙） 书：贺家龙（江西永新）

释义：上联意为宋代兴起的理学，将传统儒家学说领悟通透，光大弘扬。下联表达了诗者来到六君子祠，聆听圣人教诲，犹如沐浴春风，心旷神怡的欢畅情绪。

联二：道统一源学继诗书论孟；儒宗六子派分濂洛关闽

撰：汪泰荣（江西永新） 书：刘斌湘（江西永新）

释义：诗书论孟：指儒家四书五经中的四书，即《诗经》《尚书》《论语》《孟子》；濂洛关闽：指宋朝理学的四个重要学派。濂指周敦颐，因其原居道州营道濂溪，世称濂溪先生，为宋代理学之祖，程颢、程颐的老师。洛指程颢、程颐兄弟，因其家居洛阳，世称其学为洛学，关指张载，张家居关中，世称横渠先生，张载之学称关学。闽指朱熹，朱熹曾讲学于福建考亭，故称闽学，又称考亭派。

上联告诉人们，儒家思想的源头来自四书五经。下联指出宋代新儒学六君子，继承发扬了传统儒家思想，他们的理学思想分为濂洛关闽四个学派。

（八）景贤祠

匾一：景贤祠 书：尹承志（江西永新）

匾二：高山仰止 书：冷和平（江苏扬中）

联一：双江一渚铎声永振；六子三贤风范永存

撰：龚希健（江西吉安） 书：冯卫民（末将）（江西兴国）

释义:双江一渚:双江指二水夹流,一渚指白鹭洲渚。铎,古代称负责教育的官员、教授为司铎。上联写二水中分的白鹭洲上,因为白鹭洲书院的设立,几百年来弦诵不绝,培养出一代又一代杰出人才;六子三贤:六子,指宋代理学家六君子:周敦颐、程颢、程颐、张载、邵雍、朱熹。古代书院有六君子祠。三贤,指以江万里、欧阳守道、文天祥为代表的书院先贤。《白鹭洲书院志》载汪璀《白鹭洲怀古》诗中有:"闲来凭眺追芳躅,六子三贤恣讨搜。"下联指理学六君子以及书院三贤,他们的精神风范是学子们学习的榜样,将永远得到继承和发扬。

联二:九派四公江右骨;五忠一节庐陵魂

撰:刘德清(江西莲花)　　　书:贺剑文(江西永新)

释义:九派,指"江右王学"共分九派学案。四公,指王学四位主要代表人物邹守益、欧阳德、聂豹、罗洪先,他们都是吉安人。上联指邹守益等四公的道德风范彰显了江西风骨气节;五忠一节,指欧阳修、周必大、胡铨、杨邦乂、文天祥、杨万里这六位庐陵先贤,欧阳修谥号"文忠",周必大谥号"文忠"、胡铨谥号"忠简",杨邦乂谥号"忠襄",文天祥谥号"忠烈",杨万里谥号"文节",故称为"五忠一节"。下联指欧阳修等六位先贤铸就了文章节义的庐陵魂。

(九)东号舍

联一:心仪文信国;学敬白鹭洲

撰、书:杜宣(籍贯不详)

释义:文天祥,曾被朝廷封为信国公,故后人尊称其为文信国。此联表达了作者对白鹭洲书院及书院学子文天祥的敬重、爱戴之情。

联二:号舍梦飞抟云方振翼;房栊灯亮展卷已闻鸡

撰:李初阳(江西峡江)　　　书:冷和平(江苏扬中)

释义:号舍,是古代书院学子学习、休息的主要场所。房栊,为窗棂之意。此联描绘了古代书院学子怀揣"修齐治平"的理想抱负,在号舍窗棂下通宵达旦苦读的场景。这里是他们梦想起飞的地方,学而优则仕,他们必将成为经世致用的有为之士。

联三:泮前毓秀钟灵绵气脉;殿后春风化雨接渊源

撰:刘宗彬(芗山子)(江西吉安)　　书:萧海(江西吉安)

释义:上联指泮池前的白鹭洲中学,毓秀钟灵,人才济济,它是书院八百年文脉的传承。下联指新修复的白鹭洲书院内,展示了书院千年历史和辉煌,成为人人向往的文化景区,如春风化雨,润泽着每一个人的心田。

(十)西号舍

联一:忠心昭日月;正气耀古今

撰:(不详)　　书:周玉(不详)

释义:此联赞颂书院学子文天祥。上联指其忠贞爱国之心可昭日月,下联赞其满腔正气闪耀古今。

联二:从业贵在勤,勤能补拙;为学成于思,思可益行

撰:王春霖(湖北黄冈)　　书:郭继国(江西万安)

释义:上联写想要做一番事业,贵在勤奋,勤能补拙;下联指出想要学业有成,在于善思,先思而后行,则学可成,行可成。

联三:云湿山如动;天低雨欲垂

撰:文天祥(南宋·庐陵)　书:朱艾南(江西莲花)

释义:此联出自文天祥诗《即事》,全诗为:

去年伤北使,今日叹南驰。云湿山如动;天低雨欲垂。

征夫行未已,游子去何之。正好王师出,崆峒麦熟时。

这首诗作于文天祥起兵抗元之后。他率领大军北上抗元失利,回师江南。回师途中,阴云密布,山雨欲来。虽然前途迷茫,但他抗元意志坚定,期待再次率领王师与元军决战。此诗表达了文天祥艰苦战斗、百折不挠的坚强意志和坚贞爱国的优秀品质。

(十一)洗心亭

匾:洗心亭　　书:萧海(江西吉安)

联:濯足濯缨怜二水;登楼登阁仰三贤

撰:刘森昌(广东兴宁)　　　　　书:郭继国(江西万安)

释义:上联濯足濯缨出自《孟子·离娄上》:“沧浪之水清兮,可以濯我缨;沧浪之水浊兮,可以濯我足。”意思是水清就洗帽带,水浊就洗脚,比喻一个人的好坏由自己的本心决定。上联告诉学子们,要用儒家思想洗涤内心污浊,修养身心。“三贤”是指白鹭洲书院以江万里、欧阳守道、文天祥为代表的先贤,下联激励学子们要以先贤为榜样,刻苦读书,成为良臣贤达。

(十二)万竹亭

匾:万竹亭　　　　书:杨仁根(江西吉安)

联:鸟过山容寂;风来竹影疏

撰:孔兴浙(清·浙江)　书:沈石(不详)

释义:此联选自清乾隆时期书院山长孔兴浙《万竹亭怀古十首》中的第一首,全诗为:

晴皋木叶下,偶步出庭除。鸟过山容寂,风来竹影疏。

古坪堪小憩,旧迹怅成墟。记得黄梅守,曾留君子居。

此诗描绘了作者在书院竹林外的坪地上徘徊小憩,抬眼见三山寂静无声,鹭鸟飞入不见踪影,亭旁的修竹在微风中摇曳着,似乎更疏朗了。从诗意看,万竹亭在清代已经成为废墟,作者站在亭子旧迹上,想起了明代万历年间复建书院的吉安太守、黄梅人汪可受,书院复建之后,他曾邀请无数贤达君子来书院讲学优游,那情形多么令人怀念向往啊!

(十三)复古亭

联:芟其芜,行其涂,似有天作地生之状;视其细,知其大,岂独山原林麓之观

撰、书:(不详)

释义:此联出自唐代柳宗元《永州韦使君新堂记》,集文中经典句词而成,也表达了全文的核心思想。《永州韦使君新堂记》是柳宗元经典散文之一,记述了永州刺史韦宙修建新堂的过程和前后的深刻变化,赞颂了他居高望远,顺应民情，铲除残暴，废除贪污，保护贤良和富民的为政之策，借此表达作者自己的政治主张和理想抱负。

芟其芜，行其涂，为修剪杂草、疏导污泥之意。上联指出，精心治理杂乱生长的环境，也能使之成为赏心悦目、似为天作地生的自然美景。下联意指，从治理环境这样一个小事情，就能看出一个人的远大志向、为政理念，由细微之处，见其真章，并不仅仅是你所见到的整治环境这么简单的事。

（十四）观澜亭

匾：观澜亭　　书：萧文经（江西万安）

联：风涛慷慨气；鸥鹭自由魂

撰：李初阳（江西峡江）　　书：冯为民（末将）（江西兴国）

释义：观澜亭所在位置，是旧时观赏赣江风涛的最佳之地。赣江被白鹭洲一分为二，两江在洲尾靠西处汇合，激起千层风涛。上联写由赣江风涛联想到以文天祥为首的历代先贤刚正不阿、忠贞不屈的慷慨气节；下联指近代以来，无数从白鹭洲走出去的革命家，为了追求自由平等、幸福美好的生活，抛头颅洒热血，献出了年轻而宝贵的生命，他们的魂魄化为赣江之上自由飞翔的白鹭，永远与白鹭洲相伴。

第五节 • 志书编撰 •

在白鹭洲书院文化展览的展厅里，有一套新印仿古线装《白鹭洲书院志》陈列在展柜中。这套书共四本，金黄色云龙暗纹缎面装裱的封面富丽高贵，里面洁白的宣纸上印着一列列墨色蝇头小楷，字迹工整秀丽。书中详细记载了白鹭洲书院从创办以来的建置格局、历史沿革、祭祀、名宦、设教、馆规、议储、艺文和公移等各方面内容。翻开那金色的封面，读着里面的文字，宛如阳光穿过历史的烟尘，将书院近千年辉煌而曲折的历史详尽展现在人们面前。

这套《白鹭洲书院志》是清同治十年版《白鹭洲书院志》的影印本。白鹭洲

《白鹭洲书院志》

书院自南宋淳祐元年(1241)创办以来,历经无数次水火吞蚀,又幸得无数次兴复重建;曾经沉寂百余年,也曾经二度舍洲求陆。她百转千回的历史,因为这套《志》书的存世,才让今天的人们得以知晓。

白鹭洲书院历史上共进行了6次《白鹭洲书院志》的编撰。

第一次编撰于明代嘉靖二十五年(1546),此时,书院第一次舍洲求陆,搬迁至城南仁寿山。

元末明初,朝代更替的战火将书院摧毁殆尽。之后的百余年里,受明朝政府“科举必由学校”教育政策影响,书院一直荒废沉寂。嘉靖之后,官学体系日趋腐败,王湛心学(王阳明、湛若水)蓬勃发展,在阳明讲会的推动下,书院发展迎来了新的机遇。恢复白鹭洲书院办学,成为吉安地方官员的施政首要。然而遗憾的是,自明代中期开始,白鹭洲连年遭遇水患,洲上已不适宜办学。无奈之下,地方官只好谋求将书院迁于城中。

嘉靖二十一年(1542),吉安知府何其高应乡绅所请,将书院迁建于南关外的仁寿山,门额“白鹭书院”。将书院外迁,虽是不得已之举,但为了让后人知道其中原委,何知府决定编修《白鹭洲书院志》。他邀请当时名噪江南的阳明弟子邹守益、欧阳德、聂豹等分别给白鹭书院内各建筑写记文,请著名理学家罗钦顺统写《城南白鹭书院记》,命泰和举人曾子钦主笔编撰《白鹭洲书院志》,将这些文章诗赋统统收录其中。

这部《白鹭洲书院志》在嘉靖二十五年(1546)完成。白鹭洲书院在此之前的历史以及这次修缮书院的盛况因为这部志书的问世,得以记录下来。何知府鉴泽后世的修志之举,也因为这本《志》书的流传让后人永远铭记。

第二次编撰在书院又一次迁移之后的明代万历十四年(1586),编撰者为

理学家王时槐。

隆庆六年(1572),时任江西巡按任春元"从诸生之请",将书院改为庐陵县学。万历元年(1573),又改原庐陵县学为白鹭书院。万历十四年(1586),庐陵知县钱一本决意重振白鹭书院,重倡"正心修身"之学,将书院内外修葺一新,并在庐陵县学内增建了道心堂,亲自在里面讲授经典,督查课业。书院修成后,钱知县请南京太常寺卿、安福人王时槐为此次修缮撰写《重修白鹭书院记》,并请他重新编撰《白鹭洲书院志》。

这次编志,距第一次编志有四十余年。其间书院发展几经波折,的确值得记录以示后人。王时槐将书院这四十余年的历史进行了梳理记录,并撰写了《白鹭洲书院志序》,该序后世散佚,未收入《白鹭洲书院志》中,见存于王时槐著作《友庆堂合稿》。因为这本《志》书的问世,让后人能够了解书院这四十年的波折起复。

第三次编撰在万历二十年(1592)书院重新迁回洲岛之时,距离第二次编撰不到10年,编撰者为永新乡贤甘雨。

明代后期,吉安举业日衰,和明初科举辉煌相比,相形见绌。吉安士绅为此议论纷纷,认为白鹭洲是吉安文脉,应将书院迁回洲上。万历二十年(1592),新任吉安知府汪可受从善如流,决意将书院迁回洲岛,重振吉安文风。为了根本解决书院水患,让书院永固于洲岛,他采纳了别驾尹学孔的建议,筑吉台、修永堤,永护书院。此役之后几百年,书院鲜有洪灾侵蚀。

书院建好后,汪知府甚感欣慰,决意编撰《白鹭洲书院志》记录此次迁建盛况。他委托永新进士甘雨任主撰,还邀请了诸多吉安籍在朝为官的重臣名贤为书院建筑写记文。洗马刘应秋、吏部员外郎邹元标、太子少保工部尚书曾同亨、礼部侍郎习孔教、湖广左参政陈嘉谟等共十余人撰写记文18篇,将这次重修白鹭洲书院的过程和各个建筑的历史渊源、门额含义、规模和用途等等一一进行详细记录。另外,这次重修书院耗资巨大,修建资金全靠民间捐输,为了感恩民众的支持,志中详细记载了所有捐输者的姓名。

同时,他还把前两次编撰的内容统合在一起,将书院自创建以来的历史完整地记录下来,因此,这版《白鹭洲书院志》成为后人整理研究白鹭洲书院历史的宝贵资料。

第四次修撰在清代康熙三十年(1691),修撰者是时任吉安知府罗京。

康熙三十年(1691),吉安知府罗京重修白鹭洲书院,修好书院后,亲自编撰《白鹭洲书院志》将此次修缮予以记录。他还亲自拟定了《罗太守馆规十三则》《罗太守请讲学启》,严格书院教学纪律,其育人造士之心可嘉。

罗知府兴复书院之举,赢得了当时在朝为官的诸多吉安籍人士的赞许,纷纷吟诗作赋以贺,罗知府将这些诗赋也尽录于志书之中,包括自己撰写的《重修白鹭洲书院上梁文》等。时任尚书一职的吉水人李振裕也写了一篇《闻罗郡伯复修白鹭洲书院喜赋》,赋中有"忽闻罗公兴白鹭,满堂弦歌盛朝暮"诗句,对罗知府兴复书院予以褒扬。

第五次修撰始于清代乾隆十六年(1751),成于乾隆十七年。修撰者是时任吉安府学教授兼白鹭洲书院山长符乘龙。

乾隆十六年(1751),吉安府下属十县士绅向知府沈作朋请求重修《白鹭洲书院志》,原因是万历年间甘雨编撰的《白鹭洲书院志》(以下简称《汪志》)刻版在战火中已经"荡然无存",如今在永新贡生尹光鼎家中发现了这版《志》书的手抄本,十分珍贵。为了准确接续传承书院历史,士绅纷纷要求以《汪志》为基础,重新编撰《白鹭洲书院志》。

庐陵庠生罗文煜听闻此事后,又献出家藏的康熙三十年罗京主编的《白鹭洲书院志》(以下简称《罗志》)。有这两本《志》在,书院近二百年的历史大致清晰了,只需补充康熙三十年之后的书院发展历史。

家藏《汪志》手抄本的贡生尹光鼎,是万历朝主持修缮书院的别驾尹学孔的曾孙。当时的知府沈作朋听闻此事,甚为激动,将手抄本仔细阅读后,感慨"《志》中文辞皆历朝名公巨卿之笔,诚大观也"①。于是欣然同意郡绅之请,令

① (清)刘绎:《白鹭洲书院志》,合肥:黄山书社2018年影印同治十年刻本,第一册,第9页。

吉安府学教授兼书院山长符乘龙主持编撰。

这次编撰，得到了以庐陵麻氏为首的合郡十城三百余士绅的捐输。有了经费保障，编撰工作进展顺利。符山长将《汪志》与《罗志》合二为一，又补充了康熙三十年以来的书院修缮历史和文人墨客留下的诗文，将《志》命名为《鹭洲书院志》，吉安知府沈作朋、庐陵知县周作哲和山长符乘龙分别为此《志》作序。《鹭洲书院志》一直流传后世，成为后人研究、续写书院历史的重要依据。

最后一次编撰于清同治十年（1871）完成。其时，白鹭洲书院第二次舍洲而陆，编撰者为前后执掌书院近30年的著名山长刘绎。

同治年间，书院山长刘绎组织了《白鹭洲书院志》的第6次编撰，他以符乘龙编撰的《鹭洲书院志》为基础，结合乾隆之后的文人诗集及《府志》记载，对乾隆朝以后书院的发展历史进行了详尽的补充记载，包括历次维修，文人诗赋，官绅捐输、馆规院约等等，为后人留下了宝贵的资料。值得一提的是，这次修志，是在白鹭洲书院再次迁出洲岛之时。

咸丰六年（1856），太平军攻占吉安，将白鹭洲烧得片瓦无存，草木不生。三年之后，清军收复吉安，刘绎想要兴复书院，无奈白鹭洲上杂草丛生，堤坝尽毁，想要兴复书院就必须先筑环堤、植树木。可造士育人是大事，不能耽误，为了尽快恢复书院办学，刘绎和知府定祥商议，先将书院搬到城西仁山恢复教学，同时组织人员修筑环洲堤坝，种植树木，等洲上环境整治好了再重建书院于洲。

这次搬迁书院，虽为不得已的权宜之举，但刘绎内心还是有几分伤感和无奈，他在《重建白鹭书院》一文中说道："然废院荒洲，榛无瓦砾，肄业生童靡所栖止，矧异端之教方煽，势将迫而为敌。余忝居讲席，心滋惧焉。倒澜谁挽，筑室道谋，此事岂能姑待者？爰不得已为改建之计。"①

历史总是会有这样惊人的巧合。白鹭洲书院历史上共有两次外迁，六次编《志》。第一次外迁时，编撰了书院第一本志，最后一次外迁时，又编撰了最后一

① （清）刘绎：《白鹭洲书院志》，合肥：黄山书社2018年影印同治十年刻本，第四册，第21页。

本志。知府何其高和山长刘绎，两人编撰志书的目的和心情应该是一样的，就为了让后人知晓搬迁书院的原因，让自己的一番良苦用心不至于湮没于历史的烟尘。两个相隔三百余年的先贤，因为白鹭洲书院而进行了一场令人感动的时空对话，后人读史至此，岂能不掩卷感叹！

另外还有一本叫《鹭洲集》的诗文集，为乾隆时期山长孔兴浙所收集整理。该《集》成书，离第 5 次山长符乘龙编撰志书不过十余年，收录了历代名人贤士描写白鹭洲及书院的诗词。这本《鹭洲集》，刘绎认为是"《符志》之续而已"。第 6 次编志时，刘绎将该《集》中的所有诗文全部收录到了《志》书之中。

《白鹭洲书院志》凡 6 次编撰，如今发现的只有第 5 次和第 6 次以及《鹭洲集》的存世本。第 5 次编撰的书名为《鹭洲书院志》，其和《鹭洲集》均藏于私人藏家之手。第 6 次编撰的书名为《白鹭洲书院志》，现藏于吉安市图书馆。因为这套《白鹭洲书院志》的传世，今天的人们才能了解书院六百年曲折萦回的历史，欣赏到历代吉安先贤的名篇佳作，更深切感受到历代吉安官绅对书院的青睐、对教育的重视，以及他们为国家培育人才不遗余力、担当有为的品质和情怀。

第六章 百年风华

光绪三十一年(1905),白鹭洲书院更名为吉安府中学堂，从此开启了新的教育制度。在新的教育制度下,学校几度更名、合并、分立:1914年收归省办，更名为省立第六中学校;1927年1月与省立第七师范(原仁山白鹭书院)合并,更名为省立吉安中学校，是年11月更名为省立第五中学校;1938年8月,改称省立吉安中学校。1949年,新中国成立后,学校又数次更名,1982年定名为白鹭洲中学。

百年来,不论独立还是合并,不论历经战争还是和平,学校始终传承古代书院留下的宝贵精神和文化传统,秉承立德树人的教育理念,传播爱国建功的士者精神,为国家造就了一大批栋梁之才。

第一节 · 近代历程 ·

鸦片战争之后,清政府紧闭的国门逐渐被西方列强的坚船利炮打开。国门大开后,西方先进的科学技术,让中国知识分子深感中国科技的落后及传统书院教育的弊病,在“师夷之长以制夷”的复兴强国之路的探索中,教育改革成为清政府推行新政的重要内容。

光绪二十七年(1901),清廷下诏:“着各省所有书院,于省城均改设大学堂,各府及直隶州均改设中学堂,各州县均改设小学堂。”光绪二十八年(1902)又颁布实施了一系列《学堂章程》,仿效西方教育制度,在全国范围内普遍推行新式学制。白鹭洲书院从此开启新的教育时代。

吉安府中学堂(1905—1914) 根据清政府诏令,光绪三十一年(1905),白鹭洲书院改为吉安府中学堂。这是吉安第一所公办中学,也是当时吉安地区最高学府。学习期限5年,开设了3个班,共150名学生。学校办学经费则依旧由原书院学田院产收入作为基本保障,不足之数由吉安府所辖十县摊派。

从书院发展历史及其对吉安教育文化的引领、人文风气的影响、人才的培育等方方面面来看,白鹭洲书院是一所集教学、研究、交流于一体的高等教育学校,这次教育改制改为中学,是因为清政府的改制文件有明文规定:“各府及直隶州均改设中学堂。”

改为学堂后,开始分班级多学科教学,学生不断扩招,书院原来只有两间讲堂,显然不够。为此,学校一边将号舍打通改为教室坚持办学,一边想办法筹集经费增建教学楼。

省立第六中学校(1914—1927) 1914年,吉安府中学堂收归省政府直管,更名为省立第六中学校。设立之初,定学制为4年,设4个班,学生95人,办学经费由省政府直接支给。1926年,分设男子部、女子部,始设高中部,有教职员23人。

1924年,在多次向上级申请建教学楼经费无果后,时任校长邓天民亲自登门拜访吉安义商康文卿，筹集了5000银圆，准备给学校建教学楼，可惜邓校长不久就调离，教学楼建设之事因此而搁置。

这一时期，学校传承书院崇尚忠节之风，培养了诸多革命志士。1914年—1916年，吉安共产主义运动先驱曾延生在此就读，后考入南京体育师范就读。1921年毕业后，他回到母校，受聘担任体育教员，并兼任吉安县立高等小学的国文教员。曾延生的弟弟曾山，就是受曾延生影响加入中国共产党，走上革命道路，并最终成为党的高级领导干部。新中国成立后曾任江西省委书记的陈正人、辽宁省委第一书记的黄欧东、吉林省委第一书记的赵林等革命志士，都在这一时期就读于此。

省立第五中学校(1927—1938) 1927年2月，省立第六中学校与位于仁山的省立第七师范学校合并，更名为省立吉安中学校，同年11月，改为省立第五中学校。

位于仁山的省立第七师范学校，其前身就是同治七年(1868)迁建至城西仁山的白鹭书院，书院迁回白鹭洲之后，仁山白鹭书院更名为阳明书院，教育改制时，改为吉安府初级师范学堂，1918年更名为省立第七师范学校。

这时，学校有两个校区，校本部和仁山校区，设初中、高中两部，均按文理分班，高中部又设普通科和师范科。因吉安增设了省立第四女子中学校，故学校取消原有的女子部，将学生转往女子中学。此时，学校共有学生400余人，教职工30余人。

随着学生人数的不断增加，教学楼建设已然迫在眉睫。1928年，新任校长谭家湛拆除原书院大门——棂星门，新建了三栋西式风格教学楼，取名中山院，以纪念孙中山先生。又在泮池以西建教学楼一栋，取名文山院，以纪念书院优秀学子文天祥，在泮池以东建学生宿舍一栋，取名阳明院，以纪念心学大家王阳明。由此，学校办学条件彻底改善。

1930年10月，毛泽东、朱德率领的中国工农红军攻克吉安城，省立第五中学校仁山校区成为红军学校第三分校，45天之后，红军撤退，学校恢复原来的办学。

1934 年,因吉安新设吉州十属联立阳明乡村师范学校,学校高中部师范科停办。1936 年 2 月,吉州十属联立阳明乡村师范学校迁至仁山校区,并收归省办,改名省立吉安乡村师范学校,至此,仁山校区析出不存。

省立吉安中学校(1938—1949) 1938 年 8 月,省立第五中学校复改为省立吉安中学校,此校名一直延续至 1949 年吉安解放。

这一时期,学校设初中、高中两部,均为三年制。1937 年,学校增设班级,初中部 9 个班,高中部 6 个班,共有学生约 600 人。

1938 年,为避日军侵犯,江西省政府南迁至吉安,此后,日军飞机常常轰炸吉安。1939 年 3 月 17 日,日机大规模轰炸吉安,白鹭洲显著的地理位置,成为日机轰炸的主要目标,学校校舍多次遭日机轰炸,学校被迫迁往青原山。1940 年,学校再迁至遂川县藻林。1944 年,大部分师生迁至吉水县平湖村,同时开启了学校重建工作,1945 年抗战胜利后,所有师生全部迁回白鹭洲。

民国时期,学校一直归省政府直管,是吉安十县最优秀的中学,十县俊秀均以能考取白鹭洲为荣。1914—1948 年,学校毕业生达 2533 人,为国家培养了大量优秀人才,其中还有不少新中国建设的栋梁之才,如曾任北京师范大学校长的王梓坤、上海天文台台长万籁、江西著名文化学者周銮书等等。

省立吉安联合中学(1949—1953) 1949 年 7 月,吉安解放,同月,成立吉安人民政府,学校随之被接管并继续办学。9 月,省立吉安中学校与私立扶园中学、吉安县立中学、私立至善中学四校合并,更名为省立吉安联合中学。此时,学生约 600 人,教师 40 人。

江西省吉安中学(1953—1955) 1953 年 1 月,学校改名为江西省吉安第一中学,同年 8 月又改为江西省吉安中学。这时,学校设初中、高中两部,均为三年学制,每个年级 4 个班,学生约 1000 人,教师约 70 人。

江西省吉安高级中学(1955—1969) 1955 年,学校停办初中部,并更名为江西省吉安高级中学。高中每个年级由 4 个班增加到 8 个班,三个年级共 24 个班,学生约 1000 人。

1958 年 1 月,学校由省管划归市辖。6 月,学校“戴帽”办吉安工学院,11

月，工学院迁往城南神冈山办校，与学校脱离。

1963 年 9 月，学校恢复初中招生，每年级 2 个班，高中部每年级调减为 6 个班，共 24 个班，学生约 1200 人。

1966 年，“文化大革命”开始，学校陷入混乱，停止招生。1969 年 1 月，尚在校的 69 届初中、高中毕业班及 70 届初中毕业班共 500 余名学生和 30 名教师，被要求迁往峡江金坪，学校的图书、仪器等教学设备全部随迁，与金坪共产主义劳动大学合并，其他教师下放农村劳动改造。学校由此停止办学，朝气蓬勃的白鹭洲只剩一栋栋空房与蛛网为伴，风扫枯叶，浪拍残堤。

吉安市第七中学(1976—1982)　1976 年 10 月，白鹭洲上恢复办学，学校定名为吉安市第七中学。当年，学校招收初一、初二 6 个班，学生约 300 人。1977 年，招收高中 6 个班，初中 4 个班，均为两年制，学生人数共 1000 余人，教师增至 100 余人。

吉安市白鹭洲中学(1982 至今)　1982 年 3 月，学校改名为吉安市白鹭洲中学，为江西省重点中学。招收初中、高中学生，各恢复三年学制。

此后，学校教学楼、实验楼、办公楼、学生宿舍、食堂等教学基础设施不断完善，一栋栋建筑在白鹭洲上拔地而起，各种实验仪器、图书及音体美等教学设备不断充实，白鹭洲上时而书声琅琅，时而欢歌笑语，时而静谧，时而欢腾，一派盎然生机。

1985 年，为解决师生往返洲岸的交通问题，省、地、市财政拨款 110 万，建设白鹭洲大桥。1987 年 7 月 25 日，大桥建成通车，桥长 217 米，桥宽 10 米，为三墩四拱钢筋混凝土结构。大桥的建成，结束了千百年来人工摆渡过河的历史，保证了师生来往渡河的安全。

进入 21 世纪以来，因白鹭洲地域所限，白鹭洲中学发展受到制约。为扩大白鹭洲中学良好的品牌效益和教育优势，吉安市委、市政府在城南新区建设了白鹭洲中学分校，即城南校区。城南校区占地 347 亩，2010 年开工建设，2013 年 9 月开始办学，可满足 6000 名学生的学习和生活需要。

现在的白鹭洲中学有一校两区，68 个教学班，学生 4100 多人，教职工 276

人，其中特级教师 5 人，高级教师 117 人，省市学科带头人 12 人，省市骨干教师 22 人，外籍英语教师 3 人。学校始终把提高教育教学质量与办人民满意的教育结合起来，努力促进学生在“德智体美劳”等方面全面发展。

恢复高考三十多年来，学校共为清华、北大等国内著名高校，输送了包括全省文理状元在内的 2 万多名高级人才。2012 年，白鹭洲中学被省教育厅评为“江西省首批优秀示范高中”，学校延续着白鹭洲书院八百年的办学历史，也承载着书院千年的精神和气质，在江西大地上振翅高飞，鹏程万里。

第二节 · 红色华章 ·

近代以来，在封建思想的统治下，在帝国主义的侵略中，中华民族陷入了民族危亡的困境。觉醒、探寻、呼号、抗争成为有识之士的责任担当，他们在中国掀起了新文化运动和革命浪潮。

在这一历史潮流中，省立第六中学校与省立第七师范，传承白鹭洲书院几百年来一以贯之的忠正爱国、经世致用的教育思想，成为风气的先行者和领头人，培育、造就了一大批有着深深救国救民的责任担当和坚定共产主义信仰的革命志士，奏响了一曲曲慷慨激昂的红色旋律。

一、马克思主义传播

从 1919 年的五四运动开始，省立吉安第六中学和省立第七师范，这两个前身均为白鹭洲书院的学校，就成为吉安红色革命的先导者，吉安红色旋律最先在这两所学校传播，蔓延至各县，成为奋进激荡的革命旋涡。

翻开《中国共产党吉安历史》，省立第七师范学校是第一个跃入眼帘的名字。笼罩在它身上的红色光环熠熠夺目：它是吉安新文化运动的发端地，是吉安最早接受马克思主义思想的地方，并发展成为吉安马克思主义传播中心；它是吉安共产主义运动的摇篮，吉安第一个中共党组织——吉安党小组在这里成立，一大批有志青年在这里接受新思想、新思潮，树立了救国救民的远大理想，义无反顾前仆后继地投入革命浪潮之中。

1919 年 5 月，北京等地爆发了轰轰烈烈的五四爱国运动，消息传到吉安，省立第七师范学校、省立第六中学校率先行动起来，推选学生代表成立吉安学生联合会，组织千余名学生开展示威游行，打出了“还我青岛”“废除二十一条”“打倒帝国主义”“严惩卖国贼”等口号标语，声援北京学生的爱国行动，掀起了吉安反帝反封建的革命浪潮。

1921 年，省立第六中学校毕业学生曾延生，从南京体育师范毕业后，回母校担任体育教员，同时兼任县立高等小学的国文教员。曾延生思想进步，有着强烈的爱国情怀和勇敢的革命精神，他在学校任教期间，满腔热情投入吉安的反帝反封建斗争中，启发带领学生开展新文化运动。他与在县立高等小学任教的同乡好友罗石冰一道，带领学生与极端腐化的校长、贪污学生津贴的县教育局长做斗争，积极向思想先进的青年学生传播新思想。

1924 年，罗石冰和曾延生相继考入上海大学社会学系，系主任为共产党员瞿秋白。在瞿秋白、恽代英、张太雷、蔡和森等共产党人的教导下，两人系统地学习了马克思主义哲学、政治经济学等课程，思想觉悟和革命意志大为提高。1924 年，罗石冰、曾延生双双在上海加入中国共产党，成为吉安第一批加入中国共产党的进步青年。

在上海大学学习期间，罗石冰和曾延生始终与家乡的同事、朋友保持联系，常与省立六中、省立七师的进步学生宋大勋、郭化非、陈正人、黄欧东、李精一等书信往来，给他们寄来《向导》《新青年》《共产主义》《觉悟》《资本论入门》等进步书刊，向吉安传播马克思主义。

在罗石冰、曾延生的影响下，省立第六中学和省立第七师范两所学校阅读进步书刊蔚然成风。在这两所学校读书的，大多是来自吉安各县的优秀青年，他们接受新思想后，不断进步、觉醒，认识到青年一代肩负的救国于危亡、救民于水火的责任和担当。

为了扩大对马克思主义的研究和宣传，进步学生发起成立了吉安青年学会、吉安青螺学会等多个社团组织，出版《吉安青年》等进步期刊，开办平民夜校，以学习文化的形式向工人和农民宣传马克思主义，他们利用寒暑假期回到家乡的时间，在各县成立青年学会、平民夜校等组织，将马克思主义思潮推向广袤的农村。

宋大勋、黄欧东等在家乡永丰县城创办图书集览部（又称永丰青年报社），购买《共产主义》《社会主义概论》等大批马克思主义书籍向县城青年传播。安福籍学生李精一、王子钰等在安福县成立了"安福益群社"，将《新青年》等进步书刊推荐给青年学生。永新籍学生刘真、刘作述等在永新开办农民业余夜校和平民夜校，创建青年革命团体"民声社"，宣传革命道理。

二、党、团组织成立

1924 年 2 月，中国社会主义青年团（次年改为中国共产主义青年团）南昌地委秘书、万安人曾弘毅受组织委托，来到吉安秘密发展组织。他在学习、传播马列主义最活跃的省立第七师范、省立第六中学吸收了七八位思想进步青年为团员，并成立了吉安第一个团组织——团吉安特别支部，把支部地点设在省立第七师范内，七师学生、永丰人宋大勋任书记。青年团吉安特别支部的建立，开启了吉安共产主义运动的大幕。

从 1924 年 2 月至 1926 年 1 月，团吉安特别支部在吉安城组织开展了一系列宣传教育活动和爱国主义运动：

他们积极响应党组织的号召，以秘密方式对国民党吉安县党部开展统战工作，以革命思想影响和改造国民党员，青年团员以个人名义加入国民党，使国民党吉安县党部为共青团所掌握。

他们在工农群众中广泛开展马克思主义宣传教育活动，成立各种学会、学生联合会，创办《吉光》《吉州学生》等刊物，广泛推销进步书刊，积极组织讲演、游艺会、集会等活动，在学生中宣传革命思想。

五卅运动爆发后，曾延生受组织委派回到家乡组织声援运动。他领导团吉安特支的骨干成员，开展了一系列声势浩大的反帝斗争。他们动员各行各业开展罢工、罢课、罢市，在省立第七师范门口举行了有两千余名群众参加的盛大集会,团支部骨干在集会上发表演讲,随后举行示威游行。他们在工人中组织工会,在农村成立农会,通过工会、农会领导工人、农民同资本家、土豪劣绅斗争。一系列的革命宣传和斗争活动,激发了吉安各界反对帝国主义压迫的斗志,提高了革命觉悟,懂得了要改变受压迫的命运,就要团结起来进行革命斗争的道理。

团吉安特支还在革命斗争的实践中,培养青年积极骨干,发展他们加入青年团组织,壮大团组织队伍。到 1925 年底,团特支共有 47 名团员,建立了 9 个团小组。

1925 年,中共南昌支部开始在吉安发展党员。2 月,七师学生宋大勋在南昌加入中国共产党;6 月,宋大勋介绍六中学生黄欧东加入中国共产党;8 月,六中学生陈正人在曾延生的介绍下,加入中国共产党;10 月,七师学生郭化非加入中国共产党。

随着吉安党员的增加,在吉安成立党组织的条件已经成熟。1926 年 1 月,罗石冰受党组织委托回到吉安,考察吉安团特支的工作和队伍,同时筹建吉安党组织。1926 年 1 月,在罗石冰的领导下,吉安第一个党组织——中共吉安党小组在省立第七师范成立,七师学生郭化非任党小组书记。

党小组成立后,立即开展党员发展和组织建设工作。根据罗石冰意见,党小组将吉安团组织中的重要分子全部转党,包括省立第七师范梁一清、梁明哲在内的十余名先进青年团员,全部转为中共党员,成为吉安党小组发展的第一批共产党员。

1926 年 3 月,随着吉安党员人数的增加,紧接着成立了中共吉安特别支部,郭化非任特支书记。特支成立后,积极发展党员,到 1926 年 4 月,党员人数达 42 人,占当时江西省党员总数的一半以上。与此同时,团组织也在不断发展壮大,同年 3 月,成立团吉安地委,团地委密切配合党支部开展组织发展和秘密活动。

在吉安党、团组织的建立和发展中,省立第七师范、省立第六中学的进步学生发挥了巨大的作用。吉安早期的共产党员均是这两所学校的学生,党、团组织的重要成员，大多是省立第七师范和省立第六中学的学生。

从1926年3月到12月，吉安党、团组织连续在吉安城发起了多次声势浩大的爱国主义革命运动：对段祺瑞政府制造的三一八惨案举行声讨大会、示威游行、殉难烈士追悼会；组织罢课反对学校为压制学生运动而实行的考试制度；召开工会庆祝大会，领导吉安总工会发表《五一纪念告全国工友书》；开展红五月纪念活动，在五一、五四、五卅分别组织集会、演讲活动，领导学联、学会、工会等群团组织分别发表告民众书，发起有六千余人参加的示威游行等等。

在革命斗争中，他们不断进步和成长，树立了远大的共产主义理想，成为信仰坚定的共产主义战士。

第三节 · 革命志士 ·

从1919年到1927年，在新文化的激荡下，在马克思主义的指引下，省立第六中学校、省立第七师范培养了一大批革命志士，如曾延生、陈正人、黄欧东、张开荆、赵林、宋大勋、郭化非、梁一清等。他们有的在战争中得以幸存，最后成长为新中国的将军、高级领导干部；有的在严酷的革命斗争中抛头颅、洒热血，献出了年轻的生命。不论幸存或是牺牲，历史不会忘记，人民不会忘记，他们，在吉安这块红色土地上留下的悲壮凯歌，将永远被人们传颂；他们，是白鹭洲永远的骄傲。

曾延生

曾延生（1887—1928），学名宪瑞，字麟书，今江西省吉安县永和镇锦源村人。1914—1916年，曾延生在省立第六中学就读，后考入南京体育师范学校学习。1921年毕业后，回到母校，受聘担任体育教员，并兼任吉安县立高等小学的国文教员。1924年秋，曾延生考入上海大学社会学系，在瞿秋白、恽代英、张太雷、蔡和森等共产党人的教导下，他系统地学习了马克思主义哲学、政治经济学等课程，思想觉悟和革命意志大为提高，不久，经刘九峰介绍，加入中国共产党，是吉安第一批共产党员。

曾延生入党后，积极和南昌、吉安的同学、亲友建立通信联系，给他们寄去《向导》《中国青年》《新青年》《资本论入门》等社会科学书刊，热心传播马列主义。

曾延生是吉安地区工人运动发起者之一、吉安中共党组织的创建者之一。1925 年，上海发生了震惊中外的五卅惨案，曾延生受党组织委派，带领一支工人宣传队，走上上海南京路，沿途高呼口号，散发传单，演讲宣传，抗议国民党暴行。1925 年 6 月中旬，曾延生来到南昌、吉安，策划组织两地的抗议活动。同时，曾延生还在吉安指导吉安党团组织的发展和设立。

1926 年，曾延生先后任中共九江地委书记、江西省总工会委员长等职。1927 年四 一二反革命政变后，曾延生担任江西省总工会组织部长，投入到南昌八一起义的洪流。之后，随起义军挥师南进。1927 年 10 月，曾延生以赣西特委代表身份来到万安，和汪群、曾天宇、陈正人一道筹划万安暴动。1927 年 12 月，调任赣南特委书记，筹划组织赣南武装暴动。经过一个多月的准备，1928 年 2 月，赣县的大埠、南康的潭口、于都的里仁、桥头和信丰等地相继爆发了农民暴动。

赣南各县的农民暴动，使国民党反动派坐卧不安，他们在疯狂镇压农民暴动的同时，在赣州城增派特务搜捕共产党员。曾延生不顾个人安危，坚持革命活动，他的行迹被敌人发现，3 月 23 日在中共赣南特委机关所在地，曾延生和夫人蒋竞英等 13 人不幸被捕。

曾延生夫妇被捕后，在残酷的刑讯下，毫不屈服。1928 年 4 月 4 日，从容就义。

陈正人

陈正人（1907—1972），江西遂川人，曾用名胡思义，坚定的共产主义战士、无产阶级革命家。

陈正人自小爱读书，爱思考，很有主见。他念了几年私塾，对传统教育很反感，向母亲争取到新式教育的小学去读书。小学毕业后，他背着母亲，向亲戚借了五块钱路费，跑到吉安，考取了吉安最著名的学校省立第六中学。因家庭贫困，陈正人向同学借了20多元交学费，才进了学校。入校后他刻苦读书，一学期下来，学业成绩优异，获得了奖学金，才得以继续读下去。

在校期间，陈正人思想进步，在曾延生的影响下，阅读进步书刊，思想逐渐成熟，树立了共产主义的远大理想。1925年5月，由曾延生和郭佐唐介绍，陈正人秘密加入社会主义青年团，同年8月，转为共产党员。

五卅惨案后，曾延生在吉安发起了声势浩大的罢课、罢工运动，陈正人以学校学生会代表名义直接参与组织工作。国民政府江西省督办以"宣传赤化"罪名通缉陈正人，陈正人离开学校，完全转入地下党的革命斗争，开始职业革命家的政治生涯。

土地革命时期，陈正人先后任中共遂川县委第一任书记，中共湘赣边界特委委员、副书记，江西省委代理书记、江西省苏维埃政府副主席。抗日战争时期，陈正人任中央军委总政治部宣传部部长、中共中央西北局组织部部长。解放战争时期，任东北民主联军总政治部主任、吉林省委书记兼军区政治委员。

全国解放后，陈正人是第一任江西省委书记，后任建筑工程部部长、中共中央农村工作部副部长、国务院农林办公室副主任、农业机械部部长等职。1972年4月6日在北京逝世。

张开荆

张开荆（1905—1991），江西吉水人，开国少将。

1923—1926年在省立第六中学校读书，在校期间，积极参加学生运动，接受进步思想，加入共青团，担任吉安市学生总会常委。1926年考入广州黄埔军校，1927年1月加入中国共产党。1927年4月在广州被捕入狱，后经党组织营救出狱。

土地革命初期，张开荆在福建闽西从事革命斗争，先后任闽西红十二军连指导员、营教导员、团政委、师政治部主任、游击纵队司令员等职。1934年10月中央红军主力长征后，张开荆带领游击队在闽赣边，坚持了三年艰苦的游击战争。1937 年 9 月,邓子恢、谭震林找到了这支游击队并进行整编,北上抗日。

抗战期间,张开荆先后任新四军第二支队司令部作战科科长、江南指挥部指导大队大队长、新四军第六师十七旅五十一团团长、十六旅参谋长等职。解放战争时,张开荆先后任冀晋军区参谋长、华北野战军第三兵团第一纵队三旅旅长、198 师师长等职。

解放后历任平原军区副司令员、察哈尔军区副司令员、黑龙江军区司令员、沈阳军区副参谋长、吉林省副省长等职,为我国的革命和建设事业做出了重要贡献。1955 年授予少将军衔,荣获三级八一勋章、二级独立自由勋章、一级解放勋章、一级红星功勋荣誉章。

黄欧东

黄欧东(1905—1993),又名黄次洲,江西永丰人,无产阶级革命家。

1924 年前后,黄欧东进入省立第六中学读书,开始接受进步思想,1925 年 6 月加入中国共产党,是吉安早期共产党员之一。1925 年 6 月回家乡永丰,在永丰小学任教,迅速发起成立了进步组织——恩江学会,创办《平民报》。恩江学会是吉安早期的马列主义学会之一,利用学会的学习活动和刊物影响,培养进步青年,发展共青团员和共产党员。

1926 年,黄欧东赴上海大学学习。1927 年回乡任中共江西永丰县委书记。1930 年参加中国工农红军,先后任红三军八师参谋、连政委、红一军团二师五团政治处主任等职。1934 年 10 月参加长征,到达陕北后,任陕北红军大学地方干部营政委,庆阳教导师团政委。

抗日战争时期,先后任延安马列学院副书记、中央军委办公厅主任兼总政治部锄奸部副部长等职。解放战争时期,先后任冀热辽军区政治部主任、中共黑龙江省委委员兼建设厅厅长、辽北省人民政府副主席等职。

赵　林

赵林(1906—2003),原名罗惠民,吉安县北源乡官塘山人。1926 年初,赵林进入省立吉安第六中学读书，开始接受进步思想，同年，在学校加入青年团，1927年加入中国共产党，从此走上革命道路。

1927年，吉安八六事件后，吉安城区党团组织遭到国民党清洗，赵林转入农村从事地下革命活动，他先后在南昌市郊区、吉安延福山区开展革命活动。1930年5月，调任上海吴淞区行动委员会青年秘书处秘书，1930年10月，调任北平团市委书记，1931年3月，调任唐山团市委书记，同年5月，由于叛徒告密，在唐山被捕入狱。

赵林在监狱中被关押5年多，这期间，赵林坚贞不屈，始终坚守马列主义的革命信仰，与敌人进行绝食斗争，顽强反抗敌人的虐待和迫害，表现出坚定的共产主义信念和崇高的革命气节。直至1936年10月31日获释出狱。

抗日战争时期，赵林先后任中共太原市委书记、中共晋西区党委书记等职，在贺龙、关向应直接领导下，参与开辟和建设晋西北抗日民主根据地。解放战争时期，先后任晋绥分局常委兼城工部长、中共晋绥边区农会主任、土改委员会主任等职。

1949年12月，随贺龙、李井泉南下入川，历任川北区党委第二书记、四川省委第三书记。1956年之后，历任吉林省委第三书记、第二书记、代理第一书记兼吉林省军区政治委员。1978年之后，历任山东省委常务书记兼山东省政协主席、山东省人大常委会主任、党组书记，中共中央顾问委员会委员。

梁一清

梁一清（1899—1927），吉安县文陂乡（今青原区文陂镇）人。省立第七师范学生。在校时积极参加反帝反封建运动，1926年春，加入中国共产党，是吉安党组织成立后发展的第一批共产党员。随后，担任吉安工人党支部书记，当选为吉安工会委员长。

他积极在工人中传播马列主义，宣传进步思想，发展共产党员，是吉安大革命时期工人运动领袖。1927年4月，蒋介石发动四一二反革命政变，8月6日，国民党驻吉第八师师长朱世贵，以召开“治安联席会议为名”，诱捕吉安总工会委员长梁一清、吉安商民协会会长晏燃、人民自卫队队长钟翔卿等人，随即收缴工农武装，搜捕“赤色分子”，禁止工农运动，白色恐怖笼罩全城。12 日，梁一清、晏燃、钟翔卿等在中山场英勇就义。

1930 年 10 月初，红军攻克吉安后，党组织在中山场为梁一清举行追悼大会，毛泽东、朱德题挽词：“梁一清同志精神不死！为人民牺牲，死的光荣！”

宋大勋

宋大勋（1903—1925），永丰县人，吉安团组织创始人。1921 年考入省立第七师范。在学校学习期间，与曾延生等进步青年教师关系密切，接受了马克思主义思想。1924 年 5 月，在南昌团地委的领导下，在第七师范学校内创建了吉安第一个团组织——吉安团特支，担任第一任书记。8 月，他又回家乡永丰建立团组织。1925 年 2 月，宋大勋在南昌加入中国共产党。1925 年 10 月 6 日，他率领吉安教育参观团赴江浙考察革命工作，11 月 6 日返回吉安途经新干县时染急病逝世。

郭化非

郭化非（1899—1930），万安县人，省立第七师范学生，1925 年 9 月加入中国共产党。先后任吉安总工会委员长、共青团吉安特支书记，中共吉安小组组长、中共吉安特支书记、中共景德镇支部书记。1927 年，参加万安暴动和井冈山斗争，著有《中国革命之路》。1930 年在战斗中牺牲。

汪安国

汪安国，吉安县人，1903 年出生，1925 年省立第六中学毕业。大革命时期任吉安县农民协会执委，东固革命根据地创始人之一。

因为资料缺乏，还有很多从这里走出去的革命志士我们已经无法考证和记录，但他们的名字在革命烈士名单中永远散发出血与火的光芒。

第四节 · 国家栋梁 ·

从大革命时期开始至1949年解放，中国虽处于风雨飘摇、战事频仍的乱世，但学校一直坚持办学。抗战时期，白鹭洲常常遭到日军飞机轰炸，不得已，学校先后搬迁至青原山、遂川县藻林乡办学。然而，办学条件越是艰苦，全校师生更是同心协力、同仇敌忾，这一时期，学校将“忠勇仁爱、信义和平”“礼义廉耻、诚勇勤俭”作为校训，以更加昂扬的斗志投入到教育学习之中，培育了包括数学家王埣坤在内的一批国家栋梁之才。

中华人民共和国成立后，学校传承白鹭洲书院教育宗旨，以“崇尚气节、建功立业”作为校训，以培养品德高尚之人、经世致用之才为目标，涌现出无数高端人才。

据白鹭洲中学粗略统计，教育改制后，直到20世纪末，学校培养出来的高级人才两万余名。他们中有将军，为民族解放事业、国防事业殚精竭虑，贡献毕生聪明才智；他们中有教育家，为培养祖国建设人才辛勤耕耘，无私奉献；他们中有科学家，为国家科技创新、技术腾飞呕心沥血，攻坚克难；他们中有医务工作者，以仁爱之心救死扶伤；他们中有作家、艺术家等文化工作者，用诗情画意描绘祖国的春华秋实，辉煌成就。他们牢记母校校训，传承先贤遗风，在各行各业为国家建设、民族复兴建功立业。

由于精英众多，在此不一一录述，仅录其中有代表性的31位（按毕业时间排序），以窥一斑而知全豹。

罗炳之（原名罗廷光）（1896—1993） 我国近现代著名教育家。1916年省立第六中学校毕业，后出国留学，攻读教育学专业。回国后在中央大学（后改为南京大学、南京师范大学）任教，为师范教育献身七十年，提出“为人师表，春风化雨”等诸多教育理念和观点，得到广泛认同，广为传播。

王克敌 著名书画家。泰和人，1905年出生，1925年省立第六中学校毕业，南昌大学教授。

胡守仁 近代江西著名诗人、文学研究者。吉安县人,1926 年省立第六中学校毕业,江西师范大学中文系主任、教授。江西诗派殿军人物,有《韩愈叙论》《劫后集》《拜山集》《江西诗派作品选》等著作,享受国务院政府津贴。

金立强 安徽怀宁县人,1914 年出生,1933 年省立吉安第五中学毕业。原江西省政协副主席、江西教育学会名誉会长。

晏砺堂 吉安人,1918 年出生,1939 年省立吉安中学毕业,1944 年国立中央大学航空系毕业,航空工业专家。一生致力于航空发动机和流体机械专业的研究与教学,其学术专著是该专业硕士、博士学位课程教材。主持和主要参加的国防科研项目有六项荣获航空基础科学基金科技一等奖,为我国航空发动机结构强度的科研和学科发展做出重要贡献。

徐柏容 吉水人,1922 年出生,1939 年省立吉安中学毕业,作家、出版科学研究专家。一生从事爱国报刊编辑出版工作,个人著述丰厚,为新中国的新闻出版事业做出了贡献,中国韬奋出版奖获得者,终身享受国务院政府津贴。

姚一苇 1922 年出生,1938 年入吉安中学读书,后考进厦门大学。大学毕业后,入台湾就职,奈何两岸遽然隔绝,直到 1989 年重返故乡。著名戏剧家、文艺理论家、美学家和批评家。

生前一向被文化界尊称为“姚老”的姚一苇,坚信传统人文精神和古典美学信仰,治学严谨,意境深远,在剧作、美学、理论、批评、散文等领域成就斐然。从 20 世纪 50 年代起参与《笔汇》《文学评论》《现代文学》等重要文学刊物编务,提携后进,发掘有才之士不遗余力,被文学界誉为“暗夜中的掌灯者”。个人著述丰厚,有文艺论著、剧作、散文评论等作品几十部。

万籁 吉安人,1924 年出生,1943 年省立吉安中学毕业,原上海天文台台长、研究员。

李超 永丰县人,1927 年出生,1944 年省立吉安中学毕业。从事植物蛋白食品工程研究与教学,科研成果丰硕,1993 年荣获国务院授予的“有突出贡献自然科学专家”称号,享受国务院政府津贴。

顾瑞 永新人,1926 年出生,1944 年省立吉安中学毕业。从事耳鼻喉科的医疗、科研、教学工作，曾获多个国家级科学技术进步奖和教学成果奖。享受国务院政府津贴。

蔡厚示　1928年出生，1944年省立吉安中学毕业，厦门大学毕业后留校任教，后调入福建社会科学院。知名教授、作家、诗人。

王梓坤　1929年出生，江西吉安人。中国著名数学家、教育家、科普作家，中国概率论研究的先驱和主要领导者之一，中国科学院院士。曾任南开大学教授、北京师范大学校长。

1945年，省立吉安中学初中毕业，1958年，莫斯科大学数学力学研究生毕业，获副博士学位。一生致力于数学科学教学与研究，曾获全国科学大会奖、全国自然科学成果奖、国家教委科学进步奖等奖项。1984年授予“中青年有突出贡献专家”称号，1992年选为中国科学院学部委员，载入《世界名人录》。

周銮书　1933年出生，江西吉安人。江西著名历史学家。1946年省立吉安中学初中肄业。1950年考上南昌大学历史专业学习，毕业后留校任教。曾任江西师范学院历史系主任、中共江西省委宣传部副部长、江西省社联主席、江西省社会科学院院长。

周銮书一生致力江西传统文化的整理研究、宣传保护，是江西申遗工作及古村落保护的先行者和实践者，在庐山申报世界文化遗产、流坑古村申报全国历史文化名村等文化遗产保护工作中，发挥了重要的组织、推动作用。著述丰厚，发表了《天光云影——江西历史文化散论》等著作，主持出版了《江西历代名人传》等书籍。

顾诚　著名明清史专家。永新人，1934年出生，1949年省立吉安中学毕业。原北京师范大学教授、中国明史学会常务理事。

徐有容　吉水人，1934年出生，1950年省立吉安中学毕业。上海大学教授，长期从事金属材料科学和工程研究，研究成果获多项国家科技进步奖。享受国务院政府津贴。

童舜坤　1930年出生，1951届毕业生。武汉解放军海军工程学院301研究室主任、教授。撰写了《中国军事百科全书》（海军技术部分）、《核反应堆理论基础》《舰艇核动力装置导论》等著作。

彭庆星 医学美学专家。吉安人,1938年出生,1953届毕业生。个人著述丰厚,获国务院授予有突出贡献专家称号,享受国务院政府特殊津贴。

吴学益 地矿研究专家。1934年出生,1953届毕业生。原中科院地球化学研究所研究员,荣获中国科学院科技进步特等奖个人奖,享受国务院政府特殊津贴。

李炳生 吉水人,1955届毕业生。考入清华大学,以各科全优成绩毕业留校任教。后从事兵器材料研究工作,发明新型低镍铬重载齿轮钢。先后获国家发明奖、科技进步奖等多个奖项,享受国务院特殊津贴。

王汉生 吉水人,1938年出生,1955届毕生生。原清华大学无线电电子学系和图像信息教研室主任、智能技术与系统国家实验室副主任。曾获国家科技进步二等奖。

龙道畴 医学整形专家。永新人,1935年出生,1955届毕业生。原武汉大学人民医院教授、主任,湖北省医学整形学会主任委员,曾获全国科学技术发明二等奖,享受国务院政府津贴。

贺乐凡 江苏南京人,1936年出生,1955届毕业生。原中国教育学会理事,长期从事教育研究工作,主持了全国教育科学多个重点研究项目,发表著作十余种,享受国务院政府特殊津贴,获得有突出贡献专家荣誉称号。

梁必琪 气象学家、教育家。吉安人,1935年出生,1956届毕业生。原中山大学教授,大气科学系主任。在高等教育和气象学研究方面取得多项重大成果,主持国家级科技攻关项目十余项,荣获国家科技进步奖等多个奖项,享受国务院政府特殊津贴。

尹贡白 我国地图学领域著名学者。1938年出生,1956届毕业生,原武汉大学教授。个人著述颇丰,《制图字体》3次再版,具有较高学术价值,曾获国家测绘局优秀教学奖。

杨扶国 1936年出生,1956届毕业生,原江西中医学院院长。长期从事中医教学、临床及研究工作,为国家培养了大批中医药人才,使江西中医学得到长足发展。1992 年享受国务院政府特殊津贴。

梁必骎 少将军衔。吉安人,1939 年出生,1957 届毕业生。长期从事军事思想研究,在军事哲学领域,取得了一系列开创性、突破性、前沿性成果,创建了完整的军种哲学学科体系。荣获中国人民解放军专业技术突出贡献奖。

王银彪 少将军衔。吉安县人,1938 年出生,1958 届毕业生。原中国人民解放军通讯工程学院副院长、教授。

邹逢兴 峡江县人,1945 年出生,1964 届毕业生。原中国人民解放军国防科技大学教授,长期从事电子技术、微机应用和自动检测与控制方面的教学和科研,负责完成国家级科研项目 10 余项,多次获全国科学大会奖和科技进步奖。

罗来康 国家级有突出贡献专家,全国五一劳动奖章获得者。吉安人,1946 年出生,1965 届毕业生。原山东特种黏接技术研究所所长。科研项目荣获国际发明博览会金奖。

张群辉 吉安人,1994 届白鹭洲中学高中毕业,现任华为软件工程首席科学家。1994 年考入天津大学精仪学院电子精密机械专业。2013 年入职阿里巴巴,2019 年入职华为。

王峰 白鹭洲中学 2008 届毕业生。2009 年在伦敦举行的第 18 届世界脑力锦标赛中获得“记忆大师”称号,2010 年第 19 届世界脑力锦标赛总冠军。

结　语

吉安，自科举制度设立以来，有史可查的进士3007人、状元17人、榜眼和探花各16人，为江西之最，在全国州府一级中也是排名靠前。自唐以来，吉安出了18位宰辅，能臣干吏更是不计其数，他们忠心谋国、心怀天下、坚贞义烈，用名垂青史的功绩、才华横溢的诗文和刚正不阿的品格，生动地诠释了庐陵文化的核心内容——“崇文重教，崇尚气节”。

白鹭洲书院自创立以来，诸多名贤硕儒在此讲学布道，江万里、欧阳守道、罗钦顺、邹守益、李邦华、施闰章、刘绎等，他们在此躬身实践优秀儒家思想，以修身明道、天下兴亡为己任，以培植正气、锻造品格为宗旨，孜孜不倦，倾心育人，培养了一批以文天祥为首的正气凛然、才华出众、经邦济世的国家栋梁。

正因如此，白鹭洲书院成为吉安书院的标杆和旗帜，引领吉安书院的发展。吉安是学者公认的，江西省书院最多的州府，历朝累计约500所。书院，人才渊薮之地，正是因为书院的蓬勃发展，才造就了吉安科举的辉煌，造就了吉安人才辈出的人文盛况，成就了庐陵崇文重教之风。

白鹭洲书院还因崇尚气节在全国书院中独树一帜。文天祥、邓光荐、刘辰翁的爱国气节，成为书院学子品德锻造的楷模。在白鹭洲书院的影响下，忠贞爱国，涵养正气成为吉安优秀的文化传统，庐陵文化的典型特质。

时光荏苒，岁月匆匆。2021年，是书院创办780年，也是中国书院改制120年。从传统书院教育，到新式学堂教育，再到现代教育，百余年来，白鹭洲中学办学规模不断扩大，学生人数从几十到几百再到几千，教学楼、实验楼、办公楼、学生宿舍、教职工宿舍等一栋栋建筑在白鹭洲上拔地而起。然而，方寸之地的白鹭洲上，白鹭洲书院不仅没有湮没在中国教育发展的历史进程中，反而在迈进新时代的今天，焕发出了新的光芒。

2013年，白鹭洲书院古建筑群公布为第七批全国重点文物保护单位。同年吉安市委、市政府启动了对白鹭洲书院的整体修缮改造工程，投入1.8亿元，全面恢复白鹭洲书院清代历史风貌，白鹭洲书院由此开启了新征程。

一、白鹭洲书院化羽成蝶

为加强文物保护和利用，让文物活起来，从2013年开始，修缮改造工程对白鹭洲书院古建筑群进行了整体修缮，将近几十年新建的教工宿舍、食堂等建筑拆除，按清代书院建筑格局进行全面复原建设。为了实施这项工程，同时发挥白鹭洲中学这一教育品牌效应，满足学校发展需求，市委、市政府另外投入5亿元，在城南新建了白鹭洲中学分校，建设了教职工安置房，将居住在洲上的教职工妥善安置。

此外，还对白鹭洲书院周边环境予以整治提升。江岸建设了二级生态护坡，保护洲体，提升白鹭洲抗洪能力；修建了环洲亲水游步道，供游客观览江景；修建了环洲消防车道，保障洲上消防车通行，保证古建筑消防安全；在洲上新建了污水处理设施，将洲上生活排水净化后，再排入江中，避免书院景区建成后，生活排水对江水的污染；实施园林绿化工程，既保留了洲上原有的古树，又新增了园林景观。

为充分展示白鹭洲书院深厚的历史文化底蕴，让文物活起来，修缮改造工程还在修缮一新的古建筑内设置了“白鹭洲书院文化展览”和“白鹭洲书院复原陈展”。两个展览，通过对古代书院历史沿革、办学形式、办学规制及运营管理制度等进行深入挖掘整理，利用文字、图片、文物、视频、幻影成像、互动查询、创作画、雕塑、木刻、微缩景观等多种形式，将白鹭洲书院历史、吉安古代书院的发展及由此衍生的科举盛况生动展现。

为避免白鹭洲书院景区建成后游客参观对学校正常教学的影响，改造工程还新建了一座直通白鹭洲书院景区的步行桥——书院桥，游客和学生分不同出入口，互不干扰。白鹭洲上，用绿篱将校区和景区相对分隔，游客不能进入校区，学生不能进入景区。此举，既能发挥白鹭洲书院景区的文化旅游作用，又保证了学校的正常教育教学，学校与景区和谐共生，文化与旅游融合发展。

2018 年 9 月，经过五年整体修缮改造，白鹭洲书院景区建成，开始向公众免费开放。当年游客数达 50 余万人次，2019 年达 70 余万人次。自开放以来，景区先后接待了多位中央及省部级领导，省内外各界人士对书院景区给予高度评价。游客在饱览江洲美丽自然风景的同时，真实感受古人读书环境，感受吉安优秀历史人文的魅力，白鹭洲书院化羽成蝶，成为吉安城新地标，成为吉安城市中心一处精品文化旅游景区，一张闪亮的文化名片。

二、白鹭洲书院的时代价值

近年来，中央、省、市高度重视传承和弘扬中华优秀传统文化，相继出台一系列政策加强文物保护和利用。习近平总书记强调："要高度重视中华优秀传统文化，并将其作为治国理政的重要思想文化资源。"党的"第十四个五年规划和二〇三五年远景目标"又提出"传承弘扬中华优秀传统文化，强化重要文化和自然遗产、非物质文化遗产系统性保护""推动文化和旅游融合发展"等战略部署。

改造一新的白鹭洲书院，是中华优秀传统文化保护、利用和发展的典型案例，她紧跟时代发展的步伐，时代价值日益凸显。

她是优秀传统文化创造性转化、创新性发展的成功实践。白鹭洲书院是庐陵文化的典型代表，庐陵文化是吉安人民在漫长的生产生活实践中孕育、沉淀出来的优秀地方文化，是中华优秀传统文化的重要组成部分，也是吉安宝贵的精神财富。修缮一新的书院景区内，有先贤的雕像，有令人警醒振奋的楹联。

徜徉在书院内，瞻仰先贤容貌，听着讲解员讲述感人至深的先贤事迹，人们感叹庐陵先贤优秀的人格，感受着庐陵文化“追求卓越、坚守气节”的传统，激发出深藏于内心的无限正能量。

白鹭洲书院保护利用工程，将固态的、暮气沉沉的古建筑，赋予了新的展示场景和文化意义，使沉寂在古籍里的文字生动而鲜活地进入人们的生活，这就是传统文化的创造性转化和创新性发展，是文化遗产的活化利用。让优秀传统文化融入人们的生活，这是白鹭洲书院保护利用工程最大的时代价值。

参考文献

1.（清）刘绎编:《白鹭洲书院志》宣纸影印本,合肥:黄山书社 2018 年版。

2. 高立人主编:《白鹭洲书院志》,南昌:江西人民出版社 2008 年版。

3.（清）定祥、特克绅布修,刘绎、周立瀛纂,汪泰荣点校,吉安市地方志办公室辑:《光绪吉安府志》,北京:中华书局 2014 年版。

4. 丁功谊、李仁生著:《文天祥年谱》,南昌:江西人民出版社 2016 年版。

5. 汪泰荣编:《吉安书院志》,北京:中华书局 2013 年版。

6. 汪泰荣著,吉安市地方志办公室辑:《吉安登科考》,北京:中华书局 2016 年版。

7. 吴小红著:《江西通史·元代卷》,南昌:江西人民出版社 2008 年版。

8. 许怀林著:《江西通史·南宋卷》,南昌:江西人民出版社 2008 年版。

9.（宋）文天祥著:《庐陵文丞相文山先生全集》,文五桂堂世传藏版,雍正三年新镌。

10. 邓洪波著:《中国书院史》,武汉:武汉大学出版社 2017 年重印。

11. 江西省吉安市教育志编纂委员会:《吉安市教育志》赣出内吉字〔95〕第 36 号（内部发行）。

12.《百年风云白鹭洲——白鹭洲中学校志》（内部资料）2003 年。

13.《重编康文卿义举录》影印本,南昌铭记印刷所代印。

后　记

2018 年 1 月，我从吉安市吉州区文广新局调入白鹭洲书院博物馆工作。从行政机关转事业单位，很多人不理解。但我内心知道，迈出这步是坚定而欣喜的，因为源于热爱。

白鹭洲书院，原隶属于吉安市博物馆。2012 年开始，吉安市委、市政府为了加强文物保护利用，对白鹭洲书院进行了整体改造。改造工程历时五年，2017 年 1 月向公众试开放。改造后的白鹭洲书院，不仅风景优美古雅，还因常设的文化展览而增添了魅力，得到各界人士的交口称赞。为了使白鹭洲书院得到更好地保护和利用，市委、市政府决定设立白鹭洲书院博物馆，而我，也非常荣幸地成为调入白鹭洲书院博物馆的第一人。

调入白鹭洲书院博物馆，不仅意味着自己进入一个全新的工作领域，也从此改变了自己的人生轨迹。我知道，要成为一个真正的文博人，自己还必须努力加强学习和积累。因此，工作之余，我开始研读白鹭洲书院历史，了解中国书院文化。越深入学习，越对白鹭洲书院蕴含的厚重文化及其在吉安乃至江西书院史上的崇高地位感到震撼。我开始整理资料并撰写关于白鹭洲书院的研究性文章，在单位公众号上陆续推出。

发布的文章得到不少文化爱好者、书院研究者的关注。与此同时，这些文章还得到了《井冈山报》副刊的关注，副刊编辑刘丽玲女士专门向我约稿，将我的系列文章在《井冈山报》予以刊登。

2019 年 10 月，我接待了中国书院研究会副会长、鹅湖书院原院长王立斌老师。王老师不仅对中国书院文化研究精深，而且对弘扬书院文化有着火一般的热情。他听了我的讲解，看了我在公众号上发表的文章之后，对赫赫有名的白鹭洲书院至今没有一本全面翔实介绍书院历史和文化的普及类读物而深表遗憾，并殷切地嘱托我，一定要继续悉心研究，努力填补这一遗憾。

我从没想过自己要写书。面对王老师的殷殷期盼，我内心有些忐忑，不敢当场应承。我将王老师的嘱托告知庐陵文化研究学者李梦星老师，他听后，认为王老师所言极是，并对我给予了极大的鞭策和鼓励，立即帮我梳理纲目，在写作方向和写作方法上予以指导。我由此信心倍增，按照梦星老师所教，立即着手书稿写作的准备工作。

写作过程是比较辛苦的。如写“前贤芳踪”一章时，记叙每个历史人物与白鹭洲书院的关系和故事，需要查证很多资料、梳理人物所处的时代背景，力求每个人物的故事不虚构，有出处，各种评述以史料为依据，经得起考证。再有写书院“楹联匾额”一节时，由于自己学养尚浅，联中一些字因书写缘故无法辨认，联中许多典故也不明其义，为此，我虚心向书者、撰者请教，得到了刘宗彬、汪泰荣、龚希健、冷和平、王建民、萧海、周叔垣等诸多师友的耐心指点和帮助。

整个写作过程，我参考了大量的史志资料和书籍，如《江西通史》《光绪吉安府志》《吉安书院志》《吉安登科考》等，还有《中国书院史》《江右王门学派研究》《文天祥年谱》等。在此，要感谢每一位对我给予帮助、指导的师友，感谢热心的赠书人，感谢单位同事的支持。

本书的撰写，主要以书院著名山长刘绎所编《白鹭洲书院志》为线索和脉络，在尊重史实的基础上予以丰富和拓展，用通俗易懂的叙述方式，尽力还原书院近八百年的历史，让沉寂在古籍里的文字活起来，把曾经发生在这里的历史故事、人物故事，讲给读者听。近代发展部分，则以白鹭洲中学 20 世纪 80 年代所编《白鹭洲中学校志》为基础整理，白鹭洲中学龙强老师，为我提供了这部分的参考资料。书中彩图为刘冬生、欧阳跃亲两位摄影家提供，书院历代建置图的绘制，得到了本地画家涂传斌先生的热心帮助。

此书的出版，得到了吉安市委、市政府有关部门及领导的关注关心，中共吉安市委宣传部帮助解决了出版经费，并组织审稿会帮助提高书稿的品位和质量，市文广新旅局积极协调，在版式设计等方面提供诸多建议和指导。在此，致以诚挚的感谢！

还原历史，仰止先哲，是我写作此书的初衷。希望此书的出版，能让更多人深入了解白鹭洲书院，了解庐陵先贤的感人事迹，并以先贤事迹为感召，增强文化自信，激发谱写吉安全面现代化建设新篇章的澎湃热情，积蓄开创吉安美好未来的精神力量。

由于资料的缺失及个人学识有限，书院历史的收集整理难免有遗漏和不足，敬请方家批评指正。

作　者

2021 年 11 月于四闲斋